말더듬 극복하기

NLP를 통한 말더듬 치료

Bob G. Bodenhamer 저 | 이찬종 · 최미옥 · 허재홍 공역

학지사

I Have a Voice: How to Stop Stuttering
Bob G. Bodenhamer

역자 서문

저자 바든헤이머가 말더듬 치료를 우연히 시작한 것처럼 NLP(neuro-linguistic programming, 신경언어 프로그래밍)의 분야를 알게 되면서 우연히 이 책을 발견하게 되었다. 이는 나에게 탁월한 기회이자 선택이었다. 이 책에 제시된 구체적인 방법을 읽고 '바로 이거야'라는 생각이 들었고 임상 현장에서 바든헤이머의 방법을 그대로 아동과 성인에게 적용했을 때 그 효과 또한 탁월했기 때문이다.

국내 언어치료 전문가 중에 NLP 전문가는 거의 없다. 특히 말더듬 치료에서 NLP 방법을 적용하고 있는 언어치료사는 더욱 그렇다. 이런 현실에서 언어치료사로서 NLP와 관련된 말더듬 책을 국내에서 처음으로 번역하게 되어 매우 기쁘다.

이 책은 말더듬을 다루는 언어치료사나 상담가에게 임상 현장에서 쉽고 유용하게 활용할 수 있는 말더듬 극복 방법을 구체적으로 제시한다. 말더듬으로 고생하고 있거나 다양한 시도를 해 보았지만 완전히 말더듬을 극복하지 못한 사람들에게 아주 유용할 것이다.

"지도는 지형이 아니다."라는 말은 NLP의 전제 중 하나다. 내가 보는 세상이 다는 아니며, 내가 알고 있는 방법만이 유일한 것은 아닐 수 있다는 뜻이다. 지금까지 해 왔던 방법에 효과가 없다면 새로운 방법을 시도해 볼 필요가 있다. 같은 방법을 고집하면서 새로운 변화를 바라는 것은 요행이다. 이 책을 통해 말더듬을 다루는 국내의 언어치료 전문가나 상담가들이 새로운 방법을 시도해 보기 바란다.

바든헤이머는 말더듬 치료에서 가장 중요한 것은 "말더듬에 대해 더 이상 생각하지 않는 것이다."라고 말한다. 말더듬과 관련된 기억을 지울 수는 없다. 그 기억을 지우려고 하면 할수록 더 선명해진다. 몸에 기억된 부정적인 기억을 없애기는 어렵기 때문이다. 그러나 부정적인 기억을 긍정적 차원으로 다시 바라볼 수 있다면 긍정적인 기억으로 변할 수 있다. 이 책을 따라 한 걸음 한 걸음 밟아 나가면 말더듬은 인생의 걸림돌이 아니라 지나가는 디딤돌임을 알게 될 것이며, 뜻하는 바를 언어로 자유롭게 표현할 수 있게 될 것이다.

이 책은 강원대학교 인문과학연구소의 인문치료사업단에서 만난 공동 역자 최미옥 교수님과 허재홍 교수님 그리고 박미영, 손동주, 이보미 연구 보조원들과의 공동의 노력으로 생긴 결과물이다. 모두에게 감사의 마음을 전한다. 교정을 위해 도움을 주신 가족연구소 마음의 허조은 연구원께도 감사의 마음을 전한다. 그리고 나를 NLP의 길로 인도하셨던 한국NLP상담학회와 한국NLP전문가협회 전경숙 이사장님께 감사의 마음을 전한다. 마지막으로 이 책의 출판에 힘써 주신 학지사 김진환 사장님과 교정과 편집 작업을 도와주신 편집부 직원 이호선 선생님에게 감사의 마음을 전한다.

2015년 6월

역자 대표 이찬종

저자 서문

말더듬은 대중의 관심에서 벗어나 있다. 수년 동안 그래 왔다. 그러나 더 이상은 아니다! 이제 말더듬을 주제로 한 영화도 있다. 물론 말더듬이 그리 흔한 것도 아니고 이로 인해 죽는 사람이 있는 것도 아니다. 전체 인구 중 1퍼센트의 사람들만이 말을 더듬는다. 그러나 관심의 대상이 아니라는 사실은 큰 문제다.

이제 말더듬은 더 이상 그늘에 가려져 있지 않다. 2010년 11월, 말더듬을 세계의 관심 속으로 끌어들인 한 영화가 있었다. 톰 후퍼(Tom Hooper)가 감독을 맡고, 데이비드 시들러(David Seidler)가 쓴 영국의 역사적 드라마 〈킹스 스피치(The King's Speech)〉다. 이 영화로 인해 말더듬은 일반인들의 이야깃거리로도 등장할 수 있게 되었다. 영화 팬들은 말을 더듬는 사람들(People Who Stutter: PWS, 이하 PWS)의 대부분이 겪는 당황스러운 고통에 대해 알게 되었다. 그러나 그것 이상으로 영화 속에서 언어치료사인 라이오넬 로그

주: *Diagnostic and Statistical Manual of Mental Disorders, Fourth Edition*(DSM-IV). (2000). Washington, DC: American Psychological Association.
말더듬에 관한 우리의 첫 번째 논문은 기본적인 의미론에 근거를 두었다. 다음 웹사이트에서 찾아볼 수 있다: http://www.masteringstuttering.com/articles/how-to-create-a-good-dose-of-stuttering.

(Lionel Logue)는 다음과 같은 충격적인 사실에 초점을 맞춘다. 말더듬은 말에 대한 것이 아니다! 그것은 PWS의 '마음 저편에' 있는 가장 무의식적인 '생각'에 대한 것이다.

1930년대를 배경으로 한 이 영화는 젊은 남자에 대한 이야기다. 그는 제2차 세계대전 바로 직전에 영국의 왕이 되었다. 이 영화는 말더듬이 그에게 준 고통스러운 경험을 보여 준다. 왕의 언어치료사가 된 오스트리아인 로그는 기술적으로 왕이 스스로 그의 말더듬을 통제할 수 있도록 하는데, 그 당시로서는 아주 진보적인 방식을 사용했다. 이 영화에서 보이는 여러 기술은 이 책에서 발견하게 될 이론들을 지지한다.

그렇다면 로그는 대체 무엇을 했는가? 그는 주로 말더듬을 일으키는 멘탈의 프레임(mental frames)에 도전했다. 그는 말더듬이 신경학이나 유전학의 문제가 아니라 말더듬에 대한 개인의 태도와 신념(멘탈의 프레임)의 문제임을 알았다. 말더듬이 일어나게 되기까지는, 한 개인이 선택해야 할 몇 가지 신념의 프레임이 있다. 개인은 다음과 같은 것을 믿는다.

- 말을 잘하지 못한다는 것은 끔찍하고, 소름 끼치고, 무시무시한 경험이다.
- 말을 잘하지 못한다는 것은 "나는 인간으로서 부적절해."를 의미한다.
- 말을 잘하지 못한다는 것은 "아무도 나를 좋아하지도, 내 주위에 있고 싶어 하지도 않을 거야. 나의 가치를 모르고 나를 사랑하지

도 않을 거야. 그들은 나를 비웃고 거부할 거야."를 의미한다.

- 말을 잘하지 못한다는 것은 "내가 말을 더듬지 못하게 막아야 해. 내 입에서 나오는 모든 단어 하나하나에 주의를 기울여야 해."를 의미한다.
- 말을 잘하지 못한다는 것은 "그것은 불가능해. 나는 멈출 수 없어. 멈추려고 노력하는 것은 그것을 악화시킬 뿐이야. 인간으로서 정말 부적합함이 틀림없어. "를 의미한다.
- 말을 잘하지 못한다는 것은 "직업을 가질 수 없고, 결혼도 할 수 없어—누가 나와 결혼하려고 하겠어?"를 의미한다.

말을 잘하지 못한다는 것은 그것에 주어진 의미 때문에 끔찍한 것이다. 이 책이 언급하고자 하는 것이 바로 말더듬에 부여된 의미들이다. 〈킹스 스피치〉는 이 책에 포함된 근본적인 관점에 대해 지지를 보낸다. 사실 말더듬은 잘못 말하는 것에 대한 공포다. 말할 때 목과 근육들에서 고통스러운 느낌들을 가지는 것이다. 만약 당신이 이를 믿지 않는다면, DSM-IV에 있는 공황발작을 찾아보라. 그것에 대한 묘사가, 당신이 말막힘을 겪을 때 경험하는 것을 정확히 묘사하고 있지 않은가?

로그는 이를 알았다. 그는 열정적으로 왕을 이해시키려고 노력했다. 말더듬은 그가 누구인가에 대한 문제가 아니라 특정 행위, 즉 말하기에 대한 것임을 왕이 이해하기를 바랐다. 로그는 다음과 같이 말한다. "버티(Bertie, 조지 6세의 애칭), 당신의 두뇌는 망가진 것이 아니에요. 두뇌는 당신이 그렇게 하라고 지시한 그대로 하는 것이죠. 문제는 말더듬에 대한 당신의 생각입니다!" 위에서 열거한 신념들이 말더듬의 문제를 일으킨다. 그러므로 당신이 그러한 프레임을 변화시킬 때, 말더듬 행위는 변화한다.

〈킹스 스피치〉에서 버티, 즉 왕이 신념을 변화시키는 것을 로그가 도와줄 때, 당신은 그의 행동을 보게 된다. 버티의 말더듬을 유도하는 6개의 주된 멘탈의 프레임은 다음과 같다.

1. 부담: 로그는 부담을 느끼는 버티의 생각에 도전한다. "버티, 나를 라이오넬로 불러요. 우리는 동등해요." 이는 상황(의미)을 변화시킨다. 후에 그는 말한다. "친구로서 나에게 말해 봐요."

2. 예외: 대부분의 PWS에게는 예외적인 사항이 있다는 것을 알 수 있다. 즉, 말을 더듬지 않게 되는 장소, 시간, 사람이 있다. 언제 당신은 더듬지 않는가? 당신의 강아지와 함께 있을 때 말을 더듬는가? 홀로 있을 때 더듬는가? 믿음이 가는 친구들과 있을 때 더듬는가? 영화에서 로그는 묻는다. "당신은 생각할 때 말을 더듬는가?" "아니, 물론 아니다." 그렇다. 여기에 예외가 있다! 즉, 당신은 말을 더듬지 않고, 어떻게 당신의 강아지에게 말을 걸거나 기도하거나 또는 생각하는지를 안다! 따라서 예외가 있다면 그 예외에서 나타나는 차이를 만드는, 그 차이는 무엇인가? 만약 그것을 발전시킨다면, 당신은 해결책으로 가는 강력한 첫 걸음을 내딛은 것이다.

3. 노래: 영화에서 로그는 버티에게 노래를 부르라고 요청한다.

당신이 잘 알고 있는 음을 찾고 당신이 말하고자 하는 것이 무엇이든지 간에, 그것을 노래하라. 로그는 설명한다. “소리가 흐르도록 하자.” 이렇게 받아들여진 경험은 경험 속의 한 요소를 변화시킨다. 왕은 그것이 어리석고 말도 안 된다고 생각하며 처음에는 거부하지만, 단어들을 음에 맞춤으로써 말더듬을 헤치고 앞으로 나갈 수 있음을 알게 된다. 노래는 리듬과 공기 흐름 모두를 만들어 내고, 이 두 가지는 PWS가 유창하게 말하도록 도움을 준다.

4. 심판: 로그로서는 시간이 오래 걸리긴 하였지만, 그는 결국 왕이 어렸을 때 말을 잘 못 해서 무자비하게 놀림을 받았던 것을 이야기하도록 만든다. 그는 형에게 놀림을 받았다. 형은 그를 좌절시켰고, 말을 더듬는다는 이유로 그를 판단했다. 부정적인 의미의 프레임을 만드는 데 결정적이었던 버티의 아버지 또한 인정사정없이 혹독하게 그를 판단했다. PWS에게 이것은 치명적인 것이다. 로그는 다음과 같이 말한다.

> “다섯 살에 두려워했던 것을 지금 두려워할 필요가 없어요. 당신은 이제 성인이에요.”

얼마나 멋진 생각인가! 과거는 과거이고 다섯 살에 두려워했던 것은 성인 남자로서 이제는 두려워할 필요가 없는 것이다. 한때 다른 이들에게 통제된 적이 있었으나 지금 당신은 독자적으로 생각하는 존재다. 이러한 판단의 프레임을 깨는 것이 중요하다. PWS는 당신이 유창하지 못한 것으로 다른 사람들이 당신을 판단하리라는 유아적 두려움을 정복해야 한다. 그러나 더 중요한 것은 그들 스스로의 자기비판 역시 정복해야만 한다는 것이다.

영화는 멋진 방식으로 이를 그려 내고 있다. 로그가 왕에게 유명한 문구를 읽어 보라고 청하는 장면이 있다. 그가 문구를 읽을 때, 그는 자신의 목소리를 들을 수 있으므로 동시에 자신을 스스로 판단한다. 그러나 로그가 음악을 아주 크게 틀어서 왕이 스스로 읽는 소리를 들을 수 없을 정도가 되자, 왕은 비로소 그 문구를 유창하게 읽는다. 단지 그가 인식을 못할 뿐이다. 그는 너무 인내심이 없고, 자기비판적이고, 그 과정을 용인하지 않았기 때문에 화를 내고 뛰쳐나간다. 그러나 늦은 저녁, 로그가 기록한 녹음을 듣고 그는 깜짝 놀란다! 녹음에는 단지 자신의 목소리만 기록되어 있었고 음악 소리는 없었다—그는 유창하게 읽고 있었다. 왜인가? 차이가 무엇이었나? 그가 자신의 소리를 듣지 못했을 때, 그는 자신을 판단할 수 없었다.

5. 자신의 감정에 진실하라: 영화는 로그가 왕이 화가 날 정도로 자극할 때, 또 다른 과정을 그려 낸다. 왕이 욕을 할 정도로 화가 났을 때 그 시점에서 그는 말을 더듬지 않는데, 로그는 이를 알아챈다. "당신, 욕을 할 줄 아나요?" 그가 묻는다. 다음에, 로그는 의자에 앉는 것에 관해 왕을 '나무라고' 왕에게 '명령한다.' "당신 거기에 앉지 마!" 이 말은 왕을 좌절시키고 화나게 한다. 일반인에게 그딴 식의 말을 듣다니! 로그는 욕하는 동안 유창하게 말하는 그의 능력을 관심의 영역으로 끌어들인다.

무슨 일이 일어나고 있지? 버티는 욕을 할 정도로 좌절하고 화나 있다—그가 욕을 할 때, 그는 유창하다! 그가 욕을 할 때는, 사람들이 말을 더듬었을 때의 자신을 어떻게 생각하는가에 관한 걱정 너머로 이동한다. 버티는 그의 감정, 즉 그 자신에게 충실해지고 이것이 그를 유창하게 만든다. 일반적으로 말해서, PWS는 그들의 감정을 놓친다. 사실, 그들은 자신에게 감정을 느끼도록 허락한다면 상처받을 수 있다고 믿는다. 이러한 신념은 아동기에 있었던 형과 아버지와의 경험에 뿌리를 두고 있다.

6. 다른 것에 초점을 맞추라: 마침내 로그가 버티를 그의 집으로 데려오고 테이블 위에는 조립 중인 모형 비행기가 있다. 왕이 아이였을 때 그는 모형 비행기를 갖고 노는 것을 허락받지 못했다. 따라서 로그는 왕이 모형 비행기를 갖고 놀도록 용기를 준다. 왕이 비행기에 사로잡혀 관심을 집중하자, 그의 발화는 점점 유창해진다. 이것이 그를 평상시, 즉 발화를 판단하고, 못마땅해 하고, 지나치게 의식하는 프레임으로부터 빠져나오게 하는 또 하나의 경험이 된다.

아직 발견되지 않은 인지심리학 분야의 지식 부족으로 로그는 왕을 돕는 데 한계가 있었다. 그러나 당신 손에 있는 이 책은 당신의 말더듬을 이끌어 온 부정적 의미를 바꾸는 데 일조할 수 있는 제안과 패턴으로 가득 차 있다. 버티 왕처럼 당신의 말더듬의 의미를 바꿀 때 발화가 변화한다는 사실을 기억하라. 그것이 바로 당신이 촉발시키기 원하는 그 가능성인 것이다.

차 례

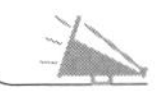

들어가는 글

말막힘 · 말더듬 장애를 가진 사람들과 함께 일할 것이라는 계획은 내게 없었다. 사실 이 일은 우연히 시작되었다. 몇 해 전, 판매 세미나의 한 참석자가 말더듬 장애가 있는 사람들을 도울 수 있는지를 물어본 적이 있었다. 그때 잘 모르겠다고 그에게 대답은 했지만 내심 한 번 시도해 보고 싶은 마음이 들었다. 그의 아들인 찰리는 그때 25세였고, 두 시간짜리 상담을 하러 내게 찾아왔다. 한 시간 동안의 상담 후에, 찰리의 말더듬과 말막힘은 어린 시절에 만들어진 말하기의 두려움에서 시작되었음을 알게 되었다. 정신적인 측면 때문에 말더듬이 일어난다는 사실을 깨닫자, 그는 나에게 고마움을 느꼈다. 그는 이제 아주 유창하게 말을 하고 있다. 그를 해방시켜 준 열쇠는, 신체적인 문제 또는 통제 불능의 원인에 의한 것이 아니라, 자기 스스로 말더듬을 만들어 내고 있다는 사실을 이해하게 되었다는 점이다.

1990년 이후로, 나는 신경언어 프로그래밍(Neuro-Linguistic Programming: NLP)의 임상가로 일해 오고 있다. 주된 업무는 두려움, 불안, 공포를 다루는 일이다. 지난 14년 동안 수백 명의 내담자들과 일을 해 왔다—대략 3천 시간의 치료를 하였다. NLP는 경험에 대해 의미를 부여하는 방식을 이해하고 바꾸어 주는 모형을 제공한다. 이는 언어, 사고, 상황 및 행위적인 면에서 자신이 세상을 인식하는 방식에 기초를 두고 있다. NLP는 폭넓게 사용할 수 있는 효과적인 기술을 제공한다. 즉 치료, 판매, 경영, 관계 형성 분야 및 말더듬 그리고 그 이상을 다루는 데 사용된다. 당신은 책을 읽어 감에 따라 변화가 일어나는 방식에 대해 더 많이 배우게 될 것이다.

찰리와의 결과에 고무되어, 나는 치료 사례연구를 기록하였고 이를 동료인 마이클 홀(Michael Hall)에게 보냈다. 그는 이 사례를 확장하여 논문으로 옮겼다. 「메타 상태의 말더듬: NLP와 신경의미론을 활용한 말더듬 접근(Meta-stating stuttering: Approaching stuttering using NLP and Neuro-Semantics)」을 웹사이트(http://www.neurosemantics.com/Articles/Stuttering.htm)에 게재하였다.

논문을 게재한 후 한 친구로부터 연락을 받았는데, 그는 나와 초기 임상에 참여하였던 친구였다. 그때 그의 말더듬으로 수년 동안 치료를 했었으나 그를 도울 수 없었다. 그는 이 논문을 읽고 나서, 전화를 걸어 내가 새로운 것을 배웠는지를 물었다. 나는 그렇다고 대답해 주었고, 그에게 방문해 보기를 청했다. 한 시간 상담을 한 후 6개월이 지나 그를 다시 보았고 말더듬이 어떤지를 물어보았다. 그는 잠시 머뭇거리더니 눈썹을 찡긋하며, "말더듬기를 잊은 것 같다."라고 답했다. 나는 "말더듬기를 잊는 것은 멋진 일이다."라고 대답했다.

그 결과에 고무된 것은 말할 필요도 없었다. 그러나 2002년 봄에 중대한 사건이 찾아왔다. 린다 라운즈(Linda Rounds)가 인디애나 주

에서 이메일을 보냈다. 그녀는 말더듬을 극복하기 위한 조사 과정에서 존 해리슨(John Harrison)의 추천으로 앤서니 라빈스(Anthony Robbins)의 작품을 읽게 되었다. 그녀는 그에게서 NLP를 배웠다. 그녀는 NLP 서적을 찾기 위해 아마존닷컴(Amazon.com)을 살펴보았고, 마이클 홀과 내가 공동으로 집필한 저서 『두뇌에 관한 사용자 매뉴얼(*The user's manual for the brain*)』을 발견하였다. 거기서 그녀는 나의 이메일 주소를 알게 되었고 자신을 도와줄 수 있는지를 묻는 메일을 내게 보냈다. 전화와 이메일로 몇 차례의 치료회기를 끝낸 후, 린다는 유창성을 회복하였다. 나는 흥분했다. 결국, 린다와 나는 「말더듬에서 안정으로: 사례연구(From stuttering to stability: A case study)」라는 논문을 썼다. 존 해리슨은 이 논문을 국제 말더듬 협회 뉴스레터인 『렛팅 고(*Letting Go*)』에 게재하였다. 부록 B에 논문 전문을 실었다.

이 논문 덕분에 PWS 몇몇과의 임상 기회를 갖게 되었다. 여기에는 언어병리학자(Speech Language Pathologist: SLP)인 팀 맥케시(Tim Mackesey)도 포함되어 있었다. 인생 대부분을 말막힘과 말더듬 장애로 보낸 언어병리학자를 유창하게 말하도록 도움을 주는 것은 다소 역설적인 일이었다. 팀은 현재 애틀랜타 주와 조지아 주에서 말막힘과 말더듬 장애를 가진 사람들과 임상을 할 때 나의 기술을 사용하고 있다.

팀의 웹사이트: www.stuttering-specialist.com

솔직하게 말하면 모든 사람이 유창성을 획득한다고 할 수는 없지만 많은 사람이 유창성에 도달한다. 나는 임상작업을 같이 한 사람들로부터, 결국 유창성을 얻을 수 있는 역량을 그들이 지녔다는 것을 확신할 수 있었다. 또한 그들이 그들의 사고(thinking)에 지속적으로 매달려 작업하기만 한다면 결국은 유창성에 도달할 수 있다는 확신을 갖게 되었다.

제1장

말더듬의 시작

말막힘은 어떻게 시작되는가

나의 모든 임상사례에서 보면, 개인의 말막힘의 근원은 어린 시절에 있다. 그러나 가끔은 실질적인 말막힘은 청소년기 또는 어른이 된 후에 나타난다. 말막힘 장애가 있는 사람들은 보통 자신의 비유창성을 말막힘(blocking) 또는 말더듬(stuttering: 영국에서는 stammering으로 칭함)으로 칭한다. 말막힘 자체는 문제가 되지 않는다. 말막힘이 나쁜 것이고 두려운 것이라고 믿게 될 때 문제가 발생하는 것이다.

사례연구 1

수잔은 부모에게 무척 화난 상태였다. 만약 부모가 그녀의 어린 시절에 언어 습득 문제를 그렇게 속상해하지 않았어도 그녀가 말 막힘과 말더듬을 시작할 리는 없었으리라 믿기 때문이었다. 다음은 수잔의 답변이다.

제가 해냈어요! 말더듬에 대해 엄마에게 이야기했고, 그리 나쁘지 않았어요. 사실 평온함을 느껴요. 완전하지는 않지만, 훨씬 나아요. 엄마에게 이야기하는 것이 두려웠지만 그렇게 했어요. 우리는 말더듬에 대해 솔직하게 이야기를 나누었어요. 그러나 지나치게 솔직한 것들에 관해서는 이야기하지 않았어요. 나는 매우 화가 났었다고 말했고, 내가 하는 일이 때론 어떻게 화를 더 돋우는지를 설명했어요. 엄마가 더 잘 처신할 수 있지 않았을까 하고 생각하기 때문이죠. 저는 공감을 드러낼 수 있었고, 엄마의 눈에서 공감을 느낄 수 있었죠. 제 생각에 저의 부모님은 많은 것을 시도했어요. 제가 항상 보던 그런 감정적인 방식이 아니었다는 생각이 들어요. 사물을 보려고 제가 선택한 방식이 확실히 저를 주춤거리게 만들었다는 생각이 들어요.

엄마는 제 이야기를 좋아하셨고, 정말로 지지해 주셨어요. 제 말더듬에 대해 엄마가 당황하는 감정을 여전히 지니고 있는 듯 느껴진다고 엄마에게 말했어요. 그러자 엄마는 “네 걱정은 하지 않는다. 내 눈에는 네가 이미 극복했고, 너는 성공적인 삶을 살고 있으며, 그것이 우리가 바란 전부란다.”라고 말씀하셨죠. 이 이야기를 듣는 것은 충격적이었어요. 어쩌면, 그동안 내가 해왔던 임상작업에서 어떤 점에서는 이미 목표에 도달했다는 것을 제가 이해하지 못하고 있는지도 모르죠. 그렇게 바라보기를 거부해 왔단 생각이 들어요. 제 나머

지 인생을 말더듬에 대해 말하면서 보내기 싫다는 사실도 깨달았죠. 인생은 그 이상의 것이잖아요. 말더듬에 대해 지나치게 집착했다는 생각이 들어요.

제가 생각하기에, 때때로 말더듬은 제가 진정으로 느끼는 것, 그리고 사람들과의 관계 형성으로부터 나 자신을 보호하는 방식이었던 것 같아요. 말더듬에 대해 집착하고 생각하느라 바빠서 내 감정을 생각할 필요가 없는 거죠. 이것은 훌륭한 감정 차단자죠. 존 해리슨(John Harrison)도 말하길, 그것은 감정에 더욱 관여된 것이지 말더듬에 대한 것이 아니란 거죠. 전에는 이해하지 못했죠.

수잔의 이야기는 말을 더듬는 사람들(People Who Stutter: PWS, 이하 PWS)의 전형이다. 그녀의 이야기는 이 책의 주제를 설명한다. 즉, 말더듬은 학습된 행동이고 따라서 비학습화(unlearned)될 수 있다. 그러나 미국에서 언어치료의 대부분은 원인이 아닌 증상을, 각 개인이 말더듬에 부여하는 근본적인 의미가 아닌 신체적 요인들만을 언급하고 있다.

아동기 경험

말막힘과 말더듬의 근원이 아동기의 감정적 상처에서 비롯되었다는 점에서, PWS는 나의 도움을 청하는 다른 사람들과 다르지 않다. 그들은 모두 의식적으로 통제할 수 없는 비슷한 경향을 띄는 부정적으로 학습된 연합구조를 보인다. 아동이 유전적 결함으로 일종의 비유창성(disfluency)을 갖는 것은 가능하다. 그러나 아동의 비유창성은 말하는 법을 배우는 과정에서의 정상적인 넘어짐일 뿐이다. 그러나 부모 또는 영향력을 가진 어른이 발화에 문제가 있다고 생각할 경우, 아동은 더듬는다는 이야기를 듣게 되고 언어병리학자에게 보내진다. 이것은 아동에게 그들의 발화에 그리고 그들 자신에게 용납할 수 없는 문제가 있다는 것을 각인시킨다.

아직까지 나는 말더듬을 사랑하는 사람을 보지 못했다. 말하는 데 어려움을 경험할 때마다 이를 나쁜 것으로 여긴다면, 시간이 지나면서 이런 나쁜 인식이 습관이 되고 이를 일반화시키게 된다. 당신은 "이것이 나쁘다는 것을 어떻게 아는가? 누가 나쁘다고 말했는가?"라고 물을 수 있다. 비정상적인 발화라는 생각은 보통 부모나 또는 발화에 문제가 있다고 지적하는 다른 영향력 있는 사람으로부터 비롯된다(그러나 몇몇 사람들은 외부적인 영향 없이 자신들에게 '나쁜' 그리고 '용인될 수 없는' 것으로 말막힘과 말더듬을 여기는 것을 발견했다).

수잔은 이에 대한 좋은 본보기다. 그녀가 언어병리학자에게 보내진 것이 어떤 식으로든 자신에게 문제가 있다는 생각을 굳히게 만들었고, 그녀는 부모가 자신을 좋아하도록 하기 위해서는 완전한 발화를 해야 한다고 여겼다.

말막힘이 있는 아동은 비유창성을 피해야 하거나 통제해야 할 것으로 묘사한다. 그들 스스로 이러한 결론에 도달했을 수 있고, 그들의 또래나 어른이 말한 것에 근거한 것일 수도 있다. 더구나 그들의 말막힘은 부정적 감정과 연관되어 있다. 그것은 유창하지 않은 발

화와 연관된 어린 시절 고통스러운 경험을 동반했던 감정이다. 많은 경우, PWS는 그들의 경험을 트라우마로 설명할 것이다. 말하는 방식 때문에 친구가 조롱하거나 교사가 난처해하는 것은 '완전히 막막한(locked in the block)' 것일 수 있다. 사실 교사가 학생을 학급 앞에 세우고, 말을 하려고 하지만 말이 나오지 않는 학생에게 "말을 내뱉어 봐!"라고 소리치는 것은 아이에게 트라우마가 된다.

진땀 나는 사건은 끔찍하거나 비극적인 것이 아닐 수 있다. 아동은 부모의 이혼, 아버지 사랑의 부재, 어머니의 정서적 지지 부재 또는 정서적 · 신체적 학대를 고통스럽고 위협적인 것으로 해석했을 수 있다. 모든 아동이 그러하듯이 말이다—아동은 외부의 문제를 자기의 책임으로 만들고, 어느 정도의 책임감을 감수하며, 아픔을 호흡 또는 말하기에 쓰이는 근육에 각인시키고 표현한다. 그들은 말막힘을 경험하기 시작한다.

말막힘은 말하도록 요구받았을 때 말하지 못하는 무력감이라는 감정과 역시 연결된다. 이는 당신이 달라지거나 낯설다는 느낌으로 나아간다—이는 아동이 어떻게 해서라도 피하기를 원하는 것이다. 이러한 어릴 적 경험으로 아동은 말막힘과 말더듬이 용납될 수 없는 행위라는 것을 배우고 지속적으로 말막힘이 진행될 것이라고 두려워하면서 성장한다. 두려움은 더욱 많은 말막힘과 말더듬을 만들어 낸다. 기본적으로 PWS는 그들이 '가장 두려워하는 그것'으로 되어 간다.

이 책에는 그러한 쓰라린 감정을 찾을 방법이 포함되어 있고, 또한 그 감정을 치유하는 방법이 제안되어 있다.

'자아'의 개념

인간의 '자아' 개념은 일생을 통해 성장하고 변화한다. 이름을 지어 주고 독립된 개인으로서 그들과 관계를 맺기 시작한 보호자에 의해 처음으로 개념이 형성된다. 아동은 세상이 작동되는 방식에 관한 건실한 토대를 필요로 한다. 아동기에 그들은 유입되는 정보를 비판적으로 걸러 내지 못한다. 아직까지 아동은 경험을 사유하고 반영하거나 질문하는 능력을 발전시키지 못하였기 때문이다. 그들이 유년기에 배우는 것은 그들에게 진실이 된다—따라서 이는 축복이거나 재앙으로 드러난다. 아동이 자신의 행위에 의미를 부여할 때 그러하듯, 때때로 오해하고 그 의미는 지속성을 갖게 될 수 있다. 그러면 말막힘이란 것도 지속된다. PWS는 '유아적' 방식으로 계속 생각하기 때문이다. 그들 행위의 의미는 그러한 유아 시절의 경험과 여전히 관련성이 있다.

실질적으로 성인이 갖는 모든 정서적 문제에서도 마찬가지다. 치료 차원에서 다루는 문제들은 내담자가 아동기에 배운 사고방식에서 나온다. 당신의 '자아' 개념을 다른 이들이 결정짓도록 허용하는 것이 아동기에는 적절한 일이지만, 성인이 되면 그것은 바람직하지 않다. 이 문제의 한 가지 해결책은 아동기에 고착되어 있는 부분들을 PWS가 성장시키도록 만드는 일이다. 우선 정신적으로 한 걸음 물러서는 연습을 할 필요가 있다. 이는 아동기부터 자신이 지녔던 신념을 비판적으로 점검해 볼 수 있게 한다. 그들은 성인의 마음을 이용하여 그들이 기능하도록 만든 신념, 즉 세상의 모델을 어떻

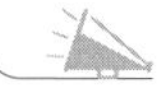

게 구축해 왔는지를 인식하고 노후된 것들을 정비한다.

PWS의 가장 허약한 신념 중 하나는 타인이 그들 자신을 인식하는 방식을 안다고 생각하는 것이다. 사실 그들은 그 주장의 정확성 또는 진실을 확인해 본 적이 없다. 나는 말막힘 증상을 갖는 이들이 다른 이들로부터 받아들인 전형적인 자아 정의가 마음 읽기(mind-reading)에 근거한다는 사실을 알아냈다. 즉, 다른 이들이 그들을 이상하거나, 다르거나, 무딘, 정신적인 퇴행을 겪는다는 등의 견지에서 자신들을 본다고 믿는다. 그들은 이 신념을 받아들이고 이 정보를 옳은 것으로 여기면서 마치 그러한 자아 묘사가 사실인 양 살아간다. 다른 이들에 의해 심판받는 것에 대한 두려움 때문에 실상은 다른 이들을 불공정하게 판단하고 있는 것이 그들인 것이다.

몸과 마음의 연결

모든 몸-마음 기능 중에서 가장 원초적인, 회피 반응 양상(the fight/flight arousal pattern)에서 몸과 마음의 연결은 명백히 드러난다. 이를 유발하기 위해 당신이 실질적인 위험에 빠질 필요는 없다. 단순히 두려운 것을 상상하거나 기억하기만 하면 당신의 신체는 아드레날린을 생성하면서 반응하게 된다. 이러한 연결의 언어적 증거를 '창자로부터의 느낌(gut feeling), 눈의 가시(pain in the neck), 심장에서 느껴지는(heartfelt, 진심의), 속마음 털어놓기' 등의 표현에서 발견할 수 있다.

아동 발화에 관한 아동기의 부정적 영향은 아동의 근육에 새겨지고 성인으로까지 이어진다. 나는 무의식적으로 배우는 능력을 '근육에 새긴다.'고 본다. 이는 마치 우리가 문자적으로 배우는 것이 근육 세포(근육 기억으로 언급된다)에 구체화되는 것과 같다. 예를 들면, 당신이 키보드를 보지 않고 타이핑을 하는데, 내가 'R' 키가 어디 있냐고 묻는다면 당신은 어떻게 지목할 것인가? 왼쪽 집게손가락을 당겨서 왼쪽 방향 위로 향하게 했는가? 그것이 '근육 내' 습득의 예일 것이다.

말더듬는 사람은 말막힘을 유발하는 두려움 또는 걱정을 느끼는 경향이 있다. 이는 호흡과 말하기를 조절하는 근육 내에서 일어난다. 이런 이유로 나는 말막힘이 공포와 불안 발작과 구조적으로 비슷하다고 본다. 이것은 정서가 신체에 표현되기 때문에 치료 역시 비슷할 수 있다는 것을 의미한다.

수 년 동안 임상 작업을 하면서, 수백 명의 내담자들에게 "당신의 신체 부위 어디에서 부정적인 감정을 느끼는가?"라는 질문을 했다. 보통 부정적 감정을 느끼는 PWS는 자신이 그 감정을 느끼는 신체 부위를 지적할 수 있다. 어디에서 느끼는지를 정확히 나에게 언급하지 못했던 사람의 경우는 거의 없었다. 당신도 이를 확인해 보라. 당신이 두려워하는 무언가를 생각하거나 최근의 정서적 상처를 떠올려 보라. 그리고 당신의 신체 어디에서 그 감정이 표현되는지를 살펴보라. 말이 막히는 사람에게 부정적 정서는 보통 가슴, 목, 턱 안에 몰려 있다. 그들에게 물어보라.

- 어떤 감정을 당신의 말막힘과 연결시켜 왔는가?

- 당신의 신체 어디에서 이러한 감정을 느끼는가?
- 말막힘의 가능성을 예견할 때 그 두려움과 근심을 신체 어디에서 느끼는가?
- 이러한 감정에 대해 어떻게 생각하는가?

이러한 감정들이 사그라짐에 따라, 말막힘과 말더듬 또한 줄어들고 좀 더 유창해지게 된다.

자신의 감정들이 실제적이기보다는 사고의 성과로 나타난다는 것을 모든 내담자가 받아들이는 것은 아니다. "밥 선생님, 내 몸에서 두려움을 '느끼고', 그것을 내가 느낀다면 틀림없이 실제적인 거죠!" 이것이 보통의 반응이다. 그것을 내가 느낀다면, 그것은 실제적인 것이다. PWS에게 말막힘과 말더듬에 관한 감정들은 그것보다는 더욱 실제적인 것이다. 그들은 말막힘, 말더듬과 관련된 강렬한 생리적 반응을 갖기 때문이다. 따라서 언어병리 일선에 몸담고 있는 많은 임상가가 말더듬이 신체적 문제라고 믿는 것은 당연하다. 그것은 너무나 실제적이다. "말을 더듬을 때 나의 얼굴 비틀림을 보세요."

사례연구 2

말더듬을 앓다가 회복된 존 해리슨은 전국말더듬협회의 뉴스레터 『렛팅 고(*Letting Go*)』의 전직 편집자였다. 그는 자신의 논문 「말막힘의 해부(Anatomy of a block)」(Harrison, 1999)에서 특히 사람이 말이 막히는 동안 지혜와 힘의 상실을 어떻게 느끼는지 자세히 설명하고 있다. 존은 감사하게도, 그의 논문을 인용하도록 나에게 허락해 주었다. 첫 대목은 다음과 같다.

1982년 봄 어느 날, 내가 살고 있는 샌프란시스코 24번가 근처의 카메라 상점으로 프린터를 사러 들어갔다. 아주 젊은 여자 점원이 카운터 끝 쪽에 있다가 내가 들어서자 나를 도와주러 다가왔다.

"이름이 뭐죠?" 그녀가 물었다.

그 질문은 나를 공황 상태에 빠뜨리곤 했다. 항상 이름을 말할 때 말이 막혔기 때문이다. 항상. 그러나 1982년에 이르러 말더듬은 나에게 더 이상 문제가 아니었다. 그것에 대해 전혀 생각하지 않았다. 사람들에게 말하는 것을 좋아했고, 말에 대해 전혀 걱정하지 않았다. 나의 말막힘이 거의 사라졌기 때문이었다.

나는 "해리슨입니다."라고 말을 시작했고, 갑자기 공황상태에 있는 나 자신을 발견했다. 모든 것이 정지되었고 완전히 막혔다. 익숙하면서도 오래된 모든 감정들이 되살아났다. 심장이 요동치는 것을 느낄 수 있었다. 멈춰 서서 심호흡을 했고, 자신을 진정시켰다. 그녀가 나를 응시하는 동안, 나 자신을 되찾고, "해리슨입니다."라고 응답했다.

나는 프린터를 들고 기진맥진한 상태로 완전히 혼란스러워하면서 상점 밖으로 나왔다. 도대체 이 말막힘이 어디로부터 시작되었는가? 갑자기 왜 과거와 같은 경험에 빠졌는가? 내가 걸어 들어갔을 때 말더듬은 내 마음에 떠오르지 않았다. 말더듬에 대해 전혀 생각하지 않았다. 전혀 일어난 적이 없었기 때문이다. 따라서 나를 말 막히게 만든 원인이 말더듬에 대한 두려움이 아니란 것을 알았다. 그때 나는 말더듬이 문제였던 이전에 항상 했던 모든 일을 했다. 마음속으로 그

사건에 대해 반복해서 생각하기 시작했다. 무슨 일이 벌어졌었는지를 설명할 어떤 것, 어떤 근거라도 찾을 수 있을지 살펴보기 위해 가능한 세부 사항을 인지하려고 시도했다.

"내가 걸어 들어갔을 때 그 여자는 어디 있었지?" 나는 자신에게 물었다.

글쎄, 나는 상점의 전체 모습을 그려 보았다. 나는 상점에 들어갔었고 금전등록기에서 멈췄다. 그녀는 카운터의 맞은 편 끝에 있었고 누군가에게 말하고 있었다.

"그 누군가가 누구였지? 특이한 점이라도 있나?"

한 녀석이었다.

"어떻게 생겼지?" 음……그래 맞아. 오토바이족이었지. 불량스러워 보였어. 팔뚝에 문신이 있었고 리바이스 조끼를 입고 있었지."

"또 눈에 띄는 것이 있었나?"

글쎄, 둘은 서로 이야기하는 것을 즐기는 듯했어. 그 남자는 그 여자를 매력적으로 생각하는 듯 보였지.

"그가 당신에게는 어떻게 보였지?"

아주 무섭게 보였어. 내가 어렸을 때 그 거리의 불량배들이 기억났지. 난 그 녀석들을 기억해. 내 옆 동네에 살았어. 그들 모두 비열한 눈빛을 가졌고, 나를 겁에 질리게 했어.

"어렸을 때 그와 같은 사람들에게 어떻게 반응했지?"

음, 만약 몇몇 불량배들이 지나가는 거리에 내가 있다면 나 자신이 보이지 않도록 하겠어. 그래야 나를 볼 수 없을 테고, 나를 괴롭히지 못하니까. 나는 모든 에너지를 빨아들일 거야. 주위 환경에 나를 묻어 버리겠어. 나무, 수풀 또는 벽돌 벽과 같아 보이게끔 말이야. 그들이 지나갈 때까지 어떤 에너지도 나에게서 뿜어 나오지 않도록 할 테야. 아무것도.

"그 상점의 오토바이족에 대해 어떤 다른 느낌이나 의견이 있나?"

내 생각에 중요한 대화를 내가 방해하였다는 느낌이 들었어. 그 둘이 너무나 잘 어울리고 있었거든.

"그것이 어떤 감정을 불러일으켰지?"

내가 느꼈던 것을 회상하면서 한 번 더 그 장면을 되돌려 보았다. 내가 어떻게 느꼈더라? 완전히 집중하였다. 불편함이 나에게 휘몰아쳤다. 그리고 어떤 것이 나에게 떠올랐다. 그가 짜증이 났을 수 있겠다는 걱정이 들었다. 왜냐하면 그 점원이 그를 떠나 나에게 왔기 때문이다.

"아이였을 때 그러한 상황에서 당신은 어떤 반응을 보였을까?"

나는 주춤거렸을 것이다. 나는 눈에 띄는 것을 원치 않았다. 지나치게 강하거나 단호하게 보이기를 원치 않았다.

"왜냐하면……."

왜냐하면 그것이 나를 궁지로 몰 것이기 때문이다. 그 남자는 나를 궁지로 몰 수 있었다. 그래서 그가 나를 보기를 원치 않았다.

"그래서 카메라 상점에서 네가……."

그렇다. 나는 옛 프로그램으로 되돌아갔다. 나는 멈칫했다. 나의 에너지를 막았다. 최대한 보이지 않는 존재로 나를 만들려고 했다. 예전에 내가 그랬던 것처럼.

여기서 존은 어떤 것이 옛 기억을 되살릴 수 있는지를 개인적 관점에서 명확히 설명하고 있다. 옛 기억은 정신적 · 감정적으로 그를 유아기로 돌려보냈다. 존은 성인의 자원(adult resources)을 갖고 있으나 성인이 되기를 멈춘 것이다. 그는 다음과 같이 말했다,

"그 기억은 회피반응을 유발시켰다. 내 감정을 짓누르고(막고) 그 생각을 인식에서 몰아냄으로써 그 회피반응을 다루고 있었다."

더 이상 성인으로서 반응하기보다, 존은 무기력함이라는 옛 유아기 기억으로 반응했다. 거칠게 생긴 오토바이족이 출현했을 때, 존은 무의식적으로 과거로 되돌아가 낯설고 거친 남자들에 의해 위협당한 소년으로 퇴행하였다. 그리하여 성인이 된 존이 그때 위협받은 소년과 같이 무기력해졌다.

사람은 자신의 현실 인식(perception of reality)을 통해 움직이고, 또한 현실 인식은 세상의 의미를 만드는 특별한 방식에 근거하기 때문에, 세상을 변화시키기 위해 세상에 개입하기 위한 그들의 전략은 그들이 생각하기에 가능한 것에 의지하게 될 것이다.

감정

당신의 경험을 평가하는 것은 종종 특정한 감정적 반응을 낳는다. 예를 들면 오도 가도 못하는 상황에 처해 당신이 어떤 것도 할 수 없다는 것에 화가 날 수도 있다. 화가 난다는 것은 어떤 도움도 되지 않는다. 그것은 지금 당신이 느끼는 것이고 당신의 감정은 당신이라는 전인적 존재를 뚫고 나가려는 경향을 갖는다. 감정이란 당신의 판단과 가치와 관련되어 있다. 당신의 경험을 좋은 것으로 평가할 때 긍정적 감정을 경험한다. 반면에, 세상에 대한 경험이 당신의 기대, 가치, 꿈, 욕구 등에 부합하지 못하면 당신은 좌절, 화, 억울함 같은 부정적 감정을 경험하게 될 것이다.

아동기에 아동은 주위의 의미 있는 사람들로부터 사랑과 용납을 기대한다. 하지만 어떤 이유에서건 거부당하는 자신을 종종 발견한다. 사실 거절당하는 것은 피할 수 없는 일이다. 그것은 성장의 한 부분이다. 당신은 영원히 다른 이들에게 의지할 수 없다. 어떤 시점에서는 세상에서 당신만의 길을 가야 한다. 따라서 거절을 다루는 것을 어떻게 배우느냐가 관건이다. 유연한 의사소통은 상당한 연습을 요구한다. 아동이 말하는 법을 배우는 아동기에 자신들을 표현하는 과정에서 더듬고 막히는 경우가 많다. 만약 PWS가 다른 이들로부터의 거절을 특별한 행위—말막힘과 말더듬—와 연결을 시키면, 거기서 나타나는 감정들이 지배를 하게 되고, 아동은 말하는 방식에 더 많은 주의를 하게 된다. 만약 PWS가 이러한 부정적인 감정 생산을 거부한다면 발화가 어떻게 될까? 그들은 다른 삶의 부분에서 그러하듯, 실패로부터 배운다는 것을 인지하면서 말하는 기능을 습득하고 연습할 것이다. 성장이라는 것이 그러한 것이다.

당신은 주어진 환경에서 세상 경험의 평가에 근거한 감정을 만들어 내기 때문에 당신의 감정은 그 순간에만 정확하다. 당신은 다음과 같은 경험을 했을 것이다. 당신은 기대했던 것을 얻고 그것에 대해 기뻐하거나 당신의 기대가 좌절되어 불쾌한 감정을 느낀다. 그러나 한 경험에서의 감정들이 다른 경험을 채색할 때, 당신은 부적절하게 일반화를 시킬 수가 있다. 예를 들면, 또래가 말막힘과 말더듬을 놀렸다면, PWS는 이를 가슴 아픈 사건으로 평가하고 자신들의 또래가 악의적이라고 판단한다. 이는 미래에 비효율적인 의사소통과 원만하지 못한 인간관계로 이끈다. PWS가 성인이 되어 놀림

받을 때—몇몇 성인은 그러하기도 하기 때문에—그들이 놀림받던 어린 시절의 경험을 떠올리고 같은 정서적 반응을 유발한다. 이러한 방식으로 그들은 현재와 과거에 연관된 모든 의미와 판단을 연합시킨다. 그리고 다른 이의 의도에 대한 무분별한 가정을 만든다. 그들은 '마음 읽기'의 형태에 관여하며, 다른 이가 생각하고 있는 것을 그들이 안다고 가정한다. PWS는 자주 다른 이들의 마음을 읽으며, 그들이 말을 더듬기 때문에 다른 이들이 자신을 판단할 것이라고 생각한다. 즉, PWS는 바깥 세상에 주의를 기울이고 다른 이들과의 생각과 비교하기보다는 그들 자신의 환상에 의지하고, 자신의 사고에만 주의를 기울인다.

무의식적 능력

아마 당신은 자동차를 운전하는 법, 테니스 치는 법, 자전거 타는 법, 이메일 보내는 법을 알고 있다. 모든 기능들은 반복을 통해 당신의 근육에 새겨지게 된다. 당신은 키보드 사용하기, 테니스 서브 넣기, 기어 바꾸기에 대한 신경학적 통로를 가지고 있다. 각 기능은 다른 일련의 근육 조직에 관여한다. 각 활동에 관여하는 기능 수준이란 어느 정도는 정신적 상태, 집중 또는 기여의 수준, 지금 무엇을 하고 있는가에 대한 숙고의 정도에 의해 달라질 것이다. 연습으로 그러한 많은 기능은 자동화되고 무의식적으로 할 정도가 된다. 실제로 당신이 빠르게 날아오는 테니스공을 되받아 칠 경우에 직면하면, 생각할 시간이 없다. 당신의 근육이 연습을 통해 충분히 습관화

되었다고 믿고 계속해서 맞받아 칠 수 있는 것이다.

PWS는 말막힘을 배웠을 뿐 아니라 유창해지는 방법도 배웠다. 그들은 두 행위를 자동적으로 수행한다. 테니스를 치는 것과 마찬가지로, 그들은 다른 이들에 관여하는 독립된 신경회로와 자신의 상태를 다루는 독립된 신경회로를 갖는다. 상황에 따라 달리 반응한다. 혼자일 때나 또는 같이 있어 편안한 사람에게 말할 때, 유창성에 해당하는 신경회로는 활동하게 된다. 그러나 상황이 두려움과 걱정을 유발할 때, 말막힘의 신경회로가 작동한다. 두 경우에서 그들은 선택권을 갖는다. 두 신경회로가 다 존재하지만 단 하나만이 작동된다.

당신 마음의 상태는 당신의 행위에 영향을 준다. 하루 동안 당신은 많은 상태를 경험한다. 상승과 하강, 주도적이거나 반작용적인 상태 등이다. 말이 막힐 때, PWS의 마음의 상태는 반응성 불안과 두려움으로 향한다. 그러나 유창할 때, 그들은 평온함, 신뢰감, 호기심에 근거한 주도적인 마음의 상태를 갖는다. 그들은 행위 방식에 주의를 기울이기보다는 다른 이에게 무엇을 말하고 있는가에 더욱 관심을 기울인다. 유창성의 상태는 주도적인 느낌과 즐거움을 생산하는 경향이 강하다. 그러므로 목표는 PWS가 그들의 반응을 변화시켜 모든 상황에서 그들이 자동적이고 습관적으로 유창한 반응을 활성화하도록 하는 것이다. 이를 행하는 한 방식은 재구성(reframing)—상황의 의미를 변환시키는(제6장 참조)—을 통하는 것이다. 그리하여 '완전히 막막한'의 프레임을 최소화한다. 그러나 이는 반복적인 연습을 요구한다. 마술적인 치료는 없다. 유창성이 PWS의

천성적인 방식이 되도록 하기 위해서는 그들이 신체와 마음의 수많은 변화를 만들어야 할 것이다.

얼어붙기

> 모든 근육이 그러하듯, 횡경막은 두려움의 반응으로 수축하는 경향이 있다. 불행히도, 횡경막은 발화시 이완되어야 한다. 당신은 반대 방향으로 횡경막을 움직이려고 하는 강력한 두 힘을 가지고 있다. 당신은 두려움에 대한 자연적인 반응을 갖는다. 이때 횡경막을 수축하고 공기를 들이마신다. 그런 다음 당신 자신의 발화 욕구를 갖고 공기가 성대를 통해 이동할 수 있도록 횡경막 이완을 시도한다. 결과는 어떠한가? 물론 횡경막이 긴장해 굳어진다.
>
> McGuire, 2002: 21

두려움과 같은 감정은 전반적으로 몸－마음 체계에 영향을 끼친다. 회피 반응 체계는 아드레날린을 당신의 몸에 쏟아 붇는다. 이는 증강된 근육의 힘을 위함이다. 그리하여 사람은 자신의 영역을 지키거나 도망칠 수 있다. 그러나 또 다른 반응은 그 자리에 얼어 붙어 버리는 것이다. 사람들은 이를 전조등을 쳐다보고 있는 사슴과 같은 존재로 자신을 묘사한다. 비록 회피 반응이 작동된다고 할지라도 모든 행위가 얼어붙는다. 그들은 자신이 취할 행위가 없다고 믿는다. 그들의 말문도 역시 막힌다.

그들이 더 이상 어떤 것도 하지 않기 때문에, 이러한 얼어붙기 상태는 상황에 대해 그들이 생각하는 방식 및 그들 자신의 수행에 대한 판단과 연관될 수 있다. 그리고 얼어붙거나 이런 방식으로 막혀버리는 파괴적인 결과와 연결될 수 있다. “여기서 빠져나갈 수 없어! 남은 내 인생 동안 말을 더듬게 될 거야!” 이것이 자기평가를 강화시킨다. “나에게 뭔가 문제가 있어.” 그들은 외부 세계에 주의를 기울이기보다는 내부적 사고, 감정, 상상에 초점을 맞춘다. 다른 이들과 관계를 맺기보다는 자신과 관계를 맺는다. 자신을 둘러싸고 있는 세계의 유용한 정보를 잠정적으로 차단하게 된다.

대안이 있다. 얼어붙기 상태는 그들에게 자원을 선택하고 스스로에게 적용할 시간을 준다(나는 이를 메타 상태로 부른다). ‘상태’로 말하자면, “좋은 놈이 이긴다(the good guys win).”라는 일반적인 이야기가 있다. 당신을 긍정적이고 지지적인 자원 상태에 잠기도록 함으로써 두려움과 근심을 지배하고 억누르거나 심지어 제거하게 된다. 신념 또는 용기를 두려움에 적용할 때 어떤 일이 발생하는가?(제3장 참조). 자신의 마음을 작동시키는 방법을 배우는 주된 열쇠 중 하나는 당신의 상태를 다루는 데 있다. 당신은 신체에게 삶을 향상시키는 상태를 활성화하도록 가르친다. 그러면 내부적 또는 외부적 촉발에 대한 당신의 반응이 바람직하게 될 것이다.

아동기 욕구

말막힘은 필수적인 유아적 욕구를 채워 주었다. 그 욕구가 더 이상 관련성을 갖고 있지 않을 확률이 높지만 그래도 확인해 볼 필요

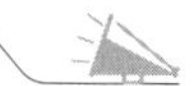

가 있다. 욕구가 여전히 현존한 것이라면 PWS로부터 그들에게 욕구가 무엇인지를 확인하라. 그리하여 욕구를 충족시킬 대안적 방법들을 찾을 수 있다. 수잔(사례연구 1)은 다음과 같이 언급했다.

오늘 내 인생을 기록할 때 말더듬에 관한 것이 나타났다. 사실 내 감정을 표현하기 위해 그림도 그렸다. 말더듬이 내가 가고자 하는 길을 어떻게 방해하는지를 기록하던 중이었다. 새장을 그렸고 내 자신을 새장 안에 넣었다. 새장 안에 있을 때, 다음과 같은 생각이 든다.

- 난 말을 더듬으니까 그 일을 할 수가 없어.
- 나에게는 너무나 큰일이야. 잠깐만, 그 일을 위해서는 내가 유창해야 돼.
- 비즈니스 세계에서 나는 역할을 수행할 수 없어. 사람들이 내 말더듬을 비웃을 거야.
- 성공할 수 없어. 나에게는 너무 부담스러워.

그리고 내 몸에 몇 개의 파란 동그라미를 그렸다. 마치 미라에 감는 것처럼. 나는 그것을 말더듬 옷으로 불렀다. 내가 두려울 때 이 옷을 입었다. 옷을 입고 있을 때, 다음과 같은 생각이 든다.

- **나는 보호받고 있어.**
- **아무도 나를 상처 줄 수 없어.**
- **미지의 모든 가능성으로부터 보호받고 있어.**
- **나는 말막힘을 통제할 수 있어.**

[고딕체는 강조한 것임, 사례연구 7의 앨런의 이야기 역시 참조]

말더듬기를 원하는 이유가 무엇일까? 도대체 말더듬에서 어떻게 유익함을 얻을 수 있다는 말일까? 사람들에게 어떻게 유익한지를 물었을 때—"말더듬에서 얻는 것이 무엇이죠?"—그들은 의미 있는 대답을 한다. 즉, 말더듬은 유익함을 제공해야 한다. 그렇지 않으면 말을 더듬지 않을 테니까! 모든 행위는 긍정적인 의도가 있으며 그들의 세상모델 속에 그들에게는 유익하거나 긍정적인 성과가 있기 때문에 사람들이 행위를 한다고 가정하는 것은 치료적인 면에서 유익한 일이다. 예를 들면, 만약 당신이 말막힘에 대한 긍정적 의도를 도출해 낸다면 어린 시절 말막힘이 일종의 통제감, 보호, 집중 또는 복수심—성인의 삶에서는 더 이상 적절하지 않을—을 제공해 주었다는 사실을 발견한다.

말막힘과 말더듬 같은 문제 행동을 지닌 현재 행위는 그 사람에게 긍정적인 것을 거의 제공하지 않는다. 당신은 자주 행위의 근원으로 되돌아가서 그 당시의 긍정적 의도를 찾아야 한다. 초기에 말더듬은 사람들이 겪고 있던 문제에 대한 해결책을 제공해 주었다. 그것은 상황의 의미를 바꾸어 주었고, 생성되는 부정적 감정을 감소시켰다. 가장 자주 마주쳤던 네 가지 긍정적인 의도는 다음과 같다.

- 상처받는 것으로부터 보호한다.
- 주의를 끌어 사람들이 나를 주목하도록 한다.
- PWS에게 일종의 통제감을 갖는 느낌을 제공한다! "이 이상한 가족을 통제할 수는 없지만 내 발화를 통제할 수는 있어. 나는 말을 더듬을 테야."

• 부모, 교사, 치료사 또는 또래에게 돌아갈 길을 제공한다.

사례연구 3

조시는 사랑을 주고 받는 방법을 알지 못하는 부모 밑에서 성장하였다. 조시의 어머니는 그에게 사랑과 용기를 주는 것처럼 하며 그에게 다가가려고 했으나, 조시가 이에 반응하면 그녀는 조시를 밀쳐내곤 했다. "방구석에 서 있거나, 맞거나, 조롱당하지 않으면서 엄마를 기쁘게 할 방법이 무엇일까?" 그는 궁금해했다.

후에 조시는 이를 아버지에게 이야기했다. 아버지는 조시가 아장아장 걸을 때, 어머니가 그를 실제로 놀리고, 때리고, 방구석에 세워 놓곤 했다고 했다. 조시 어머니의 이러한 행위는 그에게 강렬한 두려움, 불안정, 화를 일으켰다. 이러한 모든 감정은 그의 말막힘, 말더듬과 연결이 되었다. 나는 조시에게 그때의 불안, 두려움, 화를 다시 경험하도록 요청했고, 그러고 나서 그가 말을 더듬었던 의도를 물었다. 그는 곧바로 말했다. "말더듬은 내가 그 못된 어머니에게 반격할 방법이다. 나의 말더듬이 어머니에게 당황스럽고 불편한 것이 되기를 원한다."

이 개념은 매우 중요하다. 변화를 이끌어 내기 위해서, 우리는 당사자가 바꾸기를 원하는 행위의 목적을 우선 찾아내야 한다. 만약 그들의 행위가 필요에 타당한 반응을 생성하게 될 경우, 그 욕구가 또 다른 건전한 방식으로 채워지지 않는다면 그 행위를 바꾸려고 하지 않을 것이고 채워질 때까지도 행위를 바꾸기는 쉽지 않다. 예를 들어 조시의 경우, 그는 우선 어머니에게 복수하려는 욕구를 놓아 버려야(let go) 할 필요가 있다. 용서란 당사자가 이러한 개입에서 한 발 물러설 때 더욱 가능성이 있다. 주요 관계에 대한 어느 정도의 객관성을 갖는 것은 그들이 필요한 지혜를 발견하고 그 경험의 의미를 재구성하도록 해 준다. 이러한 기술은 이 책의 후반부에서 다시 다루도록 한다.

조시의 복수에 대한 욕구는 유아기의 목적을 수행한다. 그가 이러한 관계를 처리하는 방식에서 좀 더 어른스러워지려면 그는 이를 놓아 버려야 한다. 그가 어머니를 용서할 수 있고 성인의 자원들을 보호와 관심의 욕구에 적용할 수 있다면 말막힘과 말더듬에 대한 필요를 더 이상 느끼지 않게 된다. 근본적으로 유아적 행위에 책임이 있는 그 자신의 일부를 성장시키는 것이다. 이 책에서 다루는 그 양식들은 기억 뒤에 숨겨진 상처를 치유하는 방식을 제공하고 말막힘과 말더듬으로 그들이 원하는 것을 얻으려는 사람들에게 새로운 방식들을 제공한다.

말막힘과 말더듬의 이유

학교에서 아동은 그들이 말을 더듬는다는 이유로 그들을 조롱하는 친구들뿐 아니라, 학급 앞에 세워 놓고 그들을 우스꽝스럽게 조롱하는 교사들을 만난다. 그러한 경험의 역사는 말막힘에 갇혔던 겹겹의 상처를 생성해 낼 수 있다. 결국 아동은 자신을 말막힘과 말더듬으로 정체화(identify)한다. "나는 달라. 정말 달라." "뭔가가 나

는 잘못됐어." "나는 무용지물이야." "나는 가치 없는 사람이야." "나는 이상한 사람이야."

몇몇 아동은 의도적으로 말더듬을 한다. 이는 지옥 같은 학교 환경 또는 제 기능을 못하는 가족 속에서 자신을 보호하는 한 방법이기 때문이다. 한 내담자는 부모가 자신의 인생을 고통스럽게 만들었다는 이유로 부모를 고통스럽게 하기 위해 유아기에 말막힘과 말더듬을 선택했다. 그가 유아기와 청소년기를 거쳐 성장하면서, 싫증난 가족에게 맞서기 위해 획득한 두려움과 불안이 그의 말막힘과 말더듬을 지속하게 했다. 그 문제를 극복하는 것이 결국은 진정한 도전이었다.

또 다른 내담자는 유아기에 어머니가 그녀를 숨막히게 했다. 그녀는 말막힘과 말더듬을 행했다. 그 행위가 억압적인 어머니를 통제할 수 있을 것이라 생각했기 때문이었다. 그녀는 말더듬과 말막힘이 자신의 주위 사람들에게 주의끌기(attention getter)로서 작용한다는 사실 역시 발견했다.

임상가로서, 유아기의 말막힘과 말더듬의 형태는 사람마다 다양하게 나타난다는 사실을 인식하라. 그래서 각 내담자를 독특한 개인으로 대하라. 모든 내담자를 단순히 일반화하지 말라. 당신이 개인별 말막힘과 말더듬의 구조 방식을 이해할 때만 그들의 특정 욕구에 대한 중재(interventions)를 계획할 수 있다.

사례연구 4

비록 대다수의 사람들이 유아기에 말막힘과 말더듬을 시작하지만, 드물게는 성인이 되어 시작되는 이들도 있다. 예를 들면, 나는 매트로부터 다음과 같은 이메일을 받았다.

> 저는 상당한 대중 연설 경험이 있습니다. 최근까지도 1년에 100~150건 이상의 투자자 세미나에서 발표를 했습니다. 대략 4~6개월 전에, 말더듬는 '습관'이 발생하였고, 전화로 이야기하는 동안 주로 나타나는 듯했지만, 몇 번은 대중 앞에서 나타났습니다.
>
> 심각한 문제는 아니었지만 좀 신경이 쓰였습니다. 잘 모르는 사람과 전화로 얘기하는 경우……실제 '회피 행동(avoidance behavior)'이 시작되었습니다. 두 달 전, 같은 회사 내에서 투자 자문이 되기 위해 업무를 바꾸기로 결정하였습니다(업무 변화는 말더듬과 관계 없습니다).
>
> 나는 전화……로 고객들을 상대해야 하는 명백한 필요성에 대해 다소 걱정되었습니다. 이것이 경영 자문……그리고 앞으로 예상되는 일을 수행하는 큰 부분이기 때문입니다.

매트의 첫 말더듬 경험은 성인이 되어 시작되었다. 그와 자세히 이야기한 적은 없지만, 나는 그에게 두 번째 이메일을 보내어 그가 전화를 할 때 두려워했던 것이 무엇이었는지를 살펴보라고 했다.

이러한 언급은 나에게는 매우 도발적입니다. 말을 더듬을 가능성보다 그 이상의 어떤 것……에 두려워 한다고 느끼지 않기 때문입니다. 말더듬은 내 업무에 대한 열정……에 의문을 갖던 시기에 시작되었고, 특히 18~20시간의 근무로 스트레스를 받았습니다. [고딕체는 강조한 것임]

세 번째 메일에서 나는 다음과 같이 물었다.

만약 '말더듬 가능성'에 대한 두려움이 없다면 어떤 일이 일어날까요?

그가 답장하였다.

쉽게 수화기를 들어 누구하고든 긴장감과 걱정 없이 통화하겠죠. 긴장감과 근심은 보통 두려움과 함께 와서 적절한 의사소통을 할 수 없게 만들고 말을 막히게 했죠. 사실 새로운 사람들을 알게 되는 경험을 즐기게 될 것이고 내가 진정 믿는 투자 전략을 전달하겠죠.

전화로 고객과 상대할 수 없는 것은 그 뿌리가 그의 어린 시절에 있을 높을 가능성을 시사한다. 그러한 행동은 종종 자신감의 결여를 나타낸다. 이는 보통 열악한 자아상(self-image)으로부터 나타난다. 그러나 이는 바뀔 수 있다. 예를 들면, 수잔은 다음과 같이 그녀의 이야기를 끝냈다.

그리고 나는 다른 그림을 그렸어요. 나는 여전히 새장에 있었지만 말더듬 옷은 벗어 던진 채였죠. 다음과 같은 생각이 스쳤어요.

- 나는 전화를 걸 수 있다.
- 나는 사람들 눈을 똑바로 쳐다볼 수 있다.
- 나는 말더듬는 순간에 머물 수 있다.
- 나는 말을 더듬건 안 더듬건 상관없이 내 모습 그대로 나를 사랑할 수 있다.

말더듬 옷을 벗어 던진 채 한 걸음 더 앞으로 나아갔어요. 나는 상자에서 나와서 즉시 주도적인 상태에 있었어요. 이것이 저의 생각이었어요.

- 나는 권한을 부여받았다. 나는 교도소 밖이다.
- 나는 실질적이며, 완전히 내 자신이 될 수 있다. 뭐든지 할 수 있고, 한계가 없다.
- 나는 요동칠 수 있다.
- 내가 할 수 있는 일이 상당히 많다.

두 가지 다른 상태가 실제로 다른 결과를 나타낸다는 것이 정말 놀라워요. 정말 굉장하죠!

유창성으로 가는 세 가지 열쇠

PWS를 치료하면서, 유창성에 접근하는 세 가지 주된 단계가 있다는 결론에 도달하였다. PWS는 다음과 같아야 한다.

1. 특히 말을 더듬는 상황에서 건강한 자아 개념을 개발한다.
2. 다른 사람들이 자신을 어떻게 생각할지에 대해 무관심하게 대처한다. 자신에 대해 어떻게 말하는가를 신경 쓰지 않는다.
3. 세상 속에서 성공적으로 사는 데 필요한 개인적인 자원을 갖고 있다는 것을 알라.

이 중에서 첫 단계가 중요하다. PWS가 내부적인 자존감과 가치를 개발했을 때, 그들은 타인이 자신의 말더듬 방식에 대해 생각하거나 말하는 것 또는 그렇지 않은 것에 무관심할 수 있다. 두려움이 사라질 때, 대부분의 말막힘과 말더듬은 같이 사라지게 된다.

PWS는 결정적으로 자신에 대한 건강한 관점을 구축함으로써 몸에 밴 습관을 극복하기 시작한다. 이 책에는 PWS가 더욱 건강한 관점을 갖도록 도움을 줄 몇 가지 연습 방법이 있다. 이러한 연습은 PWS가 모든 상황에서 유창할 수 있게 한다.

이미 가지고 있는 것을 활용하기

나에게는 단순한 이론이 있다. 즉, "만약 누군가가 한 상황에서 유창하게 말할 수 있다면 그는 모든 상황에서 유창하게 말하는 것을 배울 수 있다."는 것이다. 말더듬는 사람은 이미 말하는 방식을 안다. 그들은 이를 다시 배울 필요가 없다. 그들이 필요한 것은 유창하게 말할 때 느꼈던 그 마음의 상태로 들어갈 수 있는 능력이다.

말막힘이 항상 일어나지는 않는다. PWS가 두려움 그리고/또는 근심으로 연결시키는 상황에서만 유발된다. 말막힘과 말더듬에 관여하는 정서적 문제는 왕따, 희롱, 놀림 등과 같은 경험으로 강화된다. 다는 아닐지라도 대부분의 PWS는 다른 사람이 자신에 대해 가지는 생각을 두려워한다. 이러한 행위에 근거하여 자아 개념을 정의하고 믿으려는 경향이 있다. "나는 달라. 그래서 나에게 문제가 있는 거야." 많은 PWS는 이러한 문제를 극복하는 데 무기력함을 느낀다. 그들은 자신이 살아가는 세상은 그들을 괴롭히려고 애쓰는 사람들로 가득 차 있다고 믿으려는 경향이 있다.

삶을 통해 당신의 경험과 정서 사이에 다양한 강화의 유대가 생긴다. 이러한 유대는 몸으로 표현된다. 반복된 것들은 부정적이고 긍정적인 것 모두이며, 이는 더욱 강화된다. 말막힘과 연결된 감정은 호흡과 말하는 근육에 영향을 줄 수 있다. 그러한 면에서 말막힘은 불안 발작 또는 공황 발작과 비슷하다. 그러나 공황 발작이 있는 사람도 매일 공황 상태의 순간에 직면해서 살지 않는다. 비슷하게, 말막힘과 말더듬 장애도 항상 말막힘이 있는 것은 아니다. 공황 발작과 마찬가지로, 말막힘은 심리적으로 유발된다. 그러므로 이러한 반응을 바꿀 방식은 습득된 행위의 인지적인 양상을 변화시키는 것이다.

평균적인 PWS는 능숙함을 습득하는 데 수년을 보낸다—그들은 생각 없이 말막힘을 경험하기도 한다! 이러한 습관을 변화시키기 위해, 고요한 마음의 상태로 접어드는 연습을 할 필요가 있다(제5장 참조). 내가 수년간 지켜본 대다수의 불안 발작 문제의 내담자들은 두려움을 없애거나 적어도 조절할 수 있을 정도가 되기 위해 12시간의 치료가 필요했다. 그들이 집중하는 초점을 변화시키는 데 3개월 또는 그 이상의 연습이 요구되었다. 그러나 PWS에게 시간이 더 걸릴 수도 있다. 모든 사람이 완전히 문제를 극복하는 것은 아니다. 몇 사람은 거의 변하지 않는다. 나는 당신이 내담자와 대면하여 작업해야 함을 강력히 지지한다. 면담은 중요한 시각적인 정보를 제공한다. 그러나 전화 상담을 통해서도 많은 부분을 성취할 수 있다. 비록 어려운 부분이긴 하지만, 듣기만으로 이 정도의 성과를 거둘 수 있다는 것은 놀라운 일이다. 25~30시간의 상당한 연습 후에, 몇몇의 PWS는 정상적인 유창함 아니면 상당히 진전된 성과를 얻었다. 왜 변화는 이렇게 오랜 시간이 걸리는가? 이러한 정서와 전략은 몸에 쉽게 프로그램화되기 때문에 신체가 인지적 변화에 다시 적응하려면 시간이 걸리게 마련이다.

말막힘과 말더듬은 학습된 행위이기 때문에, 이 행위는 비습득화될 수 있다. 신경언어 프로그래밍(NLP)과 신경－의미론(Neuro-semantics®)과 같은 인지적(사고) 기술을 사용함으로써 실질적으로 비습득화시킬 수 있다. 이 두 가지 기술은 기본적으로 인지적 치료에 해당된다. 이 책은 필자가 불안과 공황장애로 고통받았던 내담자들에게 성공적으로 사용해 오던 기술들을 포함하고 있다. 이 두 가지 방법론은 사고하는 방식을 바꿔 줌으로써 말막힘과 말더듬을 변화시키는 방법을 제공한다.

경험에 대한 사고와 감정 요소를 변화시킴으로써 몸과 마음이 보내는 메시지에 변화를 줄 수 있다. 이 메시지는 신경 통로를 강화하고 새롭게 하기 위함이다. 이는 회복과 전환에 대한 희망을 제공한다. 따라서 지난 30여 년 동안 인지행동치료(cognitive behavioral therapy: CBT)의 상당한 형태가 유의미한 변화를 만드는 도구로 사용되어 왔음은 놀라운 일이 아니다. 신경-의미론 모형은 문제의 근원, 즉 경험을 결정짓는 인지적 프레임에 가까이 가는 더욱 빠르고 현대적인 방식을 개척하도록 만들었다.

특정 사람들과 사건들에 대한 괴로운 기억들을 제거하여 더 이상 두려워하지 않고 확신에 차고 막힘 없이 행동하는 것이 목표다. PWS의 인지적 프레임을 변화시키는 것은 그들에게 도움을 주어 그들이 말더듬에 관한 무의식적인 상처와 두려움을 재구조화할 수 있도록 하는 것이다(제5장 참조). PWS가 그들의 행위를 강력히 인식해야 한다는 의미는 아니다. 반대로, 그들은 비생산적인 행위들에 무관심하거나 싫증을 느끼게 된다. 그럼으로써 행위를 개의치 않고, 흘려보내고, 좀 더 재미있는 것을 하게 된다. 그들은 다른 이들과 좋은 관계를 만들고 유지한다. 그들은 다른 이들에게 좀 더 관심을 보임으로써 소통하게 된다. 결국 이것이 삶을 살 만한 가치가 있도록 만드는 것이다.

제2장

다르게 생각하는 법 배우기

말막힘이 생리학적이기보다는 인지적이라면, 인지적 수단을 통해 문제를 해결하는 방식을 찾는 것이 이치에 맞는 듯 보인다. 이는 PWS가 자신을 생각하는 방식, 다른 사람과 관계를 맺는 방식, 자신의 욕구를 충족하는 방식을 변화시킬 필요가 있음을 의미한다. 말막힘에 대해 그들이 생각하는 방식을 변화시킬 때까지, 그들의 생리학적 상태는 동일할 것이다.

자신의 생각을 통제할 수 있다는 것을 인정한다면 주된 변화가 일어날 수 있다. 말막힘의 원인이 생각하는 방식에 근거한다는 것을 일단 받아들이면, 이것이 문제 해결 수단을 제공한다. 또한 당신의 허락 없이 다른 이들이 당신의 마음을 통제한다고 믿는 어리석음을 멈추게 된다. PWS가 "어느 누구도 내가 믿지 않기로 또는 느끼지 않기로 한 것을 믿거나 느끼게끔 할 수 없다."라는 신념에 "그렇다."란 답을 말할 수 있고 이를 그들의 세상모델에 접목시킬 때, 타인이 그들에 대해 생각할 수 있는 것에 대한 두려움은 사라진다.

다른 사람들이 말더듬의 원인이라는 신념이 더 이상 방해하지 않으면, PWS는 자신이 말더듬을 일으키는 것에 대해 책임을 져야 한다는 것을 깨닫는다. 그러면 말더듬이 지속될 이유가 없어진다.

사고를 변화시키는 것이 때로는 빠르게 일어날 수 있지만, 대부분은 시간이 걸리게 마련이다. 특히, PWS가 아동기의 잘 습득된 상처에 따른 반응에 적응한 상태라면 말이다. 당신의 역할은 PWS가 단계별로 필요한 기술을 축척하도록 돕는 일이다. 낡은 사고방식을 없애고 새로운 방식을 배워 말막힘에 의한 오랜 두려움과 부정적 감정들이 사라지도록 한다. 첫 단계로, PWS는 부정적 이야기를 자신에게 말하는 것를 그만두어야 한다. 대신, 자원상태(resource states, p. 64 참고)에 접근하는 방법과 필요할 때 그것을 적용하는 방법을 배워야 한다.

이 책에 있는 모든 변화 양상과 과정들은 당신이 PWS를 돕는 것이 가능하도록 의도된 것들이다. PWS가 적절히 가능하게 하는 자원을 찾을 수 있도록 돕기 위함이다. PWS는 그들 자신 안에 이미 갖고 있는 수많은 자원에 접근하려 한다. 그런 그들과의 임상에서 나타나는 한 가지 부산물은 그들이 현재에 더욱 몰입하게 된다는 것이다. 일단 PWS가 자신의 오래된 아동기의 제한적 신념에 "아니요."를 크게 외칠 수 있고 현재 성인으로서의 자원에 "예."라고 크게 외칠 수 있게 되면, 그들은 빠르게 유창성이 향상되는 방향으로 이동하게 될 것이다. 말더듬으로 내몰곤 하던 상황적 의미를 변화시킴으로써 그들은 좀 더 탄력적인 방식으로 자신의 경험을 해석하도록 배운다. 그들이 원하는 것을 얻는 좀 더 효과적인 전략을 갖는

법을 배운다. 실제로 이는 모든 치료에 적용된다.

의미

세상 속에서 살아가기 위해서는 경험에 대한 의미를 부여할 필요가 있다. 의미 있는 경험이란 행동의 기회를 제공하는 경험을 의미한다. 중재(intervention)를 위한 전략을 갖는 것만이 당신이 성공적일 것임을 의미하지는 않는다. 사람은 상황을 해석할 수 있고 어떻게 처신해야 할지를 알 때 행복하다. 어떤 상황도 여러 방식으로 해석될 수 있기 때문에 무슨 일이 일어나는지를 해석하는 방식이 중요하다. 사람이 부여하는 의미는 그들이 실상 할 일을 결정하기 때문이다.

'meaning(의미)'라는 단어는 고대 고지(高地) 독일어(Old High German)인 '마음에 담아두다(to hold in mind)'란 의미에서 유래한 것이다. 마음에 담아둔 상당 부분이 언어적인 것이기에 우리가 언어를 사용하고 우리 자신에게 말하는 방식은 중요한 문제다. 어떻게 일들을 처리하고 '다음에 무슨 일이 일어날지'에 관한 이야기의 형식 속에서 나타나기 때문이다. 이러한 이야기는 우리의 세상모델을 창조하고 모든 것을 고정한다(적어도 일시적으로). 그리하여 전반적으로 몸-마음 체계에 영향을 끼친다. PWS는 말막힘과 말더듬을 고착하게 하는 의미를 갖고 있다. 그러한 특별한 경험이 제거되거나 변화된다면, 다른 이야기 또는 전략들—자원들(resources)—이 유용하게 되고, 말막힘과 말더듬 행위는 힘을 잃게 되어 사라지게 된다.

모든 시각적 이미지, 소리, 느낌, 냄새, 맛과 단어는 우리에게 연상 작용을 갖게 한다. 모든 경험은 의미와 몸-마음 상태의 복합적 요소로 우리를 이끈다. 수년에 걸쳐 우리는 특정 경험을 특정 몸-마음 상태, 즉 즐거우면서도 억제하는 상태로 연결하는 것을 배웠다. 예를 들면, 마음에 드는 식사는 식욕을 자극할 뿐 아니라 멋진 분위기에서 좋은 상대와 함께 식사한 이전의 즐거운 경험을 떠올리게 할 수도 있다. 아니면 불쾌한 일이 기분 상한 기억을 회상시키기 때문에 그런 일이 발생했을 때 사람은 상황을 피할 수 있다.

그러나 일상적 상황들은 일상생활의 부분이기에 피할 수 없다. 개인의 이력은 강력한 것이다. "나는 항상 말이 막혔고 앞으로도 항상 그럴 것이다." 따라서 PWS가 같이 있으면 보통 말이 막히는 그런 종류의 사람과 마주칠 때, 한계적 상태가 발생하고 실질적으로 그들은 말이 막힌다. 다른 촉매는 누군가가 바라보는 방식일 수 있다. 얼굴에 혼란스러운 표정을 짓거나, 킬킬거리기 시작하거나, 서두르는 듯이 행동하는 그런 방식이다. PWS는 그들의 느낌에 따른 반응을 특정 문맥, 즉 표정, 어조 또는 다른 누군가의 행위와 연결시킨다.

어떤 종류의 장치가 말막힘을 유발시키는지를 알아보기 위해서는 PWS에게 "말이 막힐 때를 어떻게 아는가?" "어떤 촉매들이 말을 막는가?"라고 묻는 것이다. 말막힘은 필연적인 것이 아니기 때문에 그러한 주된 요소가 사라질 때 유창하게 된다고 가정할 수 있다. 이를 확인하라. "당신이 유창할 때, 주된 요인이 존재하는가?"이런 방식으로 PWS는 그들의 말막힘 행위를 무엇이 유발하는지 알게 된다. 그리고 그들은 이러한 촉매들의 의미와 힘을 변화시키도

록 선택할 수 있다. 이는 누군가의 인생에서 근본적인 차이를 만들어 낸다. 일단 유창한 길로 들어서면 말막힘과 연관된 옛 의미는 없어진다.

다음 상황들이 흔히 PWS의 말막힘을 유발한다.

- 스스로 편안한 상황의 안전지대로부터 멀어졌을 때
- '긴장한' 또는 '심각한' 분위기를 겪을 때
- 말해야 할 것을 끝내도록 압력을 받을 때. '서둘러'야 할 때
- 사람들 앞에서 크게 읽어야 할 때
- 반대의 성을 가진 누군가/권위 있는 누군가/어느 누군가에게 말을 할 때
- 식당에서 주문하거나 점원에게 도움을 요청할 때
- 전화를 하거나 전화에 응답할 때(어떤 이들은 전화할 수는 있으나 전화에 응답하지 못하고, 반대의 경우도 있다. 상황적 의미에 따라 달라진다)

정확하게 무엇이 유발 인자인가? 때로는 복합된 요소일 수 있다. PWS는 말막힘 전략을 작동시키는 신호로서의 예감을 가지고 전반적인 상황을 해석한다. PWS가 상황을 일반화해 왔기 때문에 그 특정 신호가 무엇인지를 그들이 더 이상 인식하지 않을 수도 있다. 예를 들면, PWS가 어떤 사람을 상류 신분을 가지고 있는 것으로, '권위적 인물' 또는 힘을 행사할 수 있는 지위에 있는 것으로 인지하는 것만으로 충분하다. 부모에 의해 곤란한 상황에 처하거나 도전을

받은 어린 시절에서 원인을 찾거나 또는 교사에 의해 PWS가 제지당하던 때로 되돌아간다고 말함으로써 이것을 설명한다. 그때 이후로 권력 있는 모든 다른 이들에게 그것이 확장되었다. 현재 이 같은 생각이 PWS가 말막힘을 경험하는 유발인자로 작동된다.

자신에 대한 신념

PWS는 보통 자아에 대한 상당수의 제한된 신념을 가지고 있다. 그럼으로써 자신에 대하여 부정적 묘사를 한다. PWS는 이를 말막힘과 말더듬으로 연결한다.

사례연구 5

샘은 어릴 때부터 말을 더듬었다. 그는 인접한 강대국의 침략하에 있던 나라에서 성장했다. 설상가상으로, 샘은 끊임없이 싸우는 부모가 있는 가정에서 성장했다. 샘은 부모가 싸우는 소리를 들으며 침대에 누워 있었던 기억까지 또렷이 간직하고 있었다.

부모의 적대감에서 나오는 불안정성은 샘에게 더욱 근본적인 영향을 끼쳤다. 이는 포탄이 터지는 소리를 들었던 기억보다도 더 컸다. 이는 안정적인 환경에서 성장하는 것의 중요성을 말해 준다.

샘은 다음과 같은 신념을 갖게 되었다.

- "인생에 의미가 없다. 더 많이 성취할수록, 만족감은 덜 느낀다."

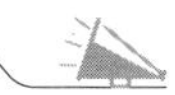

- "결혼은 사랑의 끝이다. 이는 비참한 삶을 만들기 때문이다."
- "그 누구도 필요한 만큼의 여자가 있지 않다."(만약 결혼이 사랑의 끝이라면 어떻게 한 여자와 정착할 수 있겠는가?)
- "만족을 얻는 유일한 방법은 죽는 것이다."
- "행복한 사람은 착각하고 있는 것이다."
- "어떤 것도 나를 행복하게 할 수 없을 것이다."
- "인생은 '망명'과 같다."
- "좋은 사람들은 실제로 존재하지 않는다."
- "추하고 비열한 사람들이 실제 인물들이다."

세상에 대한 그러한 관점은 샘에게 실질적인 도전들을 제공했다. 세상을 두려워하면서, 샘은 지속적으로 경계하였다.

"사람들은 나를 관찰한다. 나를 이용할 수 있도록 약한 순간의 나를 포착하려고 기다린다. 그들이 나에게 상처주지 않도록 확실히 하기 위해 지속적으로 경계해야 한다."

다른 사람이 의도적으로 자신에게 문제를 일으키게 한다는 샘의 신념은 극단적인 한 예다. 다른 사람이 자신의 말막힘을 항상 판단한다고 인식하는 PWS의 방식에 관한 예다. 앨런(사례연구 7)과 같이, 그의 좌우명은 다음과 같다. "누군가 당신을 이용하거나 심지어 죽이지 않도록 항상 경계 자세를 유지해야 한다." 샘은 이를 극단적으로 받아들였다. 말막힘을 겪는 사람들 사이에서 세상에 관한 덜 극단적이기는 하지만 이와 유사한 신념을 자주 발견했다.

표 2-1 다른 사람의 생각을 두려워하는 신념

"말더듬은 문제다."
"거절당할까 봐 두렵다."
"다른 이들은 내가 말더듬는 것을 예상하고 있다."
"상처받는다(입증되지 않은)."
"기준에 미치지 못한다."
"다른 이들로부터 소외된 느낌이다."
"나의 인생은 통제불능이다."
"말할 수 없다."
"나는 '~보다 이하'다."
"어리석어 보인다."
"나는 다른 이의 주의를 끌게 될 것이다."
"사람들은 항상 나를 판단한다."
"내 감정을 숨겨야 한다."
"나에 대해 사람들이 말하는 것이 사실이 된다."
"다른 사람 때문에 나 자신이 상처받지 않도록 보호해야 한다."
"사람들은 내가 말하는 내용을 판단한다."
"내가 고군분투하는 것을 사람들이 보도록 하지 않을 것이다."
"나를 비웃을 기회를 다른 사람들에게 주지 않을 것이다."
"상처에 노출될 상황을 피할 것이다."
"나는 옳아야 한다. 그렇지 않으면 사람들은 나를 판단할 것이다."
"대중 앞에서 말하는 것이 두렵다."
"유창하기 위해서 존경받고 사랑받을 필요가 있다."
"사람들이 나의 가치를 결정하거나 입증한다."
"나의 약한 부분을 보이지 않을 것이다."
"관계를 맺지 않음으로써 나 자신을 보호해야만 한다."

대부분의 PWS는 보통 〈표 2-1〉의 신념 중 거의 모든 사항에 동의한다. 문제는 한 번에 한 가지의 신념을 품는 것이 아니라는 점이다. 이들은 이전의 신념에 한층 더 첨가하여 지속적으로 신념을 쌓아 올린다. 말이 막히고 더듬는다는 이유로 다른 사람이 그들을 생각할 수 있는 것에 대한 끔찍한 두려움을 상상할 때마다 그들은 '악마'를 만들어내는 것이다. 행위와 관련하여 커져 가는 부정적인 것

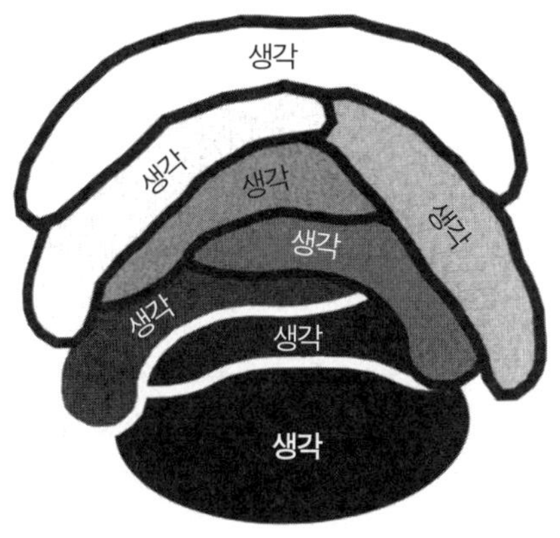

[그림 2-1] 겹겹의 생각

을 매번 생각할 때마다, 좀 더 구체적인 실체를 부여하게 된다. 결국 PWS가 자신의 말더듬 괴물을 쳐부수는 데 완전히 무기력해진다는 것은 놀라운 일이 아니다([그림 2-1]).

사례연구 6

PWS는 말막힘에 이르게 하는 부정적 생각의 막을 만들어 낸다. 각각의 생각의 막을 제거하고 핵심 사상을 발견함으로써 PWS는 제한적 신념을 좀 더 긍정적이고 지지적인 신념으로 바꿀 기회를 갖는다. 예를 들면, 샐리는 인간으로서 자신에 대한 부정적이고 제한적 신념의 사슬을 만들어냈다. 샐리가 만들어 낸 말막힘을 지속시키는 여러가지 신념들이 있다(〈표 2-2〉). 이것이 그녀의 가슴, 목, 위, 턱에 체화되었다.

표 2-2 말막힘을 지속시키는 여러 가지 신념들

"나는 결함이 있어."
"나는 어리석어."
"나는 모자라."
"나는 '말더듬이'야."
"나는 가치없어."
"나는 불안정해."
"나는 소심해."
"나는 걱정이 많아."
"나는 긴장해 있어."
"나는 부끄러워."
"나는 충분치 않아."
"나는 자신을 동정해."
"나는 실행력이 부족한 사람이야."
"나는 훌륭한 의사 전달자가 아니야."
"나는 골칫거리야."
"바보처럼 보이기 싫어."
"내 인생에 실망스러워."
"삶으로부터 보호가 필요해."
"말더듬 때문에 변화가 필요해."
"나는 더 민감해."
"나는 비난에 대처할 수 없어."
"나 자신에게 주목시킬 만한 어떤 일도 하지 않을 거야."

부정적 프레임의 목록을 읽는 동안 당신의 상태에 무슨 일이 일어나는가? 부정적 상태로 좀 더 깊이 들어가는 자신을 발견할 가능성이 크다. '고약한 생각'을 하면 할수록, '고약한 상태'로 더 빠져들게 된다. 이러한 극심한 소용돌이로부터 어떻게 빠져나올 수 있는가? 한 가지 방법은 다르게 생각하는 것이다. 당신이 만약 우울해지면, 멈추라! 당장. 그리고 당신을 다시 기분 좋은 상태, 당신의 생각을 어떻게 바꿀지에 관해 호기심을 가질 그런 상태로 돌려놓으라.

당신의 생리적인 상태를 변화시킴으로써 생각하는 방식을 변화시킨다. 위 아래로 뛰고, 걷고, 달리고, 운동을 하라—당신을 기분

좋게, 행복하게, 좀 더 생기 있게, 총명하게, 그러한 상태로 만들 수 있는 모든 것을 해 보라. 신체적 운동은 상태를 변화시킨다. 따라서 지금 당장, 자신을 완전히 생기 있게 하고 정말 멋지게 느끼도록 하기 위해 무엇을 할 수 있을까?

기억하라. 당신이 통제권을 쥐고 있고, 허물어져 가는 사고 패턴을 멈추는 것을 선택할 수 있다. 결국, 당신은 경험에 의미를 부여한다. 유리컵의 반이 비었다기보다는 반이 가득 찬 것으로 보는 다른 식의 관점으로 세상을 바라봄으로써 마음을 바꿀 수 있다는 것을 당신은 안다. 프레임을 새롭게 함으로써 말이다. 당신은 자신의 생각을 점검하고 이 생각들에 새로운 이름을 붙여 준다. 생각들을 재구조화하고, 재평가한다. 심지어는 그 생각들이 너무 터무니없어서 웃음을 터뜨릴 수 있다!

만약 부정적 사고가 말막힘으로 연결된다면, 긍정적 사고는 유창함으로 이어질 수 있다. 행위는 사고를 따른다. 마음에 어떤 목록(content)을 갖느냐가 차이를 만든다—그리고 당신이 완전하게 결정할 수 있는 위치에 있다. 그러나 긍정적으로 생각하는 것이 당신의 일상적 패턴이 아니라면 당신의 마음을 자원이 가득한 사고로 채우도록 연습할 필요가 있다. 자원이란 당신을 좋은 상태로 둘 수 있는 어떤 것, 제한적 상황을 좋게 하기 위해 적용하는 어떤 것을 의미한다. 예를 들면, 현재 상황에서 쇠약하게 만드는 부정적 신념의 응어리로부터 한발 물러서거나 단절하는 당신의 능력이 자원일 수 있다.

PWS가 말막힘과 말더듬에 연결된 부정적 사고와 감정의 사슬로부터 단절될 때, 그들은 즉시 힘을 얻게 되고 발화의 유창성을 회복하게 된다. 임상가로서, PWS가 아동기부터 엮어 왔던 약화시키는 사슬로부터 분리되도록 만드는 것이 당신의 목적이다. 발화 관련 행위에서 정서적 집착을 분리함으로써 자신의 발화 행위 방식에 상관없이 자신을 가치 있는 성인으로 보는, 자원이 풍부한 인식을 취할 수 있다.

아동기의 지도 사용하기

사람들은 얼마나 자주 아동기의 멘탈 지도(mental maps)를 사용할까? 성인의 삶을 통해 아동기의 지도를 개정(update)하지 않고 말이다. PWS는 은유적으로 아동기의 지도를 현재 상황의 정확한 표상으로 처리한다. 그들은 현재 유발 인자에 반응하는 것이다. 유발 인자는 오래 전으로 거슬러 올라가 상처받은 어린 시절의 경험에서 시작되었다. 그 경험을 재생하면서 그때 말더듬으로 반응했던 것 같이 그렇게 반응한다.

앨런(다음의 사례)은 성인으로서의 삶의 대부분을 역기능적 가정, 즉 다른 사람들을 지속적으로 두려워하는 상태에 있는 가정에서 보냈다. 결론적으로, 그는 말더듬과 말막힘에서 벗어날 수 없었다. 아동기 무의식적인 학습의 직접적인 결과가 말막힘이었다. 그가 특정 사람에게 전화를 걸거나 대중 앞에서 그들과 대화할 때, 마음으로 그는 아이와 같이 느끼고 지속적으로 아이 같은 방식으로 행동하였다. 그의 케케묵은 지도는 그에게 한 번 더 두려워할 시기라고 말하

였다. 따라서 PWS가 몇 세에 말막힘과 말더듬 상태를 경험했는지를 물을 필요가 있다. 그들은 당신에게 이야기할 것이다. 그들이 얼마나 어리게 행동하는지를 깨달을 때 스스로 놀랄 수도 있다!

사례연구 7

내 내담자 중 한 명인 앨런은 아파트와 주택 임대사업을 한다. 가능성 있는 임차인과 이야기할 때 그는 당황하고 말이 막히는 경향이 있다. 그와의 첫 전화 통화에서 그는 내게 이렇게 말했다.

"성사시켜야 해. 성사시켜야 해. 이 집을 임대해야 돼. 내 책임이야. 만약 그렇게 하지 못하면 수입이 없을 거야. 파산하게 될 거고. 거리로 쫓겨날 거야! 내 인생의 모든 것이 엉망진창이야!"

앨런은 충분한 재정적 자원이 있음에도 크나 큰 두려움을 갖고 있다. 사실 그는 계속 일하지 않아도 된다. 그러나 이러한 두려움이 너무 깊이 각인되어서 성인으로서의 이성적인 사고를 제어하는 것이다.

추가적 질문으로 그가 세상을 거대한 경쟁의 장소로 보고 있다는 사실을 알 수 있었다. 앨런의 조부모는 끔찍한 공포를 경험한 고국을 떠나 미국으로 이민 왔다. 그의 가족들은 박해를 받았다. 이러한 두려움은 세대를 거쳐 내려왔고, 그에게 깊숙이 자리 잡았다. 앨런은 세상을 두려움을 느끼는 장소로 본다. 그의 좌우명은 "누군가 당신을 이용하고 심지어 죽이지 않도록 항상 경계하는 자세를 유지해야 한다." 였다. 앨런의 마음속에는 모든 이가 그를 지켜보고 있다.

여기에 더불어, 앨런은 심각한 역기능 가족 내에서 성장했다. 그의 어머니와 아버지는 끊임없이 싸웠다. 앨런의 아버지는 매우 폭력적인 가정 출신이었다. 어린 나이에도 그의 아버지는 전문적으로 싸웠다. 이는 앨런과 그의 형제에 대한 신체적 폭력으로 발전되었다. 결과적으로 앨런은 '만약 내가 치려고 한다면, 나는 살해당할 것이다. 나는 '힘'이 없다.'라는 신념을 발전시켰다.

그의 아버지는 '스스로 성공해야 하고, 일처리도 해야 한다. 네가 해야 한다.'라는 신념을 앨런에게 심어 주었다. 앨런은 이를 '나에게는 후원도 없고 스스로 해야 할 수밖에 없다.'라는 식의 신념으로 받아들였다. 또한 그의 아버지는, "들어가는 문은 넓고 나오는 문은 좁다."고 가르쳤다. 이는 나쁜 상황에 처하게 되는 것은 쉬우나 빠져 나오는 것은 어렵다는 것을 의미했다. 앨런은 이러한 독재적이고 폭력적인 아버지로부터 받은 신념들을 가슴에 새겼다. 그에게 세상은 친절하고 따뜻한 장소가 아니라, 혐오스러운 적으로 살아남기 위해서 끊임없이 투쟁해야 하는 곳이었다.

앨런은 어머니를 '매우 비열한 사람'으로 묘사했다. 어머니는 "사람들을 조롱하고 비하한다."고 했다. 아이들이 그러하듯이, 앨런은 다음과 같이 생각함으로써 이를 인격화하였다. '만약 내가 잘못 일처리를 한다면, 나는 웃음거리가 될 거야.' 앨런은 자신의 세계를 다음과 같이 요약했다. "상황이 끝나기를 안타깝게 기다리면서 가까스로 삶을 꾸렸다." 그는 세상을 비열하고, 공포스럽고, 두렵고, 폭력적인 장소로 보았고, 그가 다루기에 무기력한 그런 장소로 보았다.

만약 앨런이 경험했던 그런 감정들을 당신이 가슴, 목, 턱에 그

것들을 체화한다면—당신은 말이 막힌다.

한 번은 앨런이 소리쳤다. "작은 아이(아이로서의 자신)가 고집스럽게 말을 더듬어서 부모에게 복수한다. 내 인생에서 그 외 모든 것들이 **통제 불능**이다. 따라서 나는 말더듬으로 발화를 통제할 수 있다는 것을 그들에게 보여 줄 것이고, 나의 부모는 이에 대해 아무것도 할 수가 없다. 내가 더듬을 때 나는 그들을 당황시킨다."

폭력적이고, 불안정하고, 불안한 세상에서 자란 사람들은 이 세상을 자신이 자란 곳과 비슷한 곳으로 간주하고 일반화하는 경향이 있다. 내가 발견한 것은 많은 PWS가 세상을 '사람들이 그들에게 문제를 일으키게 하는' 곳으로 본다는 사실이다. 내 몇몇 내담자들은 '사람들이 나를 이용하기 위해 지켜보고 있는' 방식에 대해 상당한 두려움을 가지고 이야기했다. 그러한 사람들에게 세상은 불친절한 장소이고, 그들에게는 그런 세상을 대할 자원이 거의 없다. 이러한 신념은 보통 앨런 같은 어린 시절을 경험함으로써 나타난다. 다시 말하면, 나는 PWS들로부터 자신의 두려움 뒤에 있는 문제들—일반적으로 이것은 정신적 · 정서적 문제들에 적용된다—이 항상 어린 시절에서 비롯되었다는 것을 알 수 있다.

과거의 지도 사용하기

샘은 자신이 두려워하는 행위를 '지지하는' 몇 가지 삶의 신념을 가지고 있다. 예를 들면, '결혼은 비참한 삶을 생산해 내기 때문에 사랑의 끝이다.'라는 생각은 어린 시절 부모가 싸우던 경험에서 직접적으로 유래된 것이다. 내가 나의 아내와 38년 동안 행복한 결혼생활을 하는 예를 그에게 제공하자 그는 아동기의 신념을 가지고 응대했다. "그건 '실제'가 아닙니다." 다시 말하면, 나의 '증거'는 받아들여지지 않았다. 내가 말하고 있는 상대가 어른이 아니었기 때문에—나는 성인의 몸을 가진 '일시적' 아동에게 이야기를 했고, 그 아동은 행복한 결혼이 바로 자신 앞에 있는 것으로 상상할 수 없었다—효과가 없었다. 아동기의 지도로 작동하는 것은 당사자가 살고 있는 현재 실체의 정확한 인지를 제공해 주지 못한다.

다른 이들과의 관계를 제한하는 그러한 신념을 어떻게 발전시키는 걸까? 이러한 신념은 학습되고 시간이 지남에 따라 강화된다는 것을 우리는 알고 있다. 유아로서 우리는 욕구를 채워 주는 보호자에게 완전히 의지한다. 성장하면서 우리는 의존에서 독립으로 이동한다. 이때 우리는 자아에 대한 더욱 풍성한 감각을 발전시킨다. 그러나 건강한 성인으로 성숙하기 위해서는 안전한 토대가 필요하다. 그러한 어린 시기에 우리는 안전한 환경이 필요하고 부모와 연대함으로써 무조건적인 사랑을 경험해야 한다. 그런 것 없이는 다른 이들을 두려워하고 고립된 감정을 느끼는 샐리처럼 성장한다. 샐리는 성인을 위험하고 피해야 할 존재라고 배웠다. 따라서 그녀는 보이지 않는 존재가 될 필요를 느꼈다. 만약 샐리가 사랑이 많고 수용적인 어머니와 사랑이 많고 지지해 주는 아버지의 도움을 받았다면 사회적 환경을 그렇게까지 두려워하지 않았을 것이다. 이럴 경우 샐리는 말더듬을 발전시키지 않았을 것이다. 그녀는 무조건적인 사

랑과 연대감의 부재에 의해 그러한 부정적 정서를 목과 턱에 체화시켰다는 것을 기억하라.

자아에 대한 프레임에 의미 부여하기

당신이 PWS와 작업해 왔다면, 아마 말막힘에 대한 그들의 신념을 자주 들었을 것이다. 종종 PWS는 생각 패턴을 의식적으로 인지하지 못한다. 그들의 세상모델에서 풍부한 연상 그물을 창조하는 것이 생각 패턴이다. 한 생각이 다른 생각을 낳고, 또 다른 생각을 낳고, 곧이어 PWS는 무너져가는 의미의 프레임에 깊게 얽매이게 된다. 예를 들어 보자.

> 전화를 걸 때 나는 긴장한다. 내가 긴장할 때 '분명 말이 막힐 거야.'라는 생각이 든다. 왜 항상 이렇게 되지? 왜 멈출 수 없을까? 말이 막힐 거라는 걸 난 알아. 항상 그래 왔어. 어디 볼까. 전화할 때 무슨 말을 해야 할 필요가 있을까? 막히지 않을 어떤 말을 사용할 수 있을까?

이 정도까지 이르면 되돌아가기가 힘들다. 그러나 되돌아가야 한다. 당신이 할 일은 그들이 되돌아가도록 도와줄 중재적 방법을 찾아내는 일이다.

통제하기

PWS는 발화할 때 통제할 수 없다고 종종 말한다. 이것은 그들의 두려움에 강력히 기여한다. 타인이 그들을 어떻게 인지하는가에 따른 두려움이다. 다른 이들의 생각을 통제할 수 없기 때문이다. 통제하고자 하는 욕구는 말막힘을 가진 사람에게 중요하다.

다음은 베티의 이야기다.

> 내가 6개월일 때 나의 부모님은 이혼하였다. 주말에만 아버지를 보았다. 아버지는 다시 결혼하였고, 아버지의 새 아내는 결혼할 때 두 명의 아이들이 있었다. 그녀의 딸은 나와 같은 나이였다. 나의 새어머니는 내가 예쁜 소녀라는 이유로 나를 미워했다. 그녀는 믿을 수 없을 정도로 빈정거렸고 비난조였다. 나는 아버지에게 이야기할 수 없었다. '아버지를 기쁘게 해야 했고 행복하게 해야 했기에' 그리고 아버지의 사랑을 잃고 싶지 않았기 때문이었다. 내가 아버지를 방문했을 때조차도, 아버지는 나의 존재를 중요시 여기지 않았고, 나를 '그런 사람들'과 남겨 두곤 했다. 나는 두려움, 부끄러움, 슬픔, 화, 불안으로 가득했다. 후에 어머니는 한 집단의 사람들을 만나기 시작했고 나를 혼자 남겨 두었다. 나는 혼자였다. 그리고 어머니는 나에 대해 매우 비판적이 되었다.

이러한 이야기들은 나와 작업하는 내담자들에게 일반적이다. 두말할 나위 없이, 그러한 경험들은 인생에서 제약이 많고 힘의 감각

을 형성하는 데 기여하지 않는다. 예측할 수 없고 혼란스러운 환경에서 자라는 것은 많은 경우 그들이 무기력하다는 것을 믿도록 이끈다. 그들은 종종 통제력 없이 성장하게 된다. 통제력에 높은 가치를 부여하는 사람들은 때로는 통제 괴물이 됨으로써 보상하려고 한다. 그들 주위의 모든 것과 모든 이들을 통제하기를 원한다. 세상이 쉽게 통제될 수 없다는 것을 알게 될 때 그들을 무력하게 하는 것으로 세상을 인지한다(그들의 부모가 그들을 무력화한 것 같이). 그리고 무력감을 키우게 된다. 통제 전략이 작동에 실패하면 할수록 그들은 더욱더 무력감을 느낀다.

많은 경우 아동기, 심지어 성인기에 고통으로 사로잡혔던 사람들은 다른 사람들에게 통제권을 넘겨 준다. 그들은 포기하려는 경향이 있다. 〈표 2-3〉에 있는 표현은 개인의 통제권 상실을 표현하는 것으로 생각하라.

인생은 통제 불능이고 통제 상태를 유지하기 위해 수고해야 한다는 신념을 만들어 낸 아동기 환경을 알아보기 위해서, PWS에게 다음을 질문하라—"당신의 인생이 얼마 동안 통제 불능이었는가?" "당신이 처한 상황에 대한 통제권이 없다고 언제 처음으로 감지했는가?"

표 2-3 통제 상실에 대한 개인의 신념

"아동일 때 나의 부모님은 나를 그냥 무시하였다."
"나는 '밖에' 있었다."
"학교에서 나는 전혀 '적응하지' 못했다."
"많이 놀림받았다."
"나는 충분히 훌륭한 적이 없었다."
"나의 부모님은 내가 완벽하기를 원하셨다."
"나는 있지만 조용했어야 했다."
"질식할 것 같았다."
"나의 부모님은 지속적으로 싸웠고, 나는 방에 숨곤 했다."
"부모님은 나의 말더듬을 부끄러워했다."
"부모님은 빠르게 말했다."
"부모님은 주장했다: 너는 고민을 털어놔야 해."
"집에서 감정을 보이는 것은 약하다는 표시였다."
"다섯 살 때 부모님은 이혼하셨다."
"주말에만 아버지를 볼 수 있었다. 그는 일 중독자였고, 거의 집에 없었다."
"항상 아버지에게 감동을 주고 싶었다. 그러면 아버지가 나를 사랑할 것 같았다."

안전하고 안정적인 환경, 인생에 대한 많은 통제권을 좀 더 갖도록 서서히 허용된 환경에서 PWS가 성장했다면, 그들은 긍정적으로 기쁘게 답할 것이다. 그러나 만약 그들의 어린 시절에 안전함이 충분치 못했다면 아마도 대답할 수 없을지도 모른다. 당신은 이러한 요인들에도 불구하고 통제받고 있는 것이 무엇인지 그들이 발견하도록 도와야 한다. 보통 그들이 통제감을 느꼈던 삶의 부분이 있다. 어떤 방식에서는 부모에게 반기를 들었다고 할지라도 있게 마련이다. 그들은 자신에게 해를 입히고, 약물 남용에 빠지거나 식이장애를 겪었을 수도 있다. 이런 행위들은 '자신의 인생을 통제하려는' 표시로서 보일 수 있다. 앨런은 말더듬을 부모에게 반항하는 수

단으로 사용하였다. 그는 부모를 통제할 수 없음을 인지하고 자신의 발화를 통제할 수 있음을 보여 주기 위해 말더듬을 사용하기로 결정한 것이다. 그것은 마치 "내가 당신에게 보여 줄 거야. 나는 완전히 당신의 통제권에 있지 않아."라고 말하는 방식이었다.

아동기는 어쨌건 혼란스러운 감정을 겪는 시기다. 그러나 아동의 이야기에 귀를 기울이거나 또는 진지하게 받아들이지 않는다면, 그들은 내부로 방향을 전환해서 감정을 처리할 다른 방법을 발견한다. 이러한 사실은 그리 놀라운 일이 아니다. 아이들은 그들의 최선의 노력에도 불구하고 부모 또는 중요한 사람의 욕구를 만족시킬 수 없다. 따라서 그들이 할 수 있는 유일한 방식으로 자신을 표현한다. 그들 자신의 신체를 통제하려고 시도하는 결과에 이를 수 있다. 호흡과 발화를 통제하는 근육을 억압하는 결과에 이를 수 있다. 이러한 아동기의 패턴은 일종의 안도감을 제공하지만, 이것이 지속되고 이후의 삶에서 말막힘이 일어나게 된다.

힘과 자원의 감각을 개발시키는 것은 말막힘을 극복하는 데 아주 필수적이다. 심리학자 마틴 셀리그먼(Martin Seligman, 1975, 1990)은 '학습된 무력감'과 '학습된 낙관주의'를 연구했다. 그는 이 연구에서 통제력을 갖고 행위 극복에 낙관적이기보다 말막힘의 희생자가 될 때 한 개인이 학습된 무력감을 어떻게 발전시키는가를 명확히 말하고 있다.

학습된 무력감의 세 가지 P

개인적(Personal) 말이 막히는 사람들은 자신의 비유창성을 개인적인 것으로 받아들이는 경향이 있다. 나쁜 발화를 자신과 동일시하는 경향이 있다. '나의 발화는 문제가 있고, 따라서 나도 문제가 있다.' 그것은 마치 개인이 '내가 말하기 때문에 나는 존재한다.'라고 생각하는 것과 같다.

확대하는(Pervasive) 언어의 비유창성으로부터 일반화를 시켜 그들의 결점을 삶의 다른 행위에 확대하려고 한다. 인생의 각 부분에서 모든 것이 나쁠 수밖에 없다. 나는 말막힘 증상의 사람들로부터 슬픈 이야기를 많이 듣는다. 고등교육에 진학하지 않겠다고 결정한 사람들, 말더듬게 만드는 단어에 쓸 대치어를 찾고자 몇 시간 사전을 뒤지는 사람들, 누군가에게 데이트 신청을 할 수 없는 사람들, 직장에서 승진을 지원하지 않는 사람들……. 이 모든 것은 그들이 말하게 되는 방식 때문에 기인한 것이다. 어떻게 이런 한 가지 문제가 인생에 그렇게 침투해서 누군가의 인생을 결정지을 수 있다는 사실을 듣는 것은 마음 아픈 일이다.

지속적인(Permanent) 몇 년간 유창성 획득을 위한 헛된 시도 후에, 많은 이가 말더듬이 쭉 지속되리라고 믿게 된다. '아이였을 때부터 해 봤어. 모든 것을 다 시도해 봤지. 돈을 수억 썼지……여전히 나는 말을 더듬어.' 이 문제에 대해 무력감이 생기는 경향이 있다는

것은 놀라운 일이 아니다.

이와 같은 사항에 대해 생각할 수 있는 한 가지 방법은 우리가 일들을 개인적인 것(Personal)으로 받아들이고 인생의 다른 부분으로 확대시켜(Pervade) 영원하리라(Permanent) 믿게 될 때, 우리는 우리 자신들에게 모든 'P'를 적용한 것이다.

학습된 긍정이 세 가지 P를 뒤집는다

PWS가 세 가지 P를 뒤집어서 긍정적 측면을 바라볼 수 있을까? 첫 단계는 그들이 행동하고 있는 것을 인지하도록 한 후 정확히 자신의 선택을 어떻게 제한하는지에 호기심을 갖도록 만든다. 정신적으로 뒤로 물러서게 함으로써 자신을 관찰하고 행위에 관한 정직한 평가를 할 수 있도록 한다. 그들이 하고 있는 것을 부인하거나 가장하려고 하는 것은 소용 없다. 자신의 행위에 책임을 져야 하는 태도를 취할 필요가 있다. "나의 몸-마음은 유창하게 말하는 법을 알고 있다. 말하는 방식을 다시 배울 필요는 없다. 이미 그렇게 할 수 있다. 단지 나의 말막힘을 유발하는 걱정과 두려움을 흘려 보낼 방식을 배우면 된다. 유창하게 말하는 나의 능력을 모든 상황과 문맥 속으로 전이할 수 있고 내가 그렇게 할 수 있도록 배우면 된다."

개인적이지 않다 '행위 이상의 존재가 나라는 것을 인정한다. 완전한 기능적인 인간으로서 내가 하는 것에 책임을 질 수 있다. 어떤 상황에서 멋지지 않은 행위를 했을 때, 그 행위에 대해 무엇인가를 나는 할 수 있다.' 이런 방식으로 생각하는 것은 당신이 하는 모든 것에 영향을 미칠 것이다.

확대하지 않는다 '관심의 초점을 좀 더 넓혀서 내가 잘하는 다른 것들에 감사한다.' '내 자신에 대해 이야기하는 방식을 바꾼다(다른 것에 좀 더 관심을 갖도록). 나는 그렇게 행동하는 중이다.'

지속적이지 않다 '내 인생을 되돌아 볼 때, 내가 누구인지 어떤 일을 하는지에 대한 중대한 변화를 항상 겪어 왔다는 사실을 깨닫는다. 미래의 발화에서 내가 바꿀 아주 멋진 변화를 누가 알 것인가! 한때 말더듬과 말막힘이 일단 학습된 것이고, 그렇다면 이것은 비학습화할 수 있다는 것을 의미한다.'

당신은 항상 '그 이상의' 존재다

당신은 누구인가? 정말 누구인가? 이는 답이 없는 질문이다. 자신에 대해 어떤 묘사를 하더라도 그것은 당신이 누구인가에 대한 굉장한 복잡성을 충분히 설명하지 않는다. 나는 "당신이 생각하는 당신이 누구일지라도, 당신은 그 이상의 존재다."라는 문구를 사랑한다.

만약 '자기-정의'에 대한 요구를 받는다면—이력서를 쓰거나, 문서를 기록할 때—당신은 그 질문을 묻는 사람의 필요를 충족시킬 정의를 찾는다. 아마도 당신이 누구인가에 대한 핵심을 전달할

방식으로 자신에게 이름을 붙이려고 할 것이다. "저는 치료사예요." "저는 부모예요." "저는 미혼입니다." 또는 "말더듬이예요"라고. 이러한 각각의 명칭은 자질에 근거를 두거나, 집단 구성원에 근거하거나, 당신 본성의 어떤 것을 요약하는 사고 패턴 또는 특정 행위에 근거를 둔 것이다. 그러나 당신이 좋아하지 않는 자신의 모습에 의해 만약 당신이 자신을 비하하는 부정적 묘사나 경멸적인 용어를 사용한다면, 이것이 인간으로서 당신에게 어떻게 영향을 끼치겠는가? [아마도 PWS라는 용어 사용을 멈추고 PWUTS(People Who Used To Stutter, 말더듬었던 사람들) 또는 더 나은 방향으로 그냥 P, 즉 사람들로 바꿔야겠다]. 만약 이러한 습관에 빠진 당신을 인지한다면, 자신에게 상기시키라. "맞아, 때로는 그렇게 나 자신을 생각하지만 난 그 이상의 존재야." 그러면 "그 이상의 어떤 것이 나인가? 그 이상의 나는 누구인가……?"라는 질문에 답을 떠올리라. 당신이 하고 싶은 만큼 지속적으로 하라. 당신의 무의식이 답을 줄 것이고 무엇이 떠오르는지 살피라.

사람은 성인으로 성숙함에 따라 점차 자아를 인식하게 되고 인간으로서 자신에 대한 풍요로운 관념을 개발하게 된다. 자아에 대한 당신의 감각은 당신이 사용하는 언어—자아 묘사, 명명, 성격 등—를 통해 대부분 유지된다. 이는 일종의 평가—좋은, 나쁜, 바람직한 또는 바람직하지 않은, 기타 등등—와 함께 병행된다. 사람은 자기-이해를 새롭게 한다. 이는 그들의 삶에 나타나는 사건들을 처리하는 방식, 타인 및 세계와의 상호작용을 다루는 데 기초를 둔다. 만약 일어난 사건이 당신의 기대와 일치한다면, 당신은 잘하고 있다고 생각한다. 만약 실망한 경우라면 '희망 없다.' 또는 '가치 없다.'고 당신은 생각할 것이다. 만약 불만족하는 기대치의 결과를 내는 말더듬, 말막힘 행위로 자신을 경멸하거나 무시한다면, 당신의 세상모델은 당신을 좌절시키는 것으로 인지될 수 있다.

자아에 대한 성숙한 개념은 내적 자기-가치를 찬미한다. PWS는 자신을 종종 내적으로 아픈 상태로 인식한다. 자신에 대한 중요성과 가치가 아주 조금 있거나 거의 없는 모습으로 본다. 전형적으로 자신을 가치 없는 사람으로 바라보기 때문에, 다른 사람도 자신에 대한 낮은 평가를 할 것이라고 가정하는 경향을 보인다. 그들은 끊임없이 다른 사람의 인정을 바라고, 결국은 자신이 괜찮은 사람임을 발견하기를 희망한다. 그러나 그들은 끔찍한 말막힘과 말더듬 행위 및 스스로를 무가치하다고 느끼는 것으로 자신들을 지속적으로 몰아 부친다. 나는 PWS가 스스로를 비하하는 것을 수도 없이 많이 들어 왔다. "밥, 당신은 제가 이상하다고 생각할 거예요." "밥, 더 잘할 수 없어 미안하고, 다른 내담자와 같지 않아 미안하게 느껴요. 내가 느리고 어리석다는 것을 알아요." 이러한 발언들은 나의 마음을 아프게 한다. 왜냐하면 여기서 내가 대화하는 사람들은 지금껏 이야기해 본 사람 중에서 가장 용감한 사람 가운데 몇 명이며, 그들은 지속적으로 자신들을 평가 절하하고 있기 때문이다.

건강한 자아관(view of self)을 만드는 것은 내적 작업이다. 임상가의 목표는 PWS가 세상모델을 재정립하도록 돕는 것이다. 그들이 인생의 도전을 잘 다루는 데 그들의 용감성과 인내심을 포함시키도록 한다. 이 방법은 PWS가 어린 시절의 상처, 의미에 근거한 지도의 암

울한 부분을 지니기보다 확실히 발전적이다. 이들은 발화 장애를 갖고 세상 속에서 살아 남았고, 용기, 힘, 결심으로 세상을 다루었다. PWS의 세상모델에는 이미 어떤 상황에서는 '유창하게 발화하기'가 포함되어 있기 때문에 임상가의 작업은 그 능력이 여전히 '암울한' 부분들에 이르도록 도움을 주어서 자신을 점차 받아들이고 자신에게 감사하는 마음을 갖고 말더듬는 것을 신경 쓰지 않도록 인식시켜 주는 것이다.

건강한 사람은 자신을 내적으로 가치 있고, 귀중하며, 사랑스럽고, 존엄함을 지닌 존재로 본다. 그들은 증명할 것이 없고, 그저 경험하는 것들을 갖는다. 인생이 제공하는 경험과 관계를 탐구하고 즐기면서 생활한다. 다른 사람의 판단이 자신에게 영향을 미치도록 놔두지 않는다. 하물며 다른 사람의 인지된 판단 역시 차단한다. 다른 사람에게서 나온 정보는 인간으로서 어떻게 행하고 있는가에 대한 피드백을 제공한다. 그리고 어떤 부분이 관심을 필요로 하는지에 관한 피드백을 제공한다. 사실 그들이 수용적인 단계에 도달하게 되면 대부분은 이미 말더듬과 말막힘을 중단하거나 유창성으로 진일보한 상태다.

유창성을 얻기 위해서는 PWS가 하나의 사고를 다른 것에 적용시키는 방식을 배워야 하는 것이 필수다([연습 3-5] 참조). 의지를 갖고 자신의 자원에 접근할 수 있을 때, 상태 제어를 유지할 수 있고 그 상태를 유지하는 것이 말막힘을 극복하는 열쇠다. 사실 상태 제어를 유지하는 방식을 배우는 것은 인생에서 많은 부분의 열쇠다. 어떤 상황에서도 자신의 상태를 유지하는 데 능숙하도록 도움을 주었던 PWS는 그러한 유창한 상태를 이전 말막힘으로 이끌었던 상황으로 전환이 가능하다.

생각과의 관계

사람은 때때로 자신의 생각과 매끄럽지 못한 관계를 만든다. 어떤 것이 의미하는 것에 두려움을 느끼면, 반응하는 방식에 영향을 미칠 것이고 문제를 야기하게 된다. 관계를 개선하는 것은 문제를 극복하도록 이끈다. 현재 상황에서 PWS가 맺은 생각과의 관계는 결국 말막힘으로 연결된다. 당신 생각과의 관계를 변화시키는 방법은 앨버트 엘리스(Albert Ellis)의 획기적인 작업의 주제였다. 그는 선구적 사상가인 아론 벡(Aaron Beck)과 함께 인지심리학의 대부로서 명성을 얻고 있다(인지심리학의 분파가 NLP와 신경의미론이다). 엘리스(1976)은 몸-마음의 이해를 다음과 같이 설명한다.

> 인간의 사고와 감정은 근본적으로 다른 과정이 아니다. 어떤 지점에서는 상당히 중복된다. 감정은 항상 생각, 사고, 태도 및 신념에서 직접 유래한다. 이것들을 지속적으로 만드는 사고 과정을 수정함으로써 근본적으로 이러한 신념들은 바뀔 수 있다.

엘리스는 10개의 '인지적 왜곡(cognitive distortions)' 목록으로 유명해졌다. 인지적 치료는 이러한 왜곡들과 잘못된 사고 패턴—자주 우울함을 유발하는 사고 방식(많은 PWS가 정기적으로 고생하는 것

으로 '삶은 우울하다.'고 생각하는 것을 수정하는 것이 목표다. 임상가는 왜곡된 사고 목록의 지식으로부터 유익함을 얻을 수 있다. PWS가 보통 사고 과정에서 이러한 왜곡성을 보이기 때문이다. 이 목록은 데이비드 번스(Burns, 1989)에 근거한 것이다.

1. 전부이거나 아무것도 아닌 사고　'흑백 사고'라고 명명할 수 있다. 당신의 행위가 완전하지 않다면, 당신 자신을 완전한 실패자로 보게 된다. 이러한 극단적 사고는 세상의 사건과 사람들을 두 부류, 즉 좋고-나쁘고, 옳고-그른, 사랑-미움, 기타 등등으로 분류한다. 이러한 식으로 세상을 인식하는 것은 삶의 세세한 부분을 놓치는 것이다. 세상은 중간의 것들이 있고, 회색 그림자가 있다. 중간 지대를 인식하지 못하는 것은 근본주의를 야기할 수 있다. PWS는 자신을 이러한 극단적 용어들로 묘사함으로써 이를 예시해 주고 있다. "나는 말할 수조차 없어. 완전한 실패자이고 앞으로도 그럴 거야."

2. 과잉일반화　PWS는 하나의 부정적 사건을 끝나지 않는 패배 양상으로 경험한다. 이런 행위는 아동기의 이러한 경험들(지적받고, 당황하고, 심판받고, 학대당하고 기타 등등)이 변화의 희망 없이 인지된 채로 어떻게 성인기까지 이어지는지를 설명한다.

3. 멘탈 여과장치　그 밖의 다른 것은 제외하고 과제 또는 상황의 한 면만을 강하게 집중한다. PWS는 말막힘과 말더듬을 피하려고 하는 데 온 신경을 집중한다.

4. 긍정성 박탈　부정적 감정을 강화하고 긍정적 감정을 해명하는 방식으로 세상을 해석한다. 이에 사로잡힌 PWS는 말막힘으로 진정 낙심한다. 그들은 긍정적 경험을 부인한다. 어떤 이유에서건 긍정적 경험을 중요하지 않은 것으로 주장함으로써 말이다. 일상생활을 통해 부정적 경험이 모순됨을 발견하면서도 부정적 신념을 유지한다. 예를 들면, 대부분의 PWS가 지속적으로 유창성을 드러내 보일지라도 많은 이는 여전히 '나는 항상 말이 막히고 더듬으며, 앞으로도 항상 그럴 거야.'라는 신념을 붙잡고 있다. 그들의 유창성은 말막힘이 학습된 행위이고 비학습화될 수 있다는 것을 그들에게 확신시켜 주지 못한다.

5. 서둘러 결론에 이르기　결론을 내릴 구체화할 사실이 없음에도 PWS는 서둘러 부정적 해석에 도달한다. 그들의 마음 읽기를 통하여 알게 될 것이다. 내가 말했듯이, 다른 사람의 마음을 알지 못할 때에도 PWS는 다른 이의 판단을 두려워한다. 이는 불필요한 예기불안(anticipatory fear)을 생성한다. 그리고 이 불안이 말막힘과 말더듬을 유발시킨다.

6. 확대화와 최소화　PWS는 재앙화(catastrophize)—'최악의 시나리오'만을 취급하는—하는 경향이 있다. 최악의 시나리오로 사고하는 사람은 아동기에 이를 학습했다는 것을 고려할 때 설명이 가능하다. 고통, 상처, 불확실함으로 점철된 어린 시절을 보내며 나쁜 일들이 일어나리라 예상하면서 자신을 준비시킨다. 또한 그들은 상황

을 실제보다 대단히 안 좋게 생각한다—항상 어두운 면을 바라본다. 많은 PWS가 자신의 발화를 매우 부정적으로 바라보고 이 행위와 자신을 동일시함으로써 인격화(10번 '개인화와 비난' 참조)한다.

7. 감정적 논리화 PWS는 그들의 부정적 감정이 필연적으로 사물이 그러하리란 방식을 반영하는 것으로 생각한다. '내가 그것을 느껴. 그러므로 사실임에 틀림없어' 또는 '내가 그것을 느껴. 따라서 나의 말막힘과 말더듬은 신체적 문제야.' 이러한 사고방식은 언어병리학자들 사이에서 원인(말막힘을 유발하는 인지적 프레임)보다는 증상(말막힘의 신체적 표현)을 치료해야 할 필요가 있다는 잘못된 믿음으로 이어진다.

8. '해야 한다.' 발언 대개 필요에 의해 작동하는 것은 '~해야 한다.'로 확대된다. 이를 엘리스는 재미있게 '머스터베이션(musterbation, 반드시 해야만 하는 강박관념)'으로 명명하였다. 세상을 특정 방식으로 되어야 하는 식으로 사고하는 것은 PWS에게 압력을 준다. 불필요하고 부적절한 수치심, 자책, 자기 경멸 그리고 이와 비슷한 다른 비자원 상태를 야기한다.

PWS는 자신을 '해야 한다.'로 동기화하려 한다. 마치 유창하게 말하기를 요구받기도 전에 벌을 받아야만 하는 것처럼 말이다. '나는 적절하게 말할 수 있어야 해. 나는 성인이니까. 따라서 나는 이것을 멈춰야만 해.'라는 식이다. 지속된 말막힘의 결과로 그들은 죄책감을 경험하고, '완벽하게' 되어야 할 필요가 있다는 통념을 지니고 있다.

어린 시절 뿌리 내린 이러한 필요는 의무적인 행위를 이끈다. '나는 더 잘 해야 해.' '나는 유창히 말해야 해.' '나는 완벽해야 해 아니면 아무도 나를 좋아하지 않을 거야.' 이런 생각은 분명히 더 많은 스트레스, 더 많은 두려움, 걱정, 결국은 더 많은 말막힘을 야기한다.

9. 명명하기와 잘못 명명하기 이는 과잉일반화의 극단적 형태다. 그들의 말막힘을 가끔씩 하는 행위로서 묘사하는 대신 자신에게 '나는 패배자.'와 같은 부정적 명명을 한다. 그러한 명명은 행위와 자신을 동일시하게 되고 말막힘 상태에서 꼼짝 못하게 만든다. 결국 당신이 자신을 패배자로 믿는다면 당신의 삶은 그것을 증명하는 삶이 될 것이다.

10. 개인화와 비난 PWS는 이를 얼마나 잘하는가! 그들은 말막힘과 말더듬의 원인이 자신이라고 믿는다. 즉, 인간으로서 자신에게 문제가 있다는 것을 말막힘과 말더듬이 표시하는 것이라 믿는다. PWS의 자부심 수준이 인간으로서의 내부적 가치에 있지 않고 그들의 발화에 근거한다면 주된 문제가 발생할 수 있다. 그들은 유창함에 의해 다른 사람들을 기쁘게 할 수 있는가에 대한 견지에서 행위를 판단한다. PWS가 발화 행위보다 그 이상의 존재라는 것을 배우게 되면, 유창성으로 가는 길이 평탄하다.

그러한 인지적 왜곡에서 벗어나는 길은 다르게 생각하기 시작하는 일이다. 이를 실천할 한 방식은 미래에 무엇을 성취하기를 원하는 가란 측면에서 미래를 생각하는 일이다. 다음에서는 PWS가 원하는 것

에 대해 긍정적으로 생각하도록 돕는 체계적인 방법을 보여 준다.

저항 극복하기

변화의 혹독한 깨달음은 어떤 것을 얻게 될 때 역시 잃는 것도 있다는 사실이다. 사람은 변화를 거부한다. 얻으려는 욕구보다 상실의 두려움이 강할 때 그렇다. PWS가 제지하는 행위를 벗어나기에 열심이고 그 이후 어떻게 삶이 나아질까를 상상할 수 있을지라도 여전히 변화하지 않을 수 있다. 우선적으로 언급할 필요가 있는 해결되지 않은 문제들이 여전히 있기 때문이다. 그것은 마치 거부하는 자신의 '분야들(parts)'이 있는 것과 같다([연습 5-2]의 단계 7참조).

PWS는 그들이 얻는 2차 수확 때문에 말더듬 극복에 저항할 수 있다. 그들이 얻게 되는 보상 때문에 무력화하는 행위에 고착되어 있는 것이 미친 것처럼 보이나 그들은 그렇게 한다. 2차 수확은 보호를 받거나 주의를 끄는 것—그들이 보내 버리기를 주저하는 아동기와 관련 있는 유익함들—일 수 있다. 말더듬과 말더듬을 붙들어 두는 인지적 프레임이 의식이 되고 만족할 만한 대안책이 발견될 때까지 그들은 지속적으로 누군가의 행위에 영향을 미칠 것이다.

모든 것을 다르게 변화시키는 마술 지팡이로 변화를 상상하는 것은 비현실적이고 무비판적인 기대를 낳을 수 있다. 당신의 인생을 생각할 때, 한 가지 큰일이 변화되었을 때조차도 소소한 많은 일은 거의 같은 상태로 남아 있다. 여전히 쇼핑해야 되고, 공과금을 내야 하며, 쓰레기를 내다 버려야 한다. 만약 PWS가 "일단 유창하게 말하면 모든 것이 근사해질 거야."라고 제안한다면, 그것은 그만큼 명백하지 않을 수 있다는 것을 기술적으로 지적하라. 유창하게 말하는 것은 그들을 다른 사람들과 같은 기준 위에 세우는 것이다. 이는 그들이 더 이상 '불리하지' 않다는 점이다. 그들은 '특별한 상태'를 잃게 되는 것이다. 부족한 수행력에 대한 더 이상 어떤 구실도 댈 수 없다. 그들은 단순히 그들의 재능을 좀 더 잘 사용할 필요가 있다. 우선 이러한 상실과 유익함 모두를 고려하는 것은 그들이 좀 더 현실적인 기대를 갖도록 하기 위한 좋은 생각이다.

언어와 자아 개념

자아의 부정적 관념이 어떻게 각인되고 강력한 상태가 되어 말하는 방식을 문자 그대로 좌지우지할까? 이는 관념이 본인에게는 실제로 여겨지기 때문이다. 단어 또는 명칭은 잊었거나 경시되어 왔던 일련의 경험을 상징한다. 예를 들면, '결함 있는' 그리고 '망가진' 같은 단어들에서 필연적으로 보이는 진실의 기운이 느껴진다. 어떻게 이런 일이 발생하는가?

언어

삶은 역동적이다. 경험은 하나의 이야기 또는 영화, 가능하게는 동시에 여러 영화로 인식된다. 그러나 언어란 정지된 일들—현실의 사건, 이미지, 스냅 사진들—을 명명하는 데 훨씬 더 적합하다. 언어란 세상을 고정시키고 경험을 고착시킨다. '나의 결혼' '나의 직업' 등, 한동안 진행된 사건이나 과정을 묘사하는 데 사용하는 언어를 생각해 보라. 단어들은 진행되는 절차나 훨씬 폭넓은 이야기를 지칭하는 일종의 속기다. 많은 개념이 마치 사물처럼—'관계' '직업'—명명된다. 사실은 진행 과정—관계를 맺는 방식 또는 일들이 끝나게 되는—인 경우다. 지속적인 변화의 측면에서 의도적으로 말하지 않으면 당신이 언급하는 대부분의 언어는 마음속에서 '같은 상태로 지속되는 것'을 지칭한다. 사물 또는 사람의 질적인 측면을 묘사하는 형용사를 사용할 때도 비슷한 양상이 반복된다. 예를 들면, '젊은' 또는 '나이 든'이라고 묘사하는 것은 상대적이고 불명확하다.

당신은 항상 이러한 언어적 단축어를 사용한다. 언어는 그 자체로 좋은 것도 나쁜 것도 아니다. 단축어의 사용 없이는 의사소통이 어렵다는 것을 느낄 것이다. 모든 대화는 영원히 그럴 것이다. 그러나 대화가 순조롭지 않을 때, 현실을 고정된 묘사로만 점철할 때, 그래서 변화를 원할 때, 그때가 언어 자체의 탐구가 필요할 시기다. 당신의 경험을 언어로 묘사하는 것이 어려울 수 있다. 말하고자 하는 것을 전달하기 위해서는 상투적인 표현 또는 이미 만들어진 단어 형식들을 사용하는 것이 훨씬 쉽다. 그러나 매일 잘 사용되는 용어나 구절은 정보 전달력의 힘을 없앤다. 사실 진정한 의미를 알지 못하면서 그들은 당신이 사용하는 표현의 의미를 안다고 생각한다. 또한 당신은 당신 자신에 대한 묘사가 정확하다고 여길 수도 있다. 사실은 불분명한 도구를 사용할 때에도 말이다. 일상적인 발화는 보통 부정확하다. 다른 사람이 당신의 말을 이해하고 무엇을 해야 할지를 아는 정도면 '괜찮은' 것이다. 그러나 그들이 당신이 의미하는 것에 확신을 갖지 못하거나 반응을 어떻게 보여야 할지 모를 때 당신의 언어 사용에서 좀 더 명료해질 필요가 있다. 당신은 빈칸 정보를 채워야 한다. 예시를 들고, 스냅 사진보다는 영화에 대하여 이야기할 필요가 있다. 누군가 "나는 결점 투성이야."라고 말할 때 이런 종류의 언어는 언급한 사람이 자신을 좋아하지 않는 어떤 것이 있다는 아주 작은 암시일 뿐이다. 그들이 결점 있음을 어떻게 구체적으로 여기는지 당신은 알지 못한다. 또는 그들의 생각에 대해 당신이 취해야 할 행동을 알지 못한다. 자신에 대한 거대한 산더미 같은 정보를 한 단어인 '결점 있는'이란 단어로 축약한 것이다. 그리고 자신을 이 한 단어로 동일시하는 것이다. 당신이 중재하기를 원한다면, 우선 간략한 묘사로 이끈 생각을 회복시켜야 한다—그저 간략한 묘사만으로는 그들이 변화되도록 도와줄 실마리를 찾을 수 없기 때문이다.

명사 한 단어 또는 형용사 한 단어로 행위 또는 과정을 표상하는 것을 명사화(nominalizing)라 부른다. 명사화는 정보의 상당수를 빼버린다. '삶'이란 한 단어는 인생 전반의 경험을 대신할 수 있다. '가치 없는' 또는 '어리석은'(〈표 2-1〉 참조)은 그 사람이 행위의 복잡한 인지적 분석에 적용되는 용어다. 이러한 방식의 언어 사용은 단어가 어떻게 의미를 얻고 잃는지를 제시한다. 특정 의미를 변화시키기 위해 할 수 있는 것들을 제시한다. '말더듬'과 '말막힘'은 모두 진행되는 행위를 일컫는다. 말막힘과 말더듬 때문에 사용하는 전략을

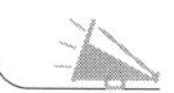

분석함으로써 그들이 사용하는 전략을 바꾸는 것이 가능해진다. 중재적인 도움 및 적용을 위해서는 '잃어버린' 정보—전략의 특별한 세부 사항들—를 회복해야 할 필요가 있다.

연습 2-1 증거 회복하기

당신이 자신에 대해 믿는 경향을 포함하는 적절한 묘사 하나를 선택하라(당신은 〈표 2-1〉 〈표 2-2〉 〈표 2-3〉에 있는 것 중 몇 개를 동일시할 수 있다). 이제 다음의 질문을 자신에게 던지라.

- 어떻게 자신을 결점 투성이인, 가치 없는, 소심한 또는 그것이 무엇이건 그런 모습으로 동일시하게 되었는가? 뒤에 숨겨진 이야기는 무엇인가?
- 매우 간략한 방식으로 정의할 수 있으면서 나 자신이 하는 특별한 일들은 무엇인가?
- 나를 결점 투성인 인간으로서 정의하는 어떤 종류의 영화를 내가 만들고 있는가?
- 결점 투성이로 자신을 정의하기 위해 어떤 식으로 내 자신에게 말하고 있는가?

이러한 질문에 대답하는 것은 당신이 연루된 행위의 연속, 즉 그 이야기를 회복시키기 시작할 것이다. 당신이 사용하는 전략과 절차들, 언어 뒤에 숨은 의미를 발견함으로써 당신이 얻고 싶어 하는 것—말의 유창성—을 당신에게 주기 위해 재조직하고 편집할 수 있다.

당신이 사용하는 단어들은 느낌과 함께 연합된다—특별한 상태 유발자로 작용한다. 습관적인 사용을 통해 신체 근육에 각인된다. 단어들은 실질적으로 느껴지고, 몇몇 사람들에게 그러한 느낌은 실제라는 것을 안다는 증거다. 단어와 신체 느낌 사이의 유대가 강할수록 바꾸려는 과정은 좀 더 도전적일 수밖에 없다.

이제 다른 방식의 작업이 있다—누군가 경험을 이야기할 때 사용하는 단어에 집중하기. PWS가 당신에게 일이 그러하다라는 방식을 이야기할 때, 그것은 그들이 어떻게 세상모델을 형성했는지를 정확히 발견하는 기회를 제공한다. 좋은 소식은 '깨닫는' 과정을 풀어 내는 것이 항상 가능하다는 점이다. 그 단어들이 지칭하는 경험 구조를 검토함으로써 가능하다. 전략과 이야기를 의식적인 자각으로 가져옴으로써 PWS가 사용하는 전략을 재조직하고 이야기를 편집하고 다시 쓰는 것은 가능하다. 이는 언제 말막힘과 말더듬이 일어나는가를 알기 위함이다.

당신은 또한 그러한 상황의 의미를 변경—재구성—할 수 있다. 여기서 상황은 두려움 또는 걱정이 야기되는 것으로 인식되는 것을 의미한다. 제한적 행위의 의미를 바꾸는 방식과 세상모델을 새롭게 창조하는 방식은 이 책의 나머지 장에서 다루고 있다.

제3장

관점 바꾸기

의사소통의 본질

말막힘이 인지적 구성 요인을 포함하는 것이라면, PWS가 의사소통하는 방식을 변경함으로써 말막힘 행위를 바꿀 방법의 탐구를 시작할 수 있다.

당신은 다른 사람과 왜 의사소통을 하는가? 속임수 질문이 아니다. 기본적으로 당신은 다른 사람이 무언가 하기를 원하기 때문에 그들과 의사소통한다. 그것이 답이다. 당신은 성과 또는 의도를 수립하는 데 이들은 상대방을 어떤 식으로든 변화시키려 한다. 그리고 당신이 세운 목적을 성취하고자 필요한 어떤 것이든 행한다. 심지어 가장 편안한 상황에서도 다른 사람이 당신 이야기에 귀를 기울이고 반응하기를 원하는 것이 소통의 본질적 특성이다. 사람에게 이야기하는 것과 가구에게 말을 거는 것은 큰 차이가 있다. 전자의 경우에 당신은 어떤 종류의 반응을 기대하기 때문이다.

당신이 의사소통하는 이유는 어떤 식으로든 세상을 변화시키기를 원하기 때문이다. 따라서 당신이 일어나기를 바라는 것이 정확히 무엇인지, 당신이 달라지기를 원하는 것이 정확히 어떤 것인지를 확실히 알 필요가 있다. 바로 이 이유 때문에 이 장은 적절한 성과(well-formed outcomes) 만들기를 다루도록 한다. 모든 의사소통 행위는 일종의 목적 또는 성과를 내포하기 때문이다.

PWS가 지나치게 관심을 갖고 있는 것은 유창해지는 것이다. 그러나 항상 그렇다고는 말할 수 없다. PWS는 말을 더듬을지라도 스스로가 편안해지기를 원한다고 말할 수 있다. "밥, 말더듬이라는 이유로 나 자신을 몰아세우는 것을 멈출 수 있게 해 줘요." "나 스스로를 괜찮다고 느끼는 데까지 안내해 주세요. 말을 더듬는다는 이유로 지나치게 걱정하지 않도록 해 줘요."와 같은 말을 자주 듣게 되는 것도 이런 이유 때문이다. 이들은 말을 더듬어도 스스로에게 편안한 상황에 일단 도달하면, 주된 문제가 해결된다는 것을 알고 있는 듯하다. 그들의 대화 성과은 '정상적인' 사람들에게 해당되는 성과과 같다.

이런 말이 있다. "당신은 집중하는 것을 얻게 된다." 만약 당신이 당신에게 일어날 끔찍한 일들……에 대해 생각한다면 현실로 이루어진다. 그러므로 당신의 행위를 바꾸는 것은 당신 생각의 내용을 변화시키는 것이다. 이는 당신의 마음을 사로잡고 있는 것에 집중하는 것을 의미한다. 당신이 축복에 마음을 집중하든지 아니면 재앙, 위협 또는 비난할 사람을 찾는 것에 집중하는지를 인식하는 것을 의미한다.

당신의 관점은 무엇인가

대부분의 사람들은 무엇을 해야 할지를 생각할 때 자신의 마음속으로 영화를 만든다. 오늘 아침 일어났을 때 무엇을 했는지 기억해 보라. 마치 일어난 일을 영화로 보는 것처럼 과거 사건을 기억한다. 이러한 심상의 영화는 분명히 지금 현재 순간의 세상을 보는 것과는 질이 다르다.

사람들이 자신의 영화를 보는 방식에는 몇 가지 흥미로운 차이(variations)가 있다. 한 가지 의미 있는 차이는 다음과 같다.

- 당신이 실질적으로 영화 속에 등장하고, 당신의 눈을 통해 당신 주변에 일어나고 있는 일들을 보고 있다.
- 영화에서 연기하고 있는 자신을 발견한다. 마치 당신은 영화관에서 스크린을 통해 일어나고 있는 모든 상황을 보고 있는 것처럼 느낀다.

물론 당신은 이러한 관점들 모두를 다른 시기에 사용할 수 있으나 아마 선호하는 것은 있을 수 있다. 당신은 의지를 갖고 한 관점에서 다른 관점으로 옮기는 것이 가능할 수도 있다. 두 경우의 차이는 중요하다. 첫째 경우는, 몰입된 관점(associated version)으로 강력하게 당신의 감정과 연결되어 있다. 당신의 마음은 '실제적으로' 일어나는 것과 그것을 기억하고 있는 내용을 구별하지 않는다. 만약 기억으로 몰입되어 있다면 감정적 영향을 받을 수 있다. 다음의 경우를 스스로 체험해 보라.

- 다소 불쾌한 기억을 상기하라. 만약 그 기억 가운데 스스로를 보게 된다면—관조적인—의도적으로 기억에 몰입하면서 당신의 감정이 증폭되는 것을 살펴본다.

대부분의 사람들은 고통스러운 기억을 몰입된 것으로 상기하지만, 모두가 그렇지는 않다. 몇몇 사람만이 지극히 고통스러운 기억에 몰입한다.

레몬

다음을 시도해 보자.

냉장고 문을 열고 레몬을 꺼낸다고 상상한다. 문을 닫고, 칼을 집어 들고, 도마 위에 레몬을 올려놓는다. 레몬을 반으로 자르고, 다시 네 조각으로 자른다. 한 조각을 집어 들고 당신 입에 그 조각을 넣는다. 꽉 깨물어서 레몬 주스가 당신 입으로 분출되는 것을 느낀다. 침이 고이지 않는가?

대부분의 사람들은 침의 양이 증가하는 것을 알게 된다. 이러한 간단한 실험은 인간의 마음이 실제와 상상하는 경험 사이의 차이를 구별하지 못한다는 것을 설명한다.

반면에 당신이 그렇게 하고 있는 자신의 영화를 본다면, 당신의 반응이 그렇게 강력하지 않을 수 있다. 외부에서 무슨 일이 일어났는가를 관찰하는 경우, 이 경우는 관조적 입장(dissociated position)으로 당신은 보통 더욱 객관적이며 첫 번째 경우와 같은 방식으로 감정과 연결되지 않는 상태다. 자신의 경험을 평가할 수 있고 경험에 관한 감정을 느낄 수 있지만, 몰입된 경우와 같이 사로잡히게 되지는 않을 것이다. 이러한 몰입된/관조적 입장의 구별은 뒤에 이어지는 몇몇 연습과 절차에서 중요한 역할을 한다.

몰입된 기억이 관조적 기억으로 바뀔 때, 기억으로부터 분리되어 서 있는 자신을 보면서 감정이 어떻게 축소되는지를 주목하게 된다.

관심의 초점

누군가의 말더듬 여부는 상황에 처한 것을 인식하는 방식에 달려 있다. 또 다른 차이는 영화 내용 중 특히 어떤 부분에 주목하고 있는가를 살펴보는 일이다. 위협적인 상황으로 인식되는 경우, PWS는 스스로를 두려움이나 걱정의 상태를 경험하도록 프로그램화하였다. 위협적이지 않은 상황에서 그들은 다른 사람과 상호작용하며 행복해하고 자신의 개인적인 목표 또는 공동 목표에 집중할 수 있다. 예를 들면, 나의 내담자 중 한 사람은 이렇게 고백한다. "나 혼자 있을 때 스스로 말을 더듬는 것은 불가능하지만, 문을 나서서 누군가에게 말을 걸면 항상 말이 막히고 더듬게 돼요." 다른 내담자는 다음과 같이 말한다. "내가 알고 있는 편안한 사람에게 말을 걸 때,

나는 말을 더듬지 않아요. 그러나 내가 모르는 불편함을 느끼는 사람에게 말을 걸 때, 항상 말이 막히고 더듬어요."

분명히 유창함을 경험하는 동안 그들이 주목하는 대상은 말이 막히고 더듬을 때 그들이 주목하는 대상과는 완전히 다르다. 따라서 PWS에게 이렇게 묻는 것은 중요하다. "말이 막히는 동안 당신의 생각이 어디로 향하고 있는가? 유창할 때 당신의 생각은 어디로 향하는가?" 당신은 그들이 집중하는 것, 즉 그들의 주의를 끄는 전경(foreground)에 있는 것을 이끌어낼 것이다.

사람은 스스로에게 지나치게 집중하고 현재의 두려움과 걱정의 경험에 집중할 때 말이 막히는 경향을 보인다. 대화를 하는 상대방에게 집중하고 그들이 언급하는 내용에 관심을 기울이는 대신 말더듬에 대한 두려움에 집중하는 것이다. 그 두려움이 그들의 온 주의를 사로잡는다. 그들은 상대방에게서 단절되고 의사소통은 사라진다. 그들의 감정적 상태는 전경에 이끌리고, 어느 누구의 필요도 충족되지 않는다. 이러한 종류의 사람들은 효과적으로 의사소통이 이루어질 수 없기 때문이다.

한 PWS는 이렇게 말한다. "밥, 잠시만요. 내가 집중하는 것은 나 자신이 아니에요. 나는 상대방에게 집중하고 있고 상대방이 나의 말을 어떻게 평가하는지에 관심을 기울이고 있어요." 그러나 그러한 평가는 사실상 그들의 몫이다. 상대방이 자신을 어떻게 생각하는지에 사로잡혀서 상대방에게 평가받는다고 상상하는 것이다. 그것은 마치 PWS가 관찰자 입장(observer position)에서 일어나고 있는 일을 관찰하는 것과 같다. 의사소통의 목적을 마음에 담고 있기보다는

그들의 수행(performance)을 감독하는 것이다. 이러한 종류의 먼거리 의식(detached awareness)은 그들의 기능을 방해한다.

반면에 유창하게 말할 때, 그는 대화의 성과, 일어나기를 바라는 것에 관심을 기울인다. 상상 판단을 생각하는 것에 마음 쓰지도 않는다. 말막힘과 말더듬의 두려움과는 상관이 없다. 예를 들면, 당신이 사랑하는 것—취미 또는 스포츠—에 바쁘게 빠져 있을 때를 생각해 보라. 자신이 하는 것에 매우 몰두해서 당신의 모든 것을 쏟아 붓는다. 완벽에 도달하는 것에 집중하게 된다. 만약 누군가 "당신은 행복한가?"라고 묻는다면, 잠시 자신을 내려놓고 생각해 보아야 한다. 당신은 행복하지만, 이를 생각할 여유를 가진 후에야 행복하다는 것을 깨달을 뿐이다. 같은 방식으로, 당신이 유창할 때, 유창함에 대해 생각하지 않는다. 당신은 삶과 대화에 온 정신을 쏟았기 때문이다. 상호작용하는 것을 멈출 때 두려움을 맞이하게 된다.

상대방이 생각하는 것을 읽을 경우, PWS는 필연적으로 불행한 결말로 이끄는 이야기를 만든다. 상대방의 눈높이에서 자신의 상태는 열등하고, 자신이 자격이 없다고 느끼고, 동정받는다는 등으로 생각한다. 이러한 이야기는 그들의 사고를 지배한다. 이야기는 다시 부풀리게 되고—어떤 외부적인 사실이나 증거가 필요치 않다—두려움과 걱정은 증폭되어서 두려움 자체가 주의를 끄는 유일한 대상이 될 정도에 이르게 된다. 그러면 자기-충족적 예언의 상태가 되고, 근육이 부담을 느끼고, 말막힘이 발생하면서 말을 더듬게 된다. 만약 PWS가 상대방이 어떤 일을 하도록 만드는 일과 같은 외부적 결과에 집중한다면, 그들의 근육은 이를 달성하는 데 도움이 되도록 맞춰질 것이다.

내가 내담자에게 유창성과 말막힘의 상태에 진입하고 빠져나오는 것을 연습하도록 요구하는 이유는 PWS에게 행위의 융통성을 가르치고자 함이다. 내담자들은 이미 각 상태에 익숙해 있다. 그들이 필요로 하는 것은 상태를 변경시키는 용이성이다. 어느 누구도 평생 말이 막힌 채 살지 않는다. 따라서 이들은 그렇게 하고자 그들이 이미 사용한 전략을 구체화할 필요가 있으며, 전략을 능률적으로 만들고, 연습하여 그들이 원할 때마다 말막힘 상태를 벗어나 다른 상태로 옮겨갈 수 있도록 한다. 이것은 간단하지만 심오한 일이다. 따라서 내담자가 어떻게 이를 실행하는지를 정확히 발견해 내도록 도울 필요가 있다. 이렇게 질문한다. “당신은 이를 어떤 식으로 하죠?” “주의를 어떻게 변경하나요?” “자신에게 어떻게 다르게 말하는가요?” “어떤 방법으로 자신에게 유창하도록 허락하나요?” 내담자가 당신에게 정보를 제공할 때 대답을 기록해 놓는다. 이를 내담자의 의지로 상태를 변경하도록 도와줄 때 사용할 수 있다. 이 상태에서 저 상태로 전환하는 것을 연습하면 할수록, 오랜 말막힘의 영향력을 감소시키는 데 더욱 유능하게 될 것이다. 이들은 자신이 진입하기를 원하는 상태를 선택하도록 마음을 훈련하는 것이다.

어디에 집중할 것인가

효과적인 의사소통은 당신이 상대방에게 집중해야 한다는 것을 요구한다. 따라서 마음 읽기에 빠져 있거나 자신을 점검하는 대신

에 목표에 집중할 필요가 있다.

연습 3-2 어디에 집중하는가

이 훈련은 PWS가 말이 막히고 더듬을 때 집중하는 부분과 유창할 때 집중하는 부분 사이의 차이를 인지하도록 돕는다.

또한 이 훈련은 주의집중 상태를 바꾸는 연습 기회를 제공한다. 내부에서 외부로, 그들의 실행 행위를 판단하는 것에서 그들의 성과에 주목하는 것으로 변경이 된다. 내 경험에 비춰 볼 때, 이는 시간이 걸리고 많은 연습이 필요하다. 일단 PWS가 성공적으로 상태 변경을 할 수 있다는 것을 당신이 알게 되면, 각 상태에서 그들이 무엇을 최전방으로 가져오는지 인지하도록 요구하라.

최근의 말막힘 상태로 들어간다

- 말막힘 상태를 생각하는 동안 무엇에 집중하는지를 살핀다. 말막힘을 겪는 동안 주된 초점은 무엇인가?
- 이 상황에서 의도 또는 목적은 무엇인가?
- 집중하고 있는 것이 주어진 상태에서, 말막힘의 두려움을 실질적으로 유발하는 것을 규명할 수 있겠는가?

최근의 유창성 상태로 들어간다

- 유창한 상태를 생각하면서, 무엇에 집중하는지를 살핀다. 무엇에 집중하고 어디에 관심을 기울이는가?
- 이 상태에서 당신의 의도 또는 목적은 무엇인가?

유창성을 위해 적격한 성과를 발전시키기

PWS가 말막힘/말더듬에서 자유/유창함으로 이동하기를 선택할 때, 자신이 원하는 것을 명확히 알아야 하고 이를 달성하기 위해 전념해야 한다. 이는 그들의 발화에 부여하는 의미의 극적 전환을 종종 요구한다. 당신의 임상적 역할 시, 당신이 성과에 집중하는 상태를 유지하도록 권장한다. PWS 내담자가 주장하는 성과에 대한 동의 사항을 마음에 새김으로써 지속적으로 유지하도록 돕는다.

NLP의 적격한 성과 처리는 지극히 효과적이고 실질적인 도구다. 구체화된 성과를 집중 영역의 최전방으로 끌어올린다. 적격한 성과는 PWS가 고안한 것이며, 성취되기에 좀 더 용이한 방식으로 프레임이 갖춰진 것이다.

연습 3-3 성과의 설정

PWS가 내부적 · 외부적으로 표현하는 대화는 변화될 어떤 욕구에 대한 실마리를 제공한다. 스스로에게 말하는 방식과 상대방에게 말하는 방식의 예들이 이 책 전반에 나와 있다. 곤경에 처한 사람은 해결책을 찾으려고 하기보다는 문제점을 정의하려는 경향이 강하다. 이 성과물-설정 훈련은 PWS가 다르게 생각하게끔 이끈다. 그들이 무엇을 제거하려고 하는가보다는 그들이 원하는 것이 무엇이고, 원하지 않는 것에 집중하기보다는 그들이 진정 원하는 것이 무엇인지에 집중하게 한다. 또한 이 훈련은 당신이 PWS가 원

하는 것을 성취할 방식을 규명하도록 돕는 것을 가능하도록 한다. 매 단계에서 PWS는 각 제안의 생태학(ecology)에 대하여 생각하고 성과가 그들에게 적당한지를 확인한다.

개요

1. 긍정적 언어로 성과를 언급하라.
2. 감각적 언어로 성과를 언급하라.
3. 강렬한 방식으로 성과를 언급하라.
4. 성과를 질적으로 통제하라.
5. 개인적 통제를 행하라.
6. 성과의 상황을 언급하라.
7. 목표 성취에 필요한 자원을 언급하라.
8. 미래 선행 체험(future pace)—효과가 있는지 확인하라.

PWS가 스스로 이 모형을 사용한다고 하여도 우선 당신이 그들에게 다음의 질문을 하기를 바란다. 이 질문으로 PWS는 답을 찾는 데 집중할 수 있다.

1. 긍정적인 언어로 성과를 언급하라

현재 상황을 설명하고 미래에 원하는 성과와 비교해 본다.

- 당신이 원하는 것은 무엇인가? 다르게 하기를 원하는 것은 무엇인가?
- 현재 당신의 처지는 어떤가?
- 어디에 있기를 원하는가?

• 어디를 향해 가고 있는가?

PWS가 할 수 있기를 원하는 것을 긍정적인 언어로 언급하는지 확인한다. 예를 들면, '말더듬 멈추기'를 원한다고 말한다면 그들로 하여금 좋게 바꾸도록 하여 '유창하게 되기'에 관심을 기울이도록 한다.

제1장의 연구사례 1에서 수잔은 자신에 관한 다양한 신념을 언급했는데, 다소 부정적 견해를 제시했다고 보인다. 〈표 3-1〉은 부정적 신념의 긍정적 재구성을 보여 주고 있다.

표 3-1 자신에 대한 신념

나는 아니야……	긍정적인 재구성
절망적인	나는 온전하다
부적합한	나는 충분해
소심한	나 자신의 언어로 사람들을 다룰 수 있다
조급한	아드레날린 분출을 느낀다
어리석은	실수를 통해 배운다
가치 없는	사회의 유용한 구성원이다
부끄러운	실수를 통해 배운다
화난	열이 나서 이것 저것을 바꾼다
비정상적인	나는 독특하다

2. 감각적 언어로 성과를 언급하라

미래 행위의 이야기가 현실적일수록 일어날 확률은 높다. 영화의 이미지로 PWS가 성과를 상상하도록 하라. 과거에 문제가 되었던 수많은 상황 속에서 유창히 발화하는 자신을 영화 속에서 볼 수 있다.

- 성과에 도달하는 데 어떤 연속된 단계 또는 무대가 관련되어 있는가?
- 당신의 성과를 어떤 식으로 조각내어 각 개인이 할 수 있을 정도로 충분히 작은 단위로 만들 수 있는가?
- 성과에 도달하였다는 것을 어떻게 알 수 있는가? 그때 무엇을 보게 되고, 듣게 되고, 느끼게 될 것인가?

3. 강렬한 방식으로 성과를 언급하라

사람은 동기화되었을 때만 목표를 달성할 수가 있다. 따라서 PWS의 동기 수준을 알아내라.

- 당신의 원하는 성과가 어느 정도로 강렬한가?

PWS가 동기화되었는가의 여부는 성과에 대하여 이야기하는 방식으로 판단할 수 있다. 만약 열정적이지 않아 보인다면 그들의 성과가 좀 더 강렬할 수 있도록 도와준다. 다음과 같이 질문해 보자.

- 당신이 이것을 진정 원하는 또 다른 필요가 있는가?

그들이 관조적 방식—영화 속에서 자신의 모습을 볼 수 있는 방식—으로 성과를 이루었다고 상상하게 하라.

4. 성과가 적당한지 확인하기 위해 성과물 질적 통제 점검표를 운영하라

- 갈망하는 성과가 당신의 모든 삶의 영역에서 당신에게 적절한가?
- 당신의 개인적 관계 속에서 성과가 적절한가?
- 성과를 갖는 것은 현재 당신이 가지고 있지 않은 무엇을 당신에게 줄 것인가?
- 성과를 갖는 것은 당신이 무엇을 잃게 만들까?
- 당신의 성과는 성취할 만한 수준인가?
- 성과가 당신의 건강, 주요 관계, 기타 등등을 배려하는 것인가?

종종 원하는 성과를 설정할 때, 사람은 자신의 욕구의 긍정적 혜택에만 초점을 두고 불가피하게 잃게 될 것은 고려하지 않는다. 모든 변화는 획득과 상실(gains and losses)이 따르게 마련이고 이러한 것들이 초기 단계에서 고려될 필요가 있다. 이는 후에 '상실감'을 없애기 위한 것이다. 다음의 네 가지 질문은(〈표 3-2〉) 일어날 수 있는 모든 가능성을 다룬다.

- 성과를 얻게 되면 무슨 일이 일어날까?
- 성과를 얻지 못하면 무슨 일이 일어날까?
- 성과를 얻게 되면 무슨 일이 일어나지 않을까?
- 성과를 얻지 못하면 무슨 일이 일어나지 않을까?

표 3-2 데카르트식 유연성

	일어나지 않는다	일어난다
성과를 얻는다	성취한다면 일어나지 않을 일은?	성취한다면 일어날 일은?
성과를 얻지 못한다	성취하지 못한다면 일어나지 않을 일은?	성취하지 못한다면 일어날 일은?

- 질적 점검표를 사용하여 당신이 원하는 성과가 모든 부분에 적합한지 확인한다. 질문하라. "나에게 희망 성과를 실행하는 데 방해가 되는 부분이 있는가?" 만약 있다면 그러한 것들을 언급한다([연습 5-2]의 7단계 참조).
- 온전한 자신이 이 질문에 어떻게 반응하는지 살펴보라. 이미지, 소리, 언어, 내부 감각의 관점에서 살펴보도록 하라.

결과 고려하기　말막힘을 경험하고 있는 나의 내담자에게 질문 하나를 이메일로 보냈다. "말막힘 공포와 근심을 가지고 있지 않다면 어떤 일이 일어날까요?" 나의 의도는 그가 몇 가지 선택 방안들을 고려하게 해서 말막힘에 관한 그의 사고방식을 변화시키려는 것이었다. 그는 자신을 마주하는 것을 피하고 다른 사람들로부터 피하기 위해 그는 열심히 일을 했다. 그는 자신의 일 이외에 다른 데 관심을 가질 것이라는 대답을 주었다. 그는 이메일로 다음 목록을 열거하였다.

- 나는 자신감이 넘칠 것이다.
- 나는 삶의 중심에 설 것이다.
- 다른 사람들과 동등할 것이다.
- 좀 더 모험적이고, 위험을 감수하고자 할 것이다.
- 냉소적이기보다는 긍정적일 것이다.
- 다른 사람의 행위에 책임지는 것을 그만둘 것이다. 그러나 여전히 그들에게 연민을 느낄 것이다.
- 지속적으로 내 삶에 하나님의 임재를 느낄 것이다.
- 기쁨이 넘치고 사랑을 느낄 것이다.
- 최선의 노력을 하는 한 상황이 역전되어도 괜찮을 것이라는 사실을 알 것이다.
- 많은 일에 흥미진진할 것이다.
- 나를 사랑하고 보살펴 주는 사람들에게 좀 더 많은 시간을 할애할 것이다.
- 판단하기보다는 좀 더 이해할 것이다.
- 친한 친구를 갖게 될 것이다.
- 나 자신을 받아들이고, 다른 이들이 나를 어떻게 생각할지 걱정하거나 나에게 무엇을 행할지 걱정하지 않을 것이다.

와우! 말더듬에 대한 두려움과 걱정으로 억압된 결과를 보자. 이러한 전형적인 반응은 제한적 인식과 행위에 의해 무엇이 배후에 있어 왔는지를 살펴보는 것이 상당히 중요하다는 것을 설명한다.

5. 개인적 조절력을 가지라

PWS가 그들의 목표를 성취할 효율적인 전략을 가지고 있는지

확인한다.

- 당신의 힘 또는 능력 내에서 이것이 성취될 것인가?
- 첫 단계는 무엇인가? 당신이 이 첫 단계를 밟을 수 있는가?
- 이 과정 동안 일어날 어떤 상황도 다룰 수 있겠는가?

6. 성과의 상황을 언급하라

PWS는 어떤 상황이 문제적 상황인지를 규명할 필요가 있다. 특정 사람들 또는 마주치는 사람들의 종류 또는 특정 장소일 수도 있는 관점에서 상황을 생각할 수 있다. 그들의 성과를 일반화시킬 필요가 있으며, 그리하여 미래에 만날 모든 가능한 상황들을 충족시키게 될 것이다.

- 어디에, 언제, 어떻게, 누구에게 이 성과를 적용할 것인가?

7. 성과 성취에 필요한 자원을 언급하라

유창한 발화를 허용하는 전략과 상황들이 자원이 된다.

- 원하는 목표를 성취하기 위해 당신은 어떤 자원을 필요로 할 것인가?
- 어떤 사람이 되어야만 하는가?
- 이 목표를 성취해 온 다른 누군가는 누구인가?
- 전에 이 일을 해 본 적이 있는가?
- 이미 해 본 적이 있는 누군가를 알고 있는가?

8. 미래 선행 체험 – 효과가 있는지 확인하라

PWS가 만족할 정도로 성과가 언급되었을 때, PWS가 영화를 돌려서 이미 성취한 목표가 있는 미래에 자신이 있음을 보라. 이러한 영화 또는 이미지를 관찰함으로써 다음을 고려한다.

- 당신의 목표가 실현된 것을 어떻게 알 것인가?
- 원하던 상태를 달성하였다는 것을 무엇으로 알 것인가?
- 훨씬 나은 상태를 확보하기 위해 당신이 적응하고자 하는 것이 있는가?

전경/배경–강력한 차이를 만드는 특성

이 훈련은 게슈탈트 심리학을 기반으로 한 것이다. 이 훈련의 목적은 PWS가 의사소통 시 그들의 의도를 전경화하도록 하고 의사소통을 방해하는 두려움을 배경화하도록 돕는 데 있다.

연습 3–4 전경과 배경 변경하기

개요

1. 말이 막힐 것 같은 다음 순간을 생각하라.
2. 영화를 멈추고 장면을 위치시키라.
3. 한 걸음 물러나 말막힘 장면 너머를 바라보고 배경의 자원을 보라.

1. PWS에게 말막힘이 일어날 때를 생각하라고 요구한다. 십중팔구 특정 상황에 처한 사람의 장면을 만들어 낼 것이다.

2. PWS에게 영화를 멈추라고 요구하라. 그들 눈으로 특정 상황의 사람이 어디에 있는지를 살펴보도록 요청하라. 그 장면이 그들 앞에 놓여 있는가? 아래 아니면 위, 오른쪽으로 아니면 왼쪽? 분명 그 장면은 그들 바로 앞에 있을 것이고 그들이 바라보고 있는 유일한 것이다.

3. 이제 그들에게 물으라. "무엇이 보이지 않나요?" 무엇이라고? 당신이 눈치 채지 못하는 것을 인식하는가? 그렇다. 이것이 바로 당신이 그들에게 집중하기를 원하는 것이다. 영화에서 그들이 보지 못하는 것. 그들의 말막힘을 유감스럽게도 유발할 사람과 특정 상황에 그들이 지나치게 집중하기 때문에, 이 외의 것은 보지 않는다. 그들에게 그 장면에서 한 발짝 떨어져 다른 관점을 취하라고 요구하라. 이 위치로부터 첫 이미지 뒤에서 그들이 볼 수 있는 것을 알아차리도록 요구하라. 그 장면 가까이 있는 것, 그 장면 너머 있는 것은 무엇인가? 처음에 볼 수 없었던 그 이외의 어떤 것들이 있는가?

모든 것을 배제하고 한 곳에 집중하는 것을 중앙시야(foveal vision)라 한다. 한 걸음 뒤로 물러서기 위해 당신은 주변시야(peripheral vision)를 취한다. 따라서 한 발 뒤로 가서, 주변시야를 인지하고 처음 이미지 주위의 것들을 살핀다. 양 측면뿐 아니라 말막힘의 장면 뒤

에 숨겨진 것도 살피라. 당신의 의식이 말막힘 이미지 너머의 것까지 닿게끔 허락하라. 그 뒤에 무엇이 있는가?

당신이 보고 있는 모든 장면, 이미지, 영화에서 몇 개는 전경에 위치해 있으며 다른 것들은 배경에 위치해 있다. 문제점들을 전경에 놓을 때 문제들은 더 커지고 좀 더 도전적인 것으로 다가온다. 자원을 전경에 놓으면 좀 더 유능하고 대범해지고 기능적이 된다.

[그림 3-1]을 볼 때 무엇이 보이는가? 아름다운 젊은 숙녀인가 노파인가? 답 중 하나가 당신을 놀라게 한다면, 다시 한 번 보라.

[그림 3-1] 프레임 변경하기

출처: 'My Wife and My Mother-in-law' by cartoonist W.E. Hill, published in Puck in 1915.

(힌트: 노파의 코는 젊은 숙녀의 턱이다. 젊은 숙녀를 보기 위해서는 그녀의 코를 전경에 위치시킬 필요가 있다. 그렇게 함으로써, 노파를 배경으로 두고 노파의 튀어나온 코를 젊은 숙녀의 전체 코로 변경시킨다. 노파를 보기 위해서는 젊은 숙녀의 목걸이를 전경화해서 이를 노파의 입으로 인식한다)

당신은 노파 또는 젊은 숙녀 둘 중 한 명으로 보일 것이다. 동시에 둘을 볼 수는 없다. 유창성과 두려움이 경쟁적인 개념인 방식과 유사하다. 만약 전경에 위치한 것이 유익함을 주지 않는다면, 이를 배경에 위치시키고 다른 유용한 것으로 대치하면 어떨까? 일단 당신이 선택권을 가지고 있다는 것을 인식하게 되면 당신이 보고자 하는 것을 볼 수 있다. 말막힘과 더듬거림에 있어서, 양쪽 선택권이 당신에게 주어진 것을 안다. 당신은 영화의 전경에서 무엇을 보기를 원하는가?

권위적 인물 앞에서 얼어붙었던 두려움에 사로잡힌 작은 소년으로 자신의 이미지를 갖고 있던 PWS를 고려하라. 얼어붙었을 때 그는 말이 막혔다. 그는 항상 유창하게 말하는 유능한 성인으로서의 자신의 또 다른 이미지를 가졌다. 그가 두려워하는 작은 아이를 보았을 때, 그 성인은 어디로 갔는지 짐작이 가는가? 그 소년은 전경으로 배치되고 성숙한 성인은 배경에 놓였다.

전경 자원

당신의 선택 행위를 전경으로 위치시키는 데 어떤 자원이 도움을 줄 수 있을까? 마음이라는 연극 무대에 오를 때 어떤 자원이 당신의 수행을 향상시켜 줄 것인가? 당신이 선택한다. 이미 당신은 신념, 용기, 이완, 마음의 임재, 중심이 된 느낌, 전인격화, 기타 등등과 같은 상태를 경험하였기 때문에 당신이 그런 상태를 원할 때마다 그것들을 자원으로 활성화할 수 있음을 의미한다.

사례연구 8

잭은 수용(acceptance)에 관한 예를 우리에게 제공한다.

잭은 전화 상담에서 나에게 말하길, 나에게 전화하기 전에 전화 걸기에 대해 조급해했다고 하였다. 그는 과거보다 더욱 유창해져야 한다고 내가 생각할 것이라며 걱정하였다. 말막힘을 경험하는 사람이 그의 발화에 관해 사람들이 무엇을 생각하고 생각하지 않는지를 걱정한다고 다시 한 번 듣는다.

어쨌건 말막히는 사람은 그러한 사고의 독점권을 가지고 있지 않다. 흔히 '정상적' 세상이라 불리는 곳에서 그들은 수많은 동행들이 있으므로 용기를 내야 한다. 다른 사람의 생각에 지나치게 신경 쓰는 것은 매우 흔한 일이다. 이는 인간됨의 한 부분이다—아마 우리 모두는 어느 정도 그러하다. 어린 시절 우리는 세상이 어떻게 돌아가는지 배운다. 이는 다른 사람들이 무엇을 할지 예측하

 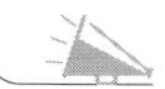

는 것을 포함한다. 부모 또는 교사에게는 어떤 특정 방식이 있음을 종종 요구받는다. 그러나 우리는 절대 '완벽함'에 도달할 수 없다. 이 또한 인간됨의 한 부분이다. 만약 우리가 완벽한 존재라면 자신에 대해 알아야 할 가치 있는 어떤 것도 배우지 못할 것이기 때문이다.

잭은 어떤 부분에서는 훨씬 유창하다고 말했다. 그가 말을 더듬었을 때, 이전처럼 이 사실이 중요하지는 않았다고도 했다. 그는 자신에 대해 부정적으로 느끼지 않으면서도 말더듬을 허락하는 지점에 가까이 가고 있었다. 그는 "실질적으로 이것은 말막힘이 아니에요. 더듬는다고 해야 하는 것이 맞아요."라고 말했다.

일단 자신의 경험을 인정하고 그것을 재구성(reframe)하고 재명명(relabel)하면, 발화가 어떻게 향상되는지를 보여 주는 예다.

그러나 그는 어떤 상황에서는 다른 이들과의 예정된 대화에 따른 상당한 걱정을 하고 있다고 말했다. 오늘 아침에 나와의 대화를 떠올릴 때도 그러했다. 잭은 여전히 어떤 상황에서는 말이 막히고 말을 더듬었기 때문에, 우리가 진행한 치료의 결과로 내가 그에게 기대하고 있는 것과 기대에 부응하지 못할 것 같은 두려움을 상상하고 있었다.

그래서 앞으로 일어날 것을 예측하는 영화를 여전히 그는 돌리는 중이다—그리고 이것은 쉽게 자기 충족적이 된다.

잭은 계속해서 설명하였다. 자신은 어떤 상황에서 이 문제를 재구조화할 수 있으나 어떤 상황, 즉 나와 함께 하는 그런 상황에서는 변경하는 것이 어렵다는 것이다. 나는 그에게 다른 상황에서는 어떻게 가능하게 했는지를 물어보았다. 그는 다음과 같은 생각으로 그런 오랜 두려움을 새롭게 볼 수 있다고 말했다.

- "나 자신이 약해질 수도 있음을 허용한다."
- "나는 나임을 인정하고 다른 사람의 감정을 생각하지 않는다. 나는 이렇게 할 수 있으며, 이는 이기적인 것이 아니다."
- "다른 사람이 나에 대해 생각하거나 생각하지 않는 것을 추측하지 않을 것이고, 그들이 내가 누구인지를 알 자격을 빼앗는다." (이것은 나에게는 강력한 재구조다)

우리는 초기 상담에서 이러한 자원 상태를 발견했고, 이것들이 아주 유용한 것으로 증명되고 있다. 이 자원 상태를 바탕으로 하여 그에 대한 나의 기대치를 두려워하는 문제에 직접적으로 그 자원 상태를 적용하기를 원하면서, 그에게 어떻게 이와 같은 생각들을 오랜 두려움에 적용할 수 있었는가를 물었다. 어떻게 해야 할지를 안다는 것은 무엇을 해야 할지를 아는 것보다 가끔은 더 중요하기 때문이다.

잭은 자원 상태를 나타내는 그림을 바로 자신 앞에 놓는다고 설명했다. 그리고 문제 상태를 보여 주는 시각적 그림을 자원 상태의 그림 뒤에 놓는다고 하였다. 다음으로, 문제 상태를 끄집어내서 자원 상태에 밀어 넣는다고 했다. 이 절차를 이용하여 그는 다음을 할 수 있었다.

- 자원 상태의 눈을 통해 문제 상태를 보고 재구조화한다.
- 두 상태를 같이 맞물려서 하나의 프레임으로 만든다.
- 문제 상태를 완전히 재구조화한다.

나와의 상황에서 어떤 일이 일어났는가? 내 기대를 충족시키지 못하리라는 그의 예기 두려움의 그림에 우리가 함께 있었고, 그는 자신에게 이렇게 말했다. "밥은 내가 현재 나보다 더 발전해야 한다고 생각할 거야." "밥은 나를 도와주는 것보다 다른 사람들을 더 빨리 도왔어." "나는 충분히 빠르게 좋아지고 있지 않아."

익숙하게 들리는가? 나의 내담자가 그런 것 같이 당신의 장, 몸통, 목, 턱에 이 소리가 일단 새겨지게 되면 당신은 완전한 말막힘을 경험하는데, 그것은 이런 예기 불안이 활성화되는 상태로 부추기는 방식인 것이다.

그가 이러한 이미지를 앞으로 끌어내서 그의 자원 이미지와 연결시켰을 때 의미는 완전히 변했다. 그는 "두 남자가 그냥 이야기하는 중이었어요."라고 말했다. 그의 발화는 어떠하였나? 그는 완전히 유창했다. 상담 초기에 그는 발화의 어려움을 겪고 있었다. 상당히 더듬거렸으나 완전히 말막히는 상태는 아니었다. 상담 후반에 이르러 그는 완전히 유창해졌다.

잭은 오늘의 배움을 받아들일 것이고 그것을 깊게 각인시키는 연습을 할 것이다. 당신도 알다시피, 당신의 치료사와 유창하게 말하는 것과 동료들과 유창하게 말하는 것은 다른 문제다.

연습 3-5 자원을 당신의 생각에 적용하기

이것은 잭이 자신의 기대를 생각하던 방식이다(당신은 다르게 할 수 있다).

개요

1. 말막힘의 두려움을 정복할 정도로 충분히 강력하고 자원이 풍부한 상태의 사고에 접근하라.
2. 그림이 있는 전시실 안을 보면서 당신 사고가 갖는 각각의 특질에 주목한다—두려움, 신념, 용기, 기타 등등.
3. 자원이 풍부한 상태의 이미지를 확장하여 두려움의 부정적 이미지를 완전히 덮도록 한다.

1. 말을 막고 더듬게 할 두려움이 내재된 생각을 한다. 그것을 정적 이미지로 만든다. 이제 신념 또는 용기를 갖는 그런 자원이 풍부한 상태의 사고에 접근한다. 어디에 신념을 갖는가? 무엇에 대해 용감해지는가? 당신의 마음이 여러 다른 상태를 표상하는 이미지를 생성하도록 허용한다. 각 이미지가 다가올 때 이름을 말한다. '두려움' '신념' '용기', 기타 등등. 각 이미지를 먼 거리에 두고 모든 이미지를 함께 볼 수 있도록 한다. 마치 갤러리의 벽에 걸린 그림을 보듯이.

2. 갤러리를 보고 각 사고가 어떻게 표상되었는지를 주목한다. '두려움'의 사고는 어떻게 보이는가? '용기'는 어떻게 보이는가? '신념'은 어떻게 표상되는가? 정적 이미지 또는 영화를 볼 수 있다.

아마도 이러한 이미지들이 조도, 색감, 크기 등에서 다양하고 긍정적 생각들이 부정적인 것들보다 더 밝고 크다는 것을 인식할 것이다. 이들은 보통 그러한 사고들을 표상함에 있어서 우리의 심상이 만들어 내는 구별된 종류들이다.

3. 당신 앞에 있는 마음속의 일련의 이미지들을 여전히 살피면서 '신념'과 '용기' 등의 긍정적 이미지들을 확장하기 시작한다. 그러한 이미지들을 더 크게 만들어서 두려움이라는 부정적 이미지를 완전히 덮어 버린다.

은유적 용어로, "주인공은 이긴다!"라고 한다—당신이 그렇게 되도록 허락만 한다면. 따라서 이완하라. 당신의 긍정적 자원이 당신의 사고를 지배하도록 허락할 때 당신 앞에 일어나는 이러한 변화들을 인지하라.

오랜 부정적 사고는 지금 어디에 있는가? 저 멀리 배경 어딘가에 있을 것이다. 당신은 신념, 용기 등과 같은 자원을 전경에 가지고 있다. 당신은 신념과 용기라는 생각을 취하였고, 이를 친절하게 당신의 일반적 존재 방식에 적용시켰다. 말막힘의 두려움과 관련된 자원을 끄집어낼 때, 당신이 그렇게 되도록 놔두기만 한다면 긍정적인 것이 매번 이긴다. 마지막으로, 이러한 긍정적 자원을 다시 당신의 몸에 각인시키라. 이렇게 세상을 인식하는 방식을 몸에 재통합할 통로를 찾으라. 예를 들면, 당신의 손을 이용하여 이러한 자원을 심장 쪽으로 가져간다.

연습 3-6 자원을 전경에 두기

이 훈련은 PWS가 말막힘에 대한 '두렵고, 걱정스러운' 감각으로 가득한 영화의 배경에 있는 자원을 찾도록 요구한다. 이렇게 함으로써 PWS는 몸-마음의 상태를 더 잘 통제할 수 있게 된다.

개요

1. 영화로부터 한 발 물러나서 감정에 좌우되지 않는 비판적 분석의 상태로 들어선다.
2. 당신의 말을 막는 두려움의 상태로 진입한다. 그런 두려움을 갖게 되는 상황에 처한 자신을 상상하면서 두려움 상태로 발을 들여 놓는다.
3. 마음의 배경으로부터 용기, 신념, 결심 등과 같은 강력한 자원 상태로 접근한다. 영화를 생동감 있게 만들고 강력한 언어를 사용함으로써 그 상태를 확장시킨다.
4. 말막힘의 두려움에 자원 상태를 적용한다. 시각적 · 청각적 또는 운동감각적 자원 조합 또는 언어를 사용함으로써 이를 실행한다.

다른 사람들에게 이것을 실행할 방법을 가르치기 전에 스스로 해 볼 필요가 있으며, 어떻게 하였는지 이해할 필요가 있다. 공개강연과 같이 당신이 두려워하거나 걱정하는 것을 생각하고 당신 자신에게 이 방식을 적용해 본다.

1. PWS가 좋은 상태에 있는지 우선 확인한다. 그들로 하여금 정

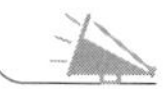

신적으로 한 걸음 물러나게 해서 냉철하게 그들이 만든 영화를 점검할 수 있도록 한다.

2. PWS가 말막히고 두려워하던 때를 상기하도록 요구한다. 안전한 위치에서 그 영화를 보도록 한다. "당신이 말을 더듬는 때를 기억해 내세요. 어디에 관심을 기울이고 있나요?"라고 말한다. 보통은 완전히 자신에게만 집중할 것이다. 그렇지 않다면 필사적으로 마음 읽기를 하면서 타인하게 집중할 것이다. 따라서 다른 것은 확실히 볼 수가 없을 것이다.

그리고 물으라. "그 사람과 어느 정도 가깝나요?" 그들에게 정신적으로 한 걸음 물러나라고 요구하라. 말막힘을 표상하는 이미지 옆과 뒤에서 좀 더 많은 것을 볼 수 있도록 한다. 그들이 보지 못해왔던 것에 좀 더 집중하도록 요구한다. 이렇게 묻는다. "당신이 보지 못하는 무엇이 거기 있나요?"

3. 이제, 뒤에, 저 너머 그리고 그 이상의 것을 보도록 요청하고 배경에 있는 자원을 인식하도록 요구하라. "그래요. 그러한 자원은 당신 내부에 있으며, 집중하기만 하면 그것들을 인식할 수 있어요."라고 말하라. 당신은 이러한 자원이 어떤 방식으로든 당신을 지지하고 있거나 당신 뒤에 있는 것으로 경험할 수 있다. 그 순간 그것들은 아주 멀리, 당신 저 너머 배경에 있어서 당신이 그저 인식할 정도일 수 있다. 또는 당신에게 필요한 자원이 실질적으로 당신 내부에 있음을 경험할 수도 있다. 하나의 감정, 더 큰 존재라는 느낌, 좀 더 확신에 찬 느낌일 수 있다. 이러한 자원을 가지고, 상

대방과 용이하게, 확신을 가지고 말하는 자신을 듣게 된다. 이러한 자원을 확신, 고요함, 용기 또는 신념이라고 생각할 수 있다. 이러한 자원이 필요할 때 증폭시키라.

4. PWS가 이 모형을 일단 이해하면 두려움을 전경에 위치하도록 하라. 두려움 뒤에, 두려움 너머의 자원을 인식하라. 그리고 이렇게 말하라. "당신이 사용할 수 있는 자원을 더 인식할수록 그 자원들이 당신에게, 그리고 당신 내부에서 좀 더 강해지고, 좀 더 가까워지도록 허용하는 것입니다. 그러한 자원을 당신 마음의 전경으로 가지고 올 때, 오랜 말더듬 두려움을 저 멀리 밀어 넣으세요. 당신은 그저 멀리 그것이 가 버리기를 바랄 수 있어요. 멀리, 그래서 사라지거나 용해되거나 또는 폭발하도록 말이죠." 이를 좀 더 강력하게 하기 위해, 잭이 했던 대로 하라. 문제 상황을 파괴하거나 제거하기 위해 자원 상태가 원하는 것은 무엇이든지 하도록 허용하라.

다른 자원을 발견하도록 연습하라. 자원을 빈약한 영화에 적용시키라. 어느 것이 가장 큰 효과를 갖는지 주목하라. 잭은 그림들을 사용한다. 나는 언어를 사용한다. '두려움'이란 단어를 시각화하고 그 위에 '신념'이란 단어를 올린다. '신념'이란 단어의 시야 뒤편에 예수의 그림이 있다. 그 분은 나를 위해 '신념'이란 단어에 강력히 힘을 부여하는 존재다. 그리고 '두려움'이란 단어 위에 '신념'이란 단어의 시각적 그림을 옮긴다. '두려움'이란 단어는 수천 조각으로 부서진다. 다른 이들은 운동감각으로 이를 행한다. 두려움의 감정이 머무는 곳에 신념 또는 용기라는 감정을 옮기게 되기 때문이다. '용기에 찬' 두려움 또는 '신념에 찬' 두려움을 갖게 될 때,

이것이 어떻게 두려움을 바꾸게 되는가?

두려움의 부정적 이미지를 완전히 덮도록 자원을 적용하는 것은 사고의 전환을 야기한다. 잭이 두려움의 이미지를 끌어당겨서 자원 이미지와 융합시킬 때 '의미는 완전히 변한다.' PWS가 그들의 자원을 어떻게 적용시키는가는 그들에게 달려 있다. 천천히 그리고 점차적으로 실행하여 오랜 두려움과 걱정이 배경으로 희미해지는 것을 볼 수 있다. 아니면 갑자기 그리고 완전히 사라져서 극적인 변화를 경험할 수 있다.

주: 종교의 믿음이 있는 사람은 하나님의 임재를 발견할 수 있다. 그렇다. 자원은 하나님으로부터 그들에게 흘러든다. 무너져가는 상황으로부터 충분히 먼 거리에 서 있도록 스스로를 허락만 한다면 말이다. 다음 장에서는 좀 더 높은 영적 자원 상태로 접근하는 데 있어서 PWS를 어떻게 이끌 것인가에 대해 좀 더 논의할 것이다.

메타상태

모든 사람은 자원에 접근하는 능력을 가지고 있는데, 이러한 자원은 어떤 한 시기에 그들이 갖고 있는 방식을 변경해 줄 것이다. 그리고 모든 사람은 의도적으로 그 자원을 어떤 상황에 적용시킬지 선택할 수 있다. 예를 들면, 만약 PWS가 친구에게 말을 거는 상황을 생각하면서 용기라는 상태만을 적용한다면, 그들은 낯선 사람에게도 또한 적용하는 방식을 배울 수 있다. 상태의 내용이 아닌 마음의 상태가 차이를 만든다.

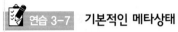

연습 3-7 기본적인 메타상태

이 이전의 패턴은 창시자인 마이클 홀(Michael Hall)이 메타 상태(자원을 무력한 상태에 적용시키는 과정)라고 부르는 것의 한 예다(Hall, 1996, 2000, p. 47). 이 변화 방식의 핵심은 다음과 같다.

1. 말막힘의 두려움과 같은 한계적이거나 무력한 상태에 접근하라.
2. 적절한 자원을 생각하라. 이 자원은 말막힘의 두려움에 적용했을 때 그 두려움을 줄일 수 있게 한다.
3. 그러한 자원 상태로 몰입하라. 전에 이런 상태에 처했을 때를 떠올리면서 시작하라. 당신을 완전히 채울 정도로 자원이 강해지게끔 허용하라.
4. 이러한 자원 상태에 머무르면서, 이를 말이 막히는 두려움 상태에 적용하라. 자원 상태가 두려움을 관통하고 감싸 안도록 허용하라. 두려움은 녹아 내리고 힘을 잃어버린다.
5. 상태의 변화가 당신에게 남아 있을 수 있고 세상에서의 당신 모습에 지속적으로 영향을 끼칠 수 있다. 이러한 새로운 상태에서 조용히 오늘의 나머지 시간, 내일, 다음 주 그리고 다가올 수개월을 겪어 내는 자신을 상상하라. 그리고 풍부한 자원 상태로 가득한 삶을 경험하라.

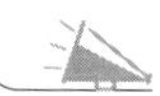

두려움이 학습된 것이기 때문에 당신의 자원 적용은 여러 번 반복을 요구할 수 있다. 말막힘의 두려움이 감소되고 결국 사라지게 하기 위해서는 일정한 시간에 걸친 적용이 요구된다. 연습은 필수다. 매번 말막힘의 두려움이 떠오를 때마다 자원을 적용하라. 결국 두려움은 약해지고 사라질 것이다.

두려움의 발동 장치가 나타날 때, 당신의 몸과 마음은 즉각적으로 두려움에 반응하곤 했다. 이러한 연결고리에 도전할 때마다 오래된 전략을 방해하고 두려움에 효과적으로 "아니요."라 하고, 자원 상태에는 "예."라고 말한다([연습 6-3] 참조).

이러한 메타상태 연습은 두려움을 인지하는 방식 변경에 관여한다. 자신을 상대력(relative power)의 위치에 놓고 자원이 주는 긍정적 에너지를 이용하여 원하지 않는 상태의 억압을 극복한다.

관점 변화시키기 – 인식 위치

당신은 경험을 인지하고 이해하는 방식을 바꾸면서 지속적으로 관점을 바꾼다. 사실 이 책에 있는 모든 과정은 당신이 이를 행하도록 한다. 변화란 상당히 다른 방식으로의 현실 인지를 포함하기 때문이다. 무한한 다른 관점이 있지만 다섯 개의 구별된 인식 위치(perceptual positions)로 항목화될 수 있다. 각각은 특정 기능을 갖는다. 따라서 무슨 일이 일어나는지를 이해하는 대안적 방식을 제공한다. 여기서는 당신이 원하는 변화를 만들기 위해 의지를 갖고 다섯 가지 인식 위치로 어떻게 이동할 수 있는지를 다룬다.

말막힘과 관련되는 두려움은 어떤 면에서 세상은 고정된 것이라는 관점, 변화시키기 위해 해야 할 일은 없다는 관점에서 온 것이다. PWS는 이런 관점에서 옴싹달싹 못하고 가능한 대안을 마음에 품을 수 없다. 빠져나갈 방법이 있다. 말막힘과 말더듬의 두려움에서 빠져나와 변화가 가능하다는 관점, 유창한 발화가 가능하리라는 입장을 취한다고 상상하라. 예를 들면, 당신은 확신에 차 있고 당신이 전문가인 양 멋진 일들을 성취할 수 있다는 것을 알라. 그것이 그들의 두려움을 다루기 위해 PWS가 만들 수 있는 관점의 변화다.

의도적으로 관점을 변경시키는 것은 다른 방식으로 세상과 관계를 맺도록 허용한다는 점 그리고 어떤 변화라도 처리하는 일반적 전략을 제공해 준다는 두 가지 점에서 다 유용하다. 그것은 당신이 세상을 인지하는 방식 그리고 당신이 마주하는 사건과 사람들에게

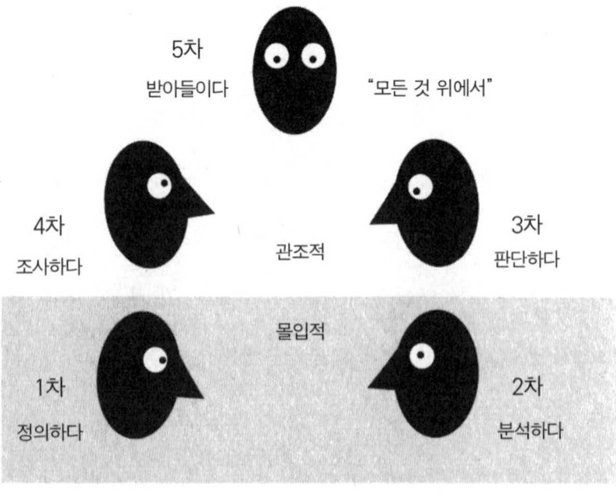

[그림 3-2] 인식 위치

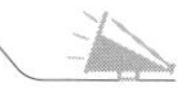

의미를 부여하는 방식에 정신적 유연성을 증가시킨다.

인간이 경험을 바라보는 다섯 가지 기본적 방식으로 작동한다는 깨달음은 당신 자신의 상태를 관리하거나 의사소통을 향상시키는 데 엄청난 가능성을 제공한다. NLP의 최초 세 가지 위치는 이제 다섯 가지로 확대되었고(Young, 2004와 [그림 3-2] 참조) 이는 간단히 1차부터 5차까지의 인식 위치로 각각 번호가 부여되었다. 당신은 이미 이 인식 위치를 사용한다. 이 모형은 체계적으로 인식 위치를 고려하고 사용하는 방식을 제공한다. 여기서 우리는 말이 막히는 사람들에게 이것들이 어떻게 작용하는지를 살펴볼 것이다. 임상가로서 각 인식 위치에서 제공하는 통찰로부터의 유익함을 얻기 위해 당신 자신을 각기 다른 위치로 융통성 있게 옮기는 방식을 당신이 깨닫는 것은 중요하다.

몰입 관점

1차 위치(first positions)와 2차 위치(second positions)는 모두 몰입 관점이고 이는 완전히 경험 속에 빠져 있는 입장이다. 기억에 완전히 몰입할 때, 그것은 마치 당신의 눈을 통해 보고, 소리를 듣고, 감정을 느끼는 것과 같다. 따라서 영상 속에 있는 자신을 보지 않는다.

1차 위치

자신의 신체 안에 있는 존재로서 친숙한 위치다. 세상을 자기 존재의 관점에서 바라본다. 자기중심적(ego-centric) 입장이다—자신의 내부에서 느끼고 듣고 보는 입장이고, 정상적이고 건강한 관점이다. 그것은 당신의 진실, 당신에게 중요한 즉각적인 필요다. 당신에게 다른 사람의 입장은 덜 중요하다. 단순히 다음과 같이 생각한다. '이 대화가 또는 의사소통이 어떤 식으로 나에게 영향을 주는가?' 이 위치에서는 진정성(authenticity)을 가지고 말하고, 자신을 피력하고, 생각과 느낌을 표현하며, 이에 따라 반응한다. 당신은 발설하고, 듣고, 질문한다. 다른 이들을 위해 자신이 존재하는 위치다.

이 위치의 단점은 당신이 꼼짝할 수 없다는 것이다. PWS는 완전히 말이 막히게 된다. 해결책은 또 다른 인식 위치로 이동해서 그들의 말막힘을 다른 관점으로 바라보는 것이다. 이러한 전환이 어느 정도의 노력을 요구할지라도, 이는 PWS를 자유롭게 해서 그들이 유창성을 획득하도록 한다. 전혀 이러한 경험이 없었던 것은 아니다. 이전에도 이러한 경험은 있었지만 말막힘 상황에서 어떻게 하는가를 배울 필요가 있는 것이다.

2차 위치

2차 위치는 대안을 제공한다. 이 입장의 한 측면은 다른 사람인 체한다는 것이다. 그들이 처한 물리적 입장으로부터 모든 것이 나타나는 방식을 상상한다. 다른 상황 속으로 자신을 놓는다. 다른 사람의 신체로 세상을—그리고 자신 스스로를—그들의 눈을 통해 본다. "다른 사람으로서 처한 관계, 의사소통 안에서 내가 무엇을 보고, 듣고, 느끼는가?"

다른 누군가가 상황을 인지하는 방식을 경험하는 것은 당신에게 감정이입의 이해를 제공한다. 비록 이것이 당신의 상상일지라도 신체, 마음과 정신적인 면에서 다른 사람의 방식을 정확히 모방하면 할수록 그들이 경험하는 것과 같이 그들의 관점에서 사물을 보고 더욱 가까이 경험한다는 것은 놀라운 일이다.

일상생활에서 아마 이렇게 궁금해할 수 있다. "이 상황에서였다면 그 혹은 그녀라면 어떻게 할까?" 일시적으로 다른 사람이 되어 봄으로써 당신은 발견하기 시작한다. 다른 사람과 부딪치면서 융통성이 필요할 때, 특히 갈등이 있는 경우라면 2차 위치를 취하는 것은 중요한 일이다.

다른 이의 관점을 객관적으로 생각하는 자신을 발견할 때, 3차 위치로 이동한다. 여기서 PWS는 곤란에 빠지기 쉽다. '내가 만약 당신이라면……'이라고 생각하지만, 그들에게 감정이입을 하는 대신에 PWS의 말더듬을 판단하면서 그들의 마음을 읽는다. 2차 위치에 있는 PWS는 때때로 1차 위치에 있는 그들을 다시 본다. 그들의 얼굴 뒤틀림을 보고, 그 이외의 것들도 본다. 그리고 그들이 1차 위치로 다시 뛰어들게 하고 정서적 상태를 끌어올린다.

관조적 관점

3차 위치와 4차 위치는 관조적이다. 당신은 경험에 관해 생각해 보라. 기억을 상기시켜 자신을 포함한 전체적인 것을 본다면 이는 마치 타인을 몰래 관찰하는 입장에서 보는 것처럼, 또는 마음으로 영화를 보고 있는 것처럼 본다면 그 기억은 관조적 상태다.

경험으로부터 관조적이 되면 좀 더 객관적으로 행동할 수 있다. 같은 방식으로 그러한 사건에 연루되지 않았기 때문이다. 근본적으로 다른 관조적 관점이 두 가지 있다. 3차 위치와 4차 위치다. 이러한 입장은 일어나고 있는 것에 반응하고 해석하는 데 대한 위치다. 3차 위치에서 당신은 전체 사건 또는 대화를 판단하거나 평가한다. 이는 당신의 가치 체계와 도덕적 조망을 야기한다. 4차 위치에서는 은유(metaphor), 연결(connections), 파급(ramifications)과 가능한 결과 면에서 당신은 관찰하고 증언하고 상황을 탐구한다.

3차 위치

3차 위치는 진행되고 있는 일을 판단하고 평가하는 것에 관한 것이다. 당신이 보고 있는 영화의 평론가가 되었다고 상상한다. 어떻게 당신이 반응하도록 만들겠는가? 자신에게 물어보라. "이 대화에 대해 어떻게 느끼지? 내 자신의 행동을 어떻게 판단하고 있지?" 당신의 감정적 반응을 인지할 수 있으나 '저기'에 있는 자신을 발견하는 한 그 상황에 지나치게 빠지지 않을 것이다. 그런 특정 감정을 느낄 수 있으나 또한 감정이 변하는 것을 지켜볼 수 있다. 대부분의 사람들에게 1차 위치는 감정을 강화시키나 3차 위치는 감정을 약화시킨다. 이는 자신을 기억에서 멀리 이동시킬 수 있기 때문이다.

3차 위치의 또 다른 측면은 따라야 할 사회적 또는 또래 압력(social or peer pressure)과 관련이 있다. 다른 사람의 발화, 행위, 생각, 기타 등등에 의해 당신이 영향을 받는다는 사실을 안다. 이 입장은

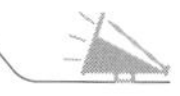

당신과 당신의 사회적 집단에 속한 모든 사람들에게 영향을 미치는 더 큰 체계(가족, 문화, 제도, 경제)의 이해를 포함한다. '누구도 섬이 될 수 없기(No man is an island)' 때문에 도덕적 가치와 사회 규범의 측면에서 다른 이들과의 관계를 생각할 필요가 있다. '책임'과 '의무'의 상당수는 사회가 당신의 행위를 어떻게 평가할 것인가라는 관점에서 나온다(이러한 것들은 관념적인 것들이기 때문에 그것들을 검증하는 것은 당신에게 유익할 것이다). 집단의 구성원으로 남고, 그들의 용인을 유지하려면, 사회 또는 집단의 필요를 고려해야 한다. '우리의 공통된 목표를 고려한다면……'을 생각해야 한다. 집단이 동의한 규준을 따를 방식을 찾아야 한다.

주: 전통 NLP에서 체계 입장(system position)이라고 부르는 것이 판단하고 평가하는 같은 기능을 가지고 있기 때문에 이를 4차 위치보다는 3차 위치에 넣는다. 이에 대한 개관은 Young(2004)의 연구에 설명되어 있다.

4차 위치

4차 위치 역시 여러 측면을 갖는다. 이 위치에서 당신은 일어나고 있는 일을 이야기 관점에서 생각하고 그럴듯한 결과를 고려한다. "다음에 무슨 일이 일어날까?" 자신의 상상력을 이용해서 있을 법한 시나리오를 예견하고 있을 법한 결과를 파헤친다. 다중 관점으로 사물을 볼 수 있게 되고, 모든 이들이 발생한 일들에 대해 자신만의 이해, 자신만의 이야기, 상황의 의미를 부여하고 설명하는 자신만의 방식이 있다는 것을 안다. "이야기가 뭐야? 이것이 당신에게 무슨 의미가 있지?"라고 질문한다.

4차 위치는 PWS가 상황의 역설적 관점(ironic view)을 취하도록 만든다. 즉, 그들은 말을 더듬고 말이 막힐 때 자신이 하는 일들의 재미난 측면을 보기 시작한다. 여러 PWS는 대부분의 말막힘과 말더듬은 유년기의 뿌리에서 비롯된 것이라는 사실을 이해하기 시작할 때 유년기에는 그들에게 도움이 되었으나 성인기에는 문제가 된 행위를 사용하는 방식에 대해 웃는다. 이런 식으로 보게 되면, 말더듬 행위는 미친 것처럼 보인다. PWS는 자신에게 이렇게 물을 수 있다. "이런 행위를 하는 데 지루함을 느끼는가? 나머지 내 인생 내내 지속적으로 이럴 필요가 있을까?"

선택적으로 PWS는 자신에게 말하고 있는 이야기의 부분으로서 자신의 말더듬을 볼 수 있고, 그 이야기를 편집하거나 다시 쓸 수 있고, 더 나은 결과를 부여할 수도 있음을 의미한다. 이러한 경우의 이야기는 자극적 사건(보통 유년기에 일어나는), 말더듬 행위 자체와 그것에 반응하는 방식을 포함한다. 모든 점에서, PWS는 끼어들어 변화를 시킬 수 있다.

제1장에서 수잔이 그녀의 부모와의 관계에 관한 이야기를 어떻게 변화시켰는가를 생각해 보자. 그녀가 치료를 시작했을 때, 그녀는 부모에게 특히 어머니가 그녀에게 문제가 없었음에도 불구하고 그녀를 '치료'하러 데리고 간 것에 대해 매우 화가 난 상태였다. 그때 그녀는 몇 단어를 조음하는 데 어려움이 있었을 뿐이었다. 그녀의 이해력이 향상됨에 따라 화가 난 이야기를 이해와 용서의 이야기로 바꾸었다.

5차 위치

5차 위치에서는 우주적 '신의 관점'을 가짐으로써 당신이 '모든 것 위에서(above all that)'라고 상상한다. 이 위치는 매릴린 앳킨슨(Atkinson, 1997)이 『다섯 가지 중심 생각(*Five Central Ideas*)』으로 제목을 붙인 미간행 문서에서 언급되었다. 이러한 사상은 후에 피터 영(Young, 2004, chapt. 11)에서 더욱 깊이 있는 연구가 이루어졌다. 이러한 지극히 높은 또는 영적 인식 위치는 모든 것이 고려되는 우주적 관점을 제공한다. 우주의 모든 자원에 접근하는 것으로 5차 위치를 볼 수 있다. 분명 이는 무엇보다도 가장 넓고 가장 멀리까지 도달하는 관점을 제공한다.

다른 관점 취하기

각 인식 위치의 근본적 측면은 그것들의 기능, 즉 경험과 함께 작동하는 방식이다. 사실 당신은 지속적으로 이러한 다른 관점을 취한다. 1차 위치에서 다른 입장으로 전환함으로써 감정적 갈등 상황에서 빠져나올 수 있고, 경험의 다른 측면에 집중할 수 있다. 어떤 위치도 다른 위치보다 상위 위치를 제공하지는 않는다. 각 위치는 나름대로의 기능을 가지고 있다. 현명하게 대화하는 사람은 한 위치에서 다른 위치로 의지를 갖고 이동하는 방법을 안다. 무슨 일이 일어나도, 당신은 항상 얼마간의 거리를 둘 충분한 자원을 가지고 있고 끼어들어 변화할 다른 방식을 찾는 데 필요한 자원을 갖는다.

그러므로 PWS가 말막힘의 두려움이 다가오는 것을 인지할 때,

그들로 하여금 차례로 각 인식 위치로 이동해서 그 관점에서 어떻게 보이는지를 경험하게 한다. 즉시 5차 위치를 취하는 대부분의 PWS는 두려움을 제거하는 데 있어서 가장 큰 영향력을 가질 것이다. 그렇지만 그들에게 가장 유익한 입장이 어떤 것인가를 가리킬 때 PWS가 언급하는 사항에 귀를 기울이라. 치유 방향으로 PWS를 이끄는 과정에서 이와 같은 다섯 가지 위치를 활용하여 다양한 관점을 제공하라. 이는 말막힘의 특성에 의한 갇힌 상태를 무너뜨리는 데 도움을 준다.

다음에 해야 할 일을 알지 못할 때 구조적으로 접근하는 것은 유용하다. 구조적 접근은 당신이 다시 이동하기 위해 필요한 자원을 발견하는 형식적인 방식을 제공한다. 이 접근은 당신 마음의 유연함을 상승시켜서 더 이상 한 관점에만 사로잡혀 있을 필요가 없다. 일단 뒤로 한 발 물러나면, 경험을 평가하고, 미래 결과를 탐구하고 적절히 중재하기 위해 필요한 자원을 발견할 수 있다.

그러나 곤경에 처한 PWS는 말막힘 상태를 빠져나와 다른 관점으로 진입하는 것이 지극히 어렵다고 느낀다. 따라서 앞으로 일어날 말막힘을 두려워하는 예기 불안을 사용하여 이러한 자원을 사용하도록 PWS를 독려한다. 일단 PWS가 의지로 막힘 상태를 빠져나올 수 있으면, 정상적인 유창함으로 순조롭게 간다.

혼자서 생각하면서 인식 위치를 사용할 때 나는 우선 1차 위치의 구조로 몰입하고 팀의 다른 구성원들과 연관된 나의 입장을 객관적으로 보기 위해 3차 위치로 이동한다. 그리고 팀 내의 각 구성원에게 2차 위치로 다가가고 결과를 탐색하기 위해 4차 위치로 이동한다. 적절하다고 여기는 어떤 위치가 있다면 다시 바꿔 본다. 치료 목적으로 5차 위치를 이용하는 것을 개인적으로 좋아한다. 영적 믿음을 갖고 있는 사람들인 경우 5차 위치는 그들의 궁극적인 영적 입장이 된다. 나는 기독교인이기 때문에 5차 위치로 향할 경우 나 자신을 예수와 함께 있는 존재로 본다. 예수와 함께 '저 높은' 곳에 있으면서 여기 아래의 나 자신을 내려다본다.

당신이 영적 믿음을 갖고 있다면, 과거의 어떤 사건을 떠올려 본다. 이 사건에 대해 상기할 때 부정적 감정이 여전히 일어나는 사건이면 된다. 이제 당신의 몸을 떠나서 높이 올라 하나님 또는 영의 존재, 또는 이러한 개념으로 부를 수 있는 어떤 것이라도 상관없는 그런 존재와 함께 있는 자신을 상상한다. 5차 위치에서 사물을 보게 되는 '저 높은' 곳에 당신이 있고 이 땅 위에 있는 스스로를 보게 될 때 이것이 그 경험과 관련된 부정적 감정들에게 어떻게 영향을 미치는가? '저 높은' 곳에 가는 것은 대부분의 사람들에게 가장 편안하고 평온해지는 일이고 프로작(Prozac, 우울증 치료제)보다 훨씬 더 좋은 것이다! 대부분의 PWS 5차 위치에 있게 될 때 훨씬 더 유창해진다—그리고 많은 이는 완전히 유창해진다. 임상가의 임무는 그들이 의지로 그 상태에 접근하는 법을 가르치는 일이다.

이어지는 연습에서 당신은 PWS가 다섯 개의 다른 위치로 이동하도록 이끌게 된다. 내가 제안하는 것은 그들이 경험한 주요 말막힘 상황을 상기시키도록 하는 것으로써 시작하는 일이다. 인용부호 안에 있는 질문들을 하면서 뒤따라 나오는 단계들을 따라가도록 안내하라.

연습 3-8 인식 위치 전환하기

개요

- 1차 위치: 최근에 경험했던 말막힘을 떠올리라. 상황에 처했을 때 어떤 느낌이 오는지를 인지하라.
- 2차 위치: 자신의 몸에서 벗어나 다른 사람의 신체로 들어가라. 다른 사람의 관점에서 말막힘을 경험하라.
- 3차 위치: 당신의 몸에서 떨어져서 객관적인 관점에서 상황을 관찰하라.
- 4차 위치: 진행되는 이야기의 관점에서 앞에 있는 자신과 상대방 두 사람을 지켜보고 있다고 상상하라.
- 5차 위치: 몸에서 빠져나와 고차원적 사고로 향한다. 이 위치에서 동정심을 가지고 모든 두려움과 걱정에 휩싸인 당신이 여기 아래에 있음을 의식하라.

1. 1차 위치

다른 사람과 있을 때 당신이 말막힘을 느꼈던 주요 순간을 떠올리라.

"당신이 본 것을 보고, 들은 것을 듣고, 느꼈던 것을 느낌으로써 당신의 신체(1차 위치)에 결합시킨다."

"그때 당신이 느꼈던 부정적 감정을 여전히 똑같이 느끼는가?"(아마도 그럴 것이다)

2. 2차 위치

이제 당신의 신체에서 빠져나와 당신과 대화를 나누는 사람의 신체로 들어가는 자신을 상상하라. 그들이 선 자세대로(또는 앉아 있는 대로) 서 있으라(앉아 있으라). 그들의 눈을 통해 자신과 닮은 사람을 쳐다보면서, 말막힘을 경험하는 당신이 어떤 모습인지를 인지하라. 당신이 인식하는 주된 것들이 무엇인가? 다른 사람으로서의 역할을 유지하면서 말막힘을 경험하는 당신 앞에 있는 그에 대하여 당신이 느끼는 감정을 인지하라.

말막힘의 문제에서 주된 부분을 차지하는 것은 다른 사람들이 생각하는 것에 지나치게 의미를 부여한다는 점이다. 그러나 이것은 진정한 2차 위치의 경험이라기보다는 2차, 3차 위치의 판단이 섞인 것이다. 다른 사람에게 자신의 이야기를 투사해서 당신이 생각하므로 그들이 경험하리라 여기는 것을 **추정**하기보다는 상대방의 **실제적** 관점을 받아들임으로써 정보를 수집하는 것이 중요하다.

3. 3차 위치

이제, 자신을 사건으로부터 분리시키라. 정신적으로 한 발 물러서서 자신과 상대방을 볼 수 있도록 한다. 당신은 말이 막히고 있는 당신에게 어떻게 반응하는가? 그 상황에 대해 당신은 어떤 판단을 내릴 것인가? 그러한 판단을 내린 결과로서 어떤 감정들이 일어나게 되는가?

"당신 자신과 상대방을 바라보면서 그런 모든 두려움과 긴장감을 느끼는 정당한 이유를 당신은 진정 가졌는가?"

"당신의 긴장이 정당한 것이었는가? 상대방은 당신에게 진정 위협적인 존재였는가? 아니면 위협적인 존재였다고 단지 상상한 것이었는가?"

4. 4차 위치

이제 당신은 당신 앞에 펼쳐지는 이야기를 바라보고 있다고 상상하라. 어떤 등장인물들이 있는가를 당신은 알고 있다—그러나 그들이 왜 그렇게 행동하고 있는 것인가? 그 이야기가 당신이 바라보기를 원하는 것인가? 다른 방식으로 이야기를 말한다면, 어떤 이야기를 말하고 싶은가? 비극보다는 희극으로 만들 수 있을까? 이런 말이 있다. "언젠가 당신은 이를 회상할 것이고 웃게 될 것이다……그렇다면 왜 기다리는가?" 그러한 행동을 보면서 당신이 웃을 수 있는 순간이 지금이다! 만약 그것이 심각하다면, 행복한 결말을 갖도록 그 드라마를 다시 쓸 수도 있다. 상당한 편집을 해야 하겠지만 당신이 원하는 대로 이야기를 만들 수 있다. 결국 당신은 이야기를 창조하는 사람이지 않은가. 그리고 영화에 나오는 다른 인물들은 어떤가? 좀 더 나은 사람일 수 있을까? 그럴 수 있다. 그들에게 몇 가지 배우로서의 훈련을 하게 하고, 새로운 몇 가지 기술들, 새로운 목표들—더 나은 결말로 이끌 수 있는 것들—을 부여한다. 기억하라. 이야기라는 사실을! 각 사람은 자신의 대본대로 행하는 것이다. 따라서 당신이 보고자 하는 영화를 만들도록 대본을 수정하는 것은 어떤가?

5. 5차 위치

모든 상황으로 날아올라라. 5차 위치로 올라가라. 저 우주로. 만약 당신이 하나님에 대한 믿음이 있다면 하나님과 모든 창조물이

있는 거기에 있으라."

주: 사람들에게 하나님에게 향해 가라고 말하기 전에 그들의 영적 믿음에 대해 미리 알아보도록 제안한다. 이것에 대해 다른 인식(이름)을 갖고 있을 수 있다. 그들의 믿음을 존중할 필요가 있다. 만약 그들이 하나님을 믿으면 이것이 바로 궁극적인 5차 위치가 될 것이고 그들에게 아주 강력한 자원이 될 것이다. 따라서 이를 이용하라! 또한 그들이 이동하게 될 장소에 대한 그들의 비유를 이용하라. 그들이 위로 올라가는가, 아니면 뒤로 이동하는가, 아니면 저 너머로 가는가……?

"이 위치에서 말막힘의 경험을 보게 된다면 상황이 어떻게 변하는가? 어떻게 당신은 느끼는가? 우주적 입장으로, 저 높은 곳 또는 저 먼 곳에서 좀 더 편안하고 고요한 상태를 느끼는가?"

"하나님 또는 우주적 존재를 당신이 믿는다면, 하나님의 임재 안에 있는 것이 어떻게 느껴지는가? 긴장, 두려움, 걱정, 당신의 신체—당신의 가슴, 목, 턱—에서 경험하는 이 모든 것들이 하나님의 임재 가운데 어떻게 되는가?"

"말막힘 동안 이러한 위치로 이동했다면, 무슨 일이 일어났을까?"

두려움과 걱정에 5차 위치 적용하기 이 과정을 완전히 그리고 전체적으로 5차 위치에서 완성시키는 것이다. 이 느낌을 당신의 전인적 존재에 관통시키도록 하라. 더욱더 이 느낌을 허용해서…… 우주가 사랑, 관용, 감사와 경외로 가득 차도록 하라. 이 모든 것들을, 이 상태에서 당신에게 가능한 모든 자원이 두려움과 걱정에 싸여 있는 당신에게 흘러가도록 하라. 이런 자원을 받아들이면서

1차 위치에서 당신에게 일어나는 것을 인지하라……. 5차 위치가 1차 위치와 조우할 때 그러한 두려움과 걱정들이 어떻게 되는가?

주: 말막힘을 극복한 많은 이는 5차 위치가 상당히 도움이 된다는 사실을 발견했다. 지속적인 연습을 통해 의지적으로 그곳에 도달하는 방법을 배운다. 5차 위치에서 대부분의 사람들은 매우 편안하고 고요해진다. 이는 유창함을 위한 적절한 상태를 제공해 준다. 당신 마음의 눈으로 이렇게 하는 것이 어렵다고 느껴지면 바닥에 각 위치를 표시하고 차례로 각 위치를 방문해서 어떤지 느껴 보는 것이 이러한 경험을 갖도록 가능하게 할 것이다.

이제 변화를 위해 필요한 필수적 사고와 기본 기술들을 배웠다. 그러나 이를 면밀히 그리고 세련되게 할 수 있는 방법에 대한 개선점들, 세부 사항들이 있고, 다음에 이어지는 세 개의 장에서 이러한 것들을 다룰 것이다.

제4장

말더듬에 관한 이야기

세상모델

PWS는 말막힘과 말더듬과 관련된 신념 없이는 절대 집 밖으로 나가지 않는다. 이러한 신념은 진화해 가는 그들의 세상모델을 정의하고 구축하는 데 도움을 준다. 이러한 세상모델은 그들이 경험한 것을 이해하고 인생을 탐험하는 데 이용된다. 만약 스스로에게 가치 있는 사람이라는 것을 이야기한다면, 그러한 방식으로 그들의 삶을 꾸려 나갈 것이다. 반면에 세상을 항해할 힘이 부족하거나 아예 없다는 식의 부정적인 견해로 자신을 보게 된다면, 제한된 방식으로 자신의 삶을 살 것이다. 사람의 세상모델은 어떤 순간에도 그들이 삶을 경험할 방식을 결정한다. 린다 라운즈(Linda Rounds)가 그러했듯이(부록 B 참조), 그들의 세상모델을 변화시키는 것이 가능하다는 것은 희망찬 소식이다.

'일이 일어난 방식'을 말해 주는 이야기를 통해 우리는 경험에 의미를 부여한다. 우리는 인생에서 벌어진 굵직굵직한 사건에 대한 이야기를 가지고 있다. 그리고 커피를 어떻게 만드는지와 같은 작은 일들에 대한 이야기도 있다. PWS는 앞으로 있을 대화를 예견할 때 그들이 말막힘을 경험하리라는 내적 두려움을 만드는 이야기를 자신에게 말한다. 이 이야기는 과거 경험에 근거한 것으로 어떤 상황에서 '항상' 말막힘을 경험했던 상황이다(말막힘이 없었던 시절은 그들 기억에서 삭제되었다. '그들은 항상 말막힘을 경험했고 앞으로도 항상 그럴 것이다.'라는 제한된 신념만을 지지하는 기억만이 있다!).

우리 삶에서 일어난 사건들을 말해 주는 이야기는 중요하다. 이야기는 치유하고, 변형되거나 파괴하고 고통을 주는 힘을 가지고 있기 때문이다. 우리는 다양한 대본, 구성 그리고 주제를 이용하여 사건 프레임을 잡는다. 내러티브 구조는 숙련된 신념 체계를 조직하고 유지한다. 신념 체계란 우리를 곤경에 처하게 하여 선택을 제한하거나 또는 권리를 부여해 주고 풍요로운 삶의 방식을 창조하게도 한다. 당신의 인생 이야기를 한 마디로 어떻게 묘사할 수 있을까? 한 마디가 이런 것들—실패자, 희생자, 억압자, 도피자, 패배자 …… 또는 영웅, 리더, 치유자, 탐험가, 스승, 안내자—일 수 있을까?

제2장에서 언급하였듯이, 한 단어 또는 짧은 문구를 이용하여 생애의 모든 경험의 의미를 집약시킨다는 것은 흥미 있는 도전이기도 하고 현실의 총체적 왜곡이기도 하다. 따라서 이 훈련의 결과를 단순히 순간에 해당하는 '스냅 사진(snapshot)'으로 취급하라. 영원한 진실이기보다는 순간 속에서 창조되는 것으로 말이다.

따라서 우리가 알아야 할 것은 "다음에 무슨 일이 일어날까?"를 말해 주는 영화나 이야기 측면에서 PWS가 어떤 식으로 그들의 세상에 의미를 부여하는 가라는 점이다.

제3장에서 레몬을 먹는 상상 실험을 하였고, 이에 당신의 신체는 침의 다량 분비로 반응하였다. 즉, 결과가 도출된다는 점에서 이야기는 '실제적'인 것이다[만약 타액이 증가하고 있다는 것을 눈치 채기만 했어도 그것은 촉발제(trigger)의 힘이다!]. 그러나 실제적인지 아닌지는 요점이 아니다. 중요한 것은 자신에게 말하는 그 이야기가 결과를 갖게 된다는 사실이다. 만약 이야기가 당신이 원하는 것을 주지 않는다면 당신은 그것을 바꿀 수 있다. 간단하다. 당신의 개인적 경험을 통해 당신은 이미 이를 알고 있다. 당신의 삶을 살만하도록 만드는 이야기를 당신은 지속적으로 새롭게 작성하기 때문이다. 예를 들면, 당신이 이동 전화를 사용하는 이야기, 테러리스트의 공격에 반응하는 이야기 등등을 골랐다고 치자. 그러나 PWS는 말더듬에 대한 이야기를 갖는다. 그 이야기는 너무나 자주 반복되어서 영구적인 속성을 획득하였다. 그러면 그 속성은 무엇인가? 잠시 후에 이를 살펴보고자 한다.

예기 불안

당신의 상태는 당신이 행하는 모든 일에 영향을 준다. 어떤 시기에도 당신의 상태는 당신이 처한 환경을 어떻게 인지하고 해석하는지, 어떻게 의사소통을 하고, 행동을 하는지, 게다가 과거에 당신이 배운 것을 얼만큼 잘 기억하는지를 지배한다. 당신이 피곤할 때, 또는 카페인, 알코올 또는 선택적 약물 등과 같은 기분 전환 물질들을 사용할 때, 과거를 회상하는 당신의 능력이 바뀐다는 사실을 당신은 안다. 무슨 일이 일어날지에 대해 걱정할 때, 그것은 당신이 관심을 기울이는 것에 대한 집중력을 좁힌다.

PWS가 말막힘을 예견하는 미래의 대화를 생각할 때, 보통은 대화가 이루어지는 동안 말막힘을 경험하는 자신에 관한 영화를 상상한다. 그들의 신체는 영화에 대한 기대로 가득차고 이는 두려움의 상태를 야기하며, 이러한 두려움은 실질적인 말막힘을 유도한다([그림 4-1]). 이러한 예기 불안은 상당한 말막힘과 말더듬을 야기한다.

만약 당신이 PWS라면 스스로 이를 확인해 보라. 보통 당신이 대화할 때 말막힘을 경험하는 상대방과 앞으로 있을 대화를 생각해 보라. 당신이 무엇을 하는지 인식하라. 모든 가능성 안에서 그 사람과 함께 있음으로써 말막힘을 경험하는 자신을 볼 수 있는 영화 또는 그림을 상상하라. 몸-마음 구조는 '실제적'인 것과 '상상의' 영화를 진짜로 구별하지 않는다. 만약 당신이 무서운 할리우드 영화를 본다면, 당신의 몸-마음은 아드레날린을 뿜어내 도망갈 준비를 할 것이다! 따라서 당신이 앞으로 일어날 대화가 그려지는 자신만의 영화를 상영할 때, 당신의 상태는 당신이 기대한 것을 준비하는 상태로 전환한다. 말막힘에 대한 이야기이기 때문에 당신은 말이 막히는 것이다. 당신의 신체는 그렇게 된다. 근육이 긴장되는 것을 느낀다.

만약 당신이 PWS가 아니라면, 걱정 또는 더한 두려움을 만들어

낼 미래 사건의 상상 영화를 만들라. 예를 들면, 당신이 붙잡혀서 사장의 사무실로 불려 간다(그러한 것이 학교에서 일어났었을까?). 당신이 상상의 영화를 만들 때, 당신의 상태가 어떻게 변하는지 주목하라. 그리고 중요한 임무(세금 환급을 발송하는 것!)를 끝내고 편안하게……이와 같은 아주 즐거운 어떤 것을 상상하라. 당신이 원할 때마다 기분 좋게 느끼도록 선택할 수 있다!

PWS의 말더듬 행위를 변화시키고, 그들의 말막힘 전략을 방해하기 위해 당신은 그들의 내부 세상으로 들어가야 한다. 어떤 신념, 생각 또는 이야기가 말막힘에 책임을 져야 하는지를 결정해야 한다. 몇 가지 전략을 제안하겠다. 이 전략들은 그들을 지지해 줄 언어 형태와 이미지 그리고 이야기들을 밝혀 준다. 그러면 반대로 당신은 유창하게 발화하도록 도와주는 의미의 프레임을 발견해서 PWS가 말막힘 이야기를 유창성 이야기로 전환시키도록 가르칠 필요가 있다. 기억할 것은 PWS는 이미 어떤 상황에서 유창하게 말하는 방식을 안다는 것이다. 이것은 그들이 이미 유용 가능한 그들만의 프레임을 가지고 있음을 의미한다.

마음속 영화

당신의 상태에 영향을 끼치는 두 가지 주요 구성 성분이 있다. 앞으로 일어날 일을 상상한 영화 그리고 그 일에 대하여 스스로에게 이야기할 때 당신이 사용하는 언어가 그 둘이다. 우선 사람들이 마음에 그리는 영화를 자세히 살펴보자. 영화의 속성을 변화시키는 것은 영화의 의미를 변화시키는 것이기 때문이다. 예를 들면, 당신이 상상하고 있었던, 걱정으로 가득 찬 영화를 선택하여 영화의 외형을 간단히 조정함으로써 즐겁게 이완시키는 분위기를 만들어 보라. 밝기를 줄이고, 은은한 칼라로 연출하고, 행동을 천천히 유지시키면서 부드러운 음악을 배경으로 하라. 이제 당신의 상태를 확인하라.

할리우드 영화가 분위기를 구축하는 방법을 생각해 보라. 로맨틱 코미디는 보통 햇살이 눈부신, 아주 밝은 색이다. 아름다운 풍경에 정적인 카메라로 연출하고, 부드러운 오케스트라 음악을 더하는 것은 고요함을 일으킨다. 이는 뭔가 좋은 일이 일어날 것이라고 당신에게 확신시킨다. 반면에 흑과 백으로 연출된 휴대용 카메라를 사용하고, 놀랄 정도의 심장 소리 사운드 트랙과 함께 어둠 속에서 돌진하는 영화는 불확실성과 긴장을 고조시키는 효과적 방법이다. 공포 영화는 그림자로 채워진 반만 노출된 사건들, 극단적인 클로즈업이 가득하다. 긁히는 바이올린 소리를……추가해 보라!

말막힘과 더듬는 증상의 사람들은 마음속에 공포 영화를 만드는 데 숙달된 사람들이다. 자신의 영화를 스스로 제작할 수 있는데 누가 '공포의 대가'인 스티븐 킹을 필요로 할 것인가? 그들은 향후 대화가 마치 공포 영화와 닮도록 만듦으로써 대화에 대해 스스로 몹시 두려워한다. 그들은 말이 막힌다는 이유로 그들을 판단하거나 비웃거나 그들을 가치 없는 사람으로 판단하는 타인의 이미지를 PWS는 왜곡한다.

무서운 대중 연설 영화를 만드는 일은 쉽다. 그냥 넓은 홀, 당신을 바라보고……기다리고 있는……거대한 청중을 상상해 보라…… 말을 더듬기 시작한다……. 이는 어느 누구도 말이 막히게 할 충분한 두려움과 걱정을 만들 수 있다! 강렬한 두려움, 일반적인 각성 증후군이 시작되면서 아드레날린이 분비되기 시작하고, 싸우거나 달아날 준비를 한다([그림 4-1]). 실질적인 위협이 있을 때 이러한 반응은 당신을 살아 있도록 하지만 당신이 항상 이 상태로 살 때는 당신에게 적합한 역할을 하지 못한다. 말하기는 삶의 주요 부분이므로 말하기에 대한 지속적인 두려움과 걱정 속에서 그리고 일반적 각성 증후군이 계속적으로 활성화 된 상태를 유지하며 산다는 것은 좋지 않다.

[그림 4-1] 싸울 것인가 아니면 도주할 것인가

사례연구 9

나는 다음의 질문을 내담자, 로버트에게 이메일로 보냈다. 로버트는 대중 연설을 할 때 말막힘의 문제를 가지고 있었다. "대중 연설에 대한 긴장과 두려움을 유발하는 촉발제는 무엇이 있을까요?" 로버트는 대답했다.

나를 쳐다보는 사람들 그리고 짧은 시간 동안에 완벽하게 유창한 연설을 하리라 기대하는 사람들이 있다라는 사실. 이 모든 압박, 긴장과 두려움은 그러한 기대로부터 나옵니다. 막힘 없이 이야기하는 사람처럼 말하려고 노력하면 할수록 나의 목은 점점 더 조입니다. 제 생각에 이 세상 모든 사람이 말막힘을 경험했고 이러한 증상이 정상이라면 내가 실제적으로 대중 연설을 즐겼을 수도 있겠죠.

후에 이메일에서 나는 로버트에게 질문했다. "만약 다른 사람들이 무슨 생각을 하는지 완전히 신경 쓰지 않는다면 당신의 연설이 어떨까요?" 그는 대답했다.

내 연설이 크게 향상될 것으로 생각합니다. 제 연설이 그러한 상황에서 어떨 것이라고 확실하게 말하기는 참으로 어렵습니다. 사람들은 누군가가 말이 막히는가를 신경 쓰고 인식하는 사회에서 살아가고 있기 때문입니다. 그러나 말하기 상황 이전에 긴장이나 걱정은 없을 것이라고 긍정적으로 생각합니다.

나는 그에게 방향을 제시했다. "혼자 있는 경우와 말이 막힐 경우 그 사이에서 마음의 상태를 대조하고 비교해 보세요. 차이가 무

엇이죠? 무엇을 보고, 듣고, 느끼죠? 유창함과 말막힘 사이에서 스스로에게 어떻게 다르게 얘기하나요?" 그는 응답했다.

혼자 있는 경우, 말막힘의 여부를 전혀 신경 쓰지 않아요. 결과적으로 걱정, 긴장, 가슴과 목에 조임 증상이 없죠. 자신을 창피하게 할 가능성이 있는 연설을 예기하거나 정신적으로 준비할 필요가 없죠. 따라서 모든 소리가 완전히 나옵니다. 말이 막히는 경우, 말하기로 한 정확한 단어를 마음속에서 연습하는 나 자신을 항상 보게 됩니다. 연습하는 이유는 몇 개의 문제되는 단어를 대체할 필요가 있을 수 있기 때문이죠. 말이 막히거나 말더듬을 때 어떤 일이 일어날까? 항상 걱정과 두려움이 있어요. **청중은 어떻게 반응할까? 단어를 밖으로 내뱉으려고 긴장하는 나를 쳐다보면서 웃을까 아니면 불편해할까? 그들 눈에 나는 실패자일까?** [고딕체는 강조한 것임]

이는 아마도 PWS에게 친숙하게 들릴 수도 있다. 로버트의 첫 진술문에 주목하라. "완전히 유창한 연설을 하리라 기대하는 사람들이 있다는 사실……모든 압력/긴장, 두려움은 이러한 기대에서 유래한다." 이 진술문은 말막힘의 중심적 문제 중 하나인 다른 이들이 자신의 연설에 대해 무슨 생각을 할까라는 두려움과 바로 연결된다.

로버트 자신의 상태에 대한 신념도 역시 비현실적이다. 청중이 진정 원하는 것은 연설자가 생동감 있게 즐기고, 재미있어 하는 것이다. 그들은 좋은 시간을 갖기를 원하고 연설자도 역시 좋은 시간이 되기를 그들은 바란다. 청중은 연설자가 직접적으로 그들과 관계를 맺고, 진실하고, 마음으로부터 연설하기만 하면 매우 너그럽다. '긴장한' 발표자가 최악을 상상하는 일은 흔하다. 이때 청중은 일반적으로 지지해 주는 사람들이란 것을 기억하면 더 나아질 수 있다.

로버트가 유창한 발화에 대한 그의 기대가 '사실'이라고 말했던 것에 주목하라. 이는 예외에 대한 어떠한 여지를 남겨 두지 않는다. 그가 어떻게 이를 알까? 그가 개인적으로 각 사람에게 가서 물어볼까? 아니다. 그는 청중의 마음을 읽고 있는 것이다.

그가 말한 마지막 단락에서 몇 가지 주요 진술문을 고딕체로 썼다. 로버트가 스스로를 부끄러워하리라는 두려움, 웃음거리가 될 두려움, 말이 제대로 나오지 않는 경우 청중이 불편해하는 두려움에 주목하라. 이는 PWS의 발화에 대해 사람들이 생각할 수도 있을 일반적인 두려움들이다. PWS가 다음 경우를 생각하면서 만들어내는 말막힘을 야기시키는 영화는 어떤 종류인가? 아마도 장면 위로 목소리가 들리는 사운드트랙(voice-over soundtrack)이 있는 공포스러운 종류들의 영화일 수 있다.

한 내담자는 전화상으로 사람들과 대화하는 것에 대한 엄청난 두려움을 갖고 있다. 그가 업무상 거래하는 사람들이 주된 근심의 대상이다. 전화를 걸기 전 그가 하는 첫 번째 일이 다른 사람이 전화를 받는 그림을 머리에 떠올리는 것이다. 이러한 그림을 보자마자 자신의 고객을 잃게 될 두려움에 대해 스스로에게 말하기 시작한다.

자신에게 이야기하는 것들

영화도 역시 대화를 포함한다. 당신의 영화도 아마 그럴 것이다.

이는 대부분의 사람들이 내면의 것을 스스로에게 이야기하기 때문이다. 때로 큰 소리를 내기도 하지만, 더욱 자주 내면의 대화, 즉 마음속 이야기가 대부분의 시간에 울려 퍼진다. 이를 별로 중요하게 생각하지 않을 수도 있지만 당신이 말하는 것은 중요하다. 당신의 행동에 영향을 미치기 때문이다.

어떻게 실패할 것인지를 생중계하는 것은 PWS에게 아무런 도움도 주지 못한다. 말막힘이 일어나리란 두려움(예기 불안)에 대해 그들이 스스로에게 이야기한다면, 공포 영화에 자신들을 밀어 넣을 확률이 크고, 이는 확실히 상황을 진전시키지 못할 것이다. 좋은 소식은 만약 그들이 스스로에게 우울한 상태로 가도록 말할 수 있다면, 대화를 변화시킴으로써 상태를 끌어올리도록 스스로에게 말할 수 있다는 것이다. 그러면 기존에 행했던 방식은 쓸모없게 된다. 스스로에게 이야기하는 방식, 사용하는 언어의 종류, 소리가 나는 방식(음색)을 변경할 필요가 있다. 이는 영화의 의미와 영향력을 완전히 바꿀 것이기 때문이다.

스스로에게 무엇을 말하고 있는지를 인지하라.

당신이 원하는 것에 대해 말하고 있는가? 인생에서 멋진 것들에 대해 말하고 있는가? 아니면 일어난 일들에 대해 지속적으로 불평하면서 스스로를(그리고 다른 사람을) 비참하게 만들고 있는가? 무엇 때문에 일이 발생했는지에 대해 다른 사람을 탓하고 있는가? 하나의 생각은 다른 생각으로 이어지고, 당신은 원래 일어난 사건에 부정적인 의미들을 덧붙인다. 감정은 지속적으로 빠져나오기 쉽지 않은 부정적 생각의 그물망을 만든다.

그리고 그것을 어떻게 말하고 있는가에 주목하라.

PWS가 내면에 대해 스스로에게 이야기하는 방식은 진정 중요한 문제다. 습관적으로 당신이 사용하는 목소리의 음조는 어떤가? 잠시 멈추고 당신 마음에서 어떤 식으로 소리를 내는지 인식할 기회가 전혀 없었다면 시간을 내어 들어보라. 당신 목소리에 반응하는 것에 대해 생각해 보라. 누군가의 목소리가 지루하거나, 갈라지고, 쟁쟁거리고, 논쟁적이거나, 자기에게 동정을 일으키는 말을 할 때 당신이 어떻게 반응하는지 알고 있다. 불평하거나, 우울해하거나 화난 목소리 대신에 명랑하고, 신념에 찬, 확신하는 목소리……를 선택하라. 능력을 부여하는 언어를 사용함으로써 그들이 처한 상태를 강화할 수 있다. 예를 들면, “나는 유창하게 말할 수 있어. 선택할 때 그렇게 할 수 있어.” 그리고 그것을 진정으로 느낌으로써 그것은 그들에게 현실이 될 것이다.

여기 자신을 파괴하는 내면의 대화를 바꿀 수 있는 방식이 있다.

그 책을 주문하기 위해서는 전화를 걸어야 한다. 그 판매원에게 마지막으로 전화했을 때 말이 막혔다. 그를 보면 나의 아버지가 떠오른다. 아버지가 두려웠다. 그러나 생각해 보니 그는 나의 아버지가 아니다. 나는 더 이상 아이가 아니다. 이미 성장한 어른이다. 나를 어리

석다고 부르는 아버지를 염려할 필요가 없다. 세상에나. 아버지는 이제 내 옆에서 내가 하는 모든 일을 지켜보면서 서 있지 않다. 그리고 막힘없이 유창하게 말하는 법을 나는 알고 있다. 친구들에게 말할 때 나는 거침이 없다. 난 할 수 있다는 것을 안다. 만약 그에게 말을 걸 때 조급해지기 시작한다면, 나는 그가 나의 오래된 친구이고 우리가 간단히 대화를 나누고 있는 것이라 여길 것이다. 그렇게 될 것이라 생각한다!

당신 스스로에게 이야기하는 것과 그것을 말하는 방식은 당신이 느끼는 방식에 실제로 차이를 만든다. 그리고 이는 당신이 하는 것에 영향을 미치고 다른 이들과 어떤 식으로 만날 것인가에도 영향을 미친다.

당신 마음속 영화의 종류를 바꾸는 것은 당신의 몸에 신호를 보내 행복한 상태를 만든다. 이미 당신이 의사소통을 하는 몇몇 사람들에게서 이러한 일은 이미 일어난다. 그런 사람들이 나오는 말막힘 영화를 당신이 돌려도 괴롭지 않으며 그저 대화를 이어간다. 당신이 말하는 방식 또는 이해하는 방식에 대해 생각해 본 적도 없다. 단지 당신은 편안히 이야기를 할 뿐이다. 이것이 유창함이다.

마음속 영화 편집하기

주: 이러한 기술들을 사용해서 다른 사람들에게 적용하기 전에 스스로 이 기술을 사용하여 경험해 보는 것이 중요하다. 이러한 중재(interventions)를 연습해서 쉽게 할 수 있도록 한다. 무엇을 기대하는지 그리고 당신에게 어떤 것이 맞는지를 알 수 있도록 한다. 다른 사람들은 아마 다르게 할 수도 있음을 기억하라.

PWS는 어떻게 말막힘 영화를 만드는가? 잠재적으로 걱정을 야기하는 사건 앞에서 PWS는 다음의 것 모두 또는 어느 하나를 포함하는 영화를 상상한다. 그림, 소리, 감정, 냄새, 맛 그리고 논평. 사람들이 다른 종류의 정보를 처리하는 방식 면에서 그림(시각적)이 지금까지는 가장 중요한 요소다. 소리(청각적)가 다음으로 중요하고 느낌(운동감각적)이 뒤에 온다. 느낌에 의한 것의 기준은 감정(후에는 감정에 대한 것이 더 많다)이 아니라 온도, 압력, 질감, 습도, 기타 등등을 느끼는 능력이다. 이는 외부적(촉감의), 내부적(자기 수용의) 감정 모두에 대한 것이다. 맛과 냄새는 소수 몇몇 사람에게는 중요하지만 대부분의 사람들에게서는 종종 간과된다.

시각화에 능숙하지 못한 사람은 다른 감각을 더 사용한다. 만약 PWS가 그림이 있는 영화를 인식하지 않고 있다면 사운드트랙에 대해 물어보라. 일어나고 있는 상황을 장면과 함께 설명하면서 스스로에게 말하고 있는가? 만약 그렇다면 어떤 종류의 소리를 사용하는가? 음색은 어떤 종류인가? 그 소리가 어디에서 온 것처럼 보이는가? 이러한 종류의 질문은 PWS가 영화를 어떻게 구조화시키는지를 발견하도록 하는 데 유용하다.

영화의 특성

영화의 내용보다는 어떻게 보이는가, 어떻게 구성되어 있는가라는 측면에서 모든 영화는 특성을 갖고 있다. 예를 들면, 이미지의 특성에 관한 측면에서 그림이 큰지, 밝은지, 파노라마인지, 채도가 높은 색인지 아니면 어둑하고 먼 거리의 경계를 가진, 색이 흐리거나 어두운지에 주목하라. 이러한 구조적 특성들은 말막힘의 주된 암시일 수 있다.

그림, 소리, 느낌 등등의 특성 면에서 우리가 만들어 낼 수 있는 많은 차이가 있다. 〈표 4-1〉은 시각적 · 청각적 · 운동 감각적 체계가 갖는 주된 특성을 열거하고 있다.

표 4-1 감각적 특성

시각적(그림)	청각적(소리)	운동감각적(느낌)
밝음	음역	압박
대조	음색	위치
색감과 농도	박자	정도
밀도와 투명성	소리 크기	모양
크기	리듬	질감
명료성과 초점	지속 기간	온도
깊이	거리	습도
거리와 위치	위치	움직임
움직임, 정적임 또는 순환	명료성	지속 기간
가장자리 또는 경계	지속적인 또는 끊기는	격렬함
몰입/관조	움직임	빈도

어느 영화든 특성—구조, 사진의 기여도, 소리와 느낌—에 따라

분석이 가능하다. 각 특징은, 독자적으로 또는 조합을 이루어서 의미를 제공한다. 사람은 그러한 조합을 해석하는 데 능숙하여 그것들이 좋은지 나쁜지, 안전한지 위험한지, 재미있는지 지루한지 등을 알 수 있다. 밝음에서 어둠으로, 커짐에서 작음으로 특성들이 다양할수록 의미도 다양하다. 잠시 다음의 것을 실행해 보자.

> 쾌적한 경험을 생각해 보고 그것을 영화로 보라. 그 쾌적한 경험의 영화가 당신과 어느 정도 멀리 떨어져 있는가를 인지하라. 영화는 가까운가 아니면 먼가? 그 영화가 밝은 색을 띄고 있는가, 채도가 낮거나 파스텔 색인가, 아니면 흑백의 색을 띄고 있는가? 영화가 넓은 파노라마 같은 그림인가 아니면 작은 스냅 사진 같은가? 영화가 완전하면서도 실질적으로 세부적인가 아니면 만화 또는 선 그림에 가까운가? 사람들이 내적 영화를 창조하는 방식에는 그러한 많은 다양성이 있다. 그러나 일반적인 패턴도 있다. 예를 들면, 대부분의 사람들은 세부적으로 풍부한 묘사가 있고, 근거리의 색감이 있는 보통은 파노라마식의 밝은 영화를 만든다(그러나 항상 예외는 있으니 당신이 발견해야 한다). 대부분의 사람들이 전에 그러한 질문들을 받아본 적이 없을지라도 그들이 해야 할 일은 살펴보고 당신에게 대답하는 일이다.
>
> 만약 PWS가 시각적 영화를 만들 수 없다면 즐거운 기억을 주로 어떻게 경험하는지 그들에게 물어라. 느낌으로 또는 소리로? 만약 시각적으로 하지 않는다면 대부분은 느낌으로 할 것이다. 만약 그렇다면 그들에게 느낌의 특성을 물으라. "어디에서 그것을 느끼는가? 느낌이 무거운가 아니면 가벼운가 아니면 그 중간 어디쯤인가? 느낌이

온도가 있는가? 그 느낌을 어떻게 경험하는지 나에게 설명하라." 추상적인 것으로 하기보다는 〈표 4-1〉과 같이 감각에 기초한 특성 묘사를 사용하라.

영화의 특성을 바꾸는 것이 어떻게 의미에 영향을 미치는지를 경험하기 위해 즐거운 경험을 그린 영화를 즐겨 보라. 만약 영화가 당신에게 가까이 있다면 멀리 옮겨 보고 즐거운 느낌의 강도를 변화시키는지 인지하라. 만약 색깔을 지니고 있다면 흑백으로 만들라. 영화를 만화로 바꾸라. 이러한 조정이 느낌에 어떻게 영향을 주는가? 당신 영화의 구조를 바꾸는 것은 의미를 바꾸는 한 방식이고 당신이 갖는 영화에 대한 반응을 바꾸는 한 방식이다.

근거리의, 밝은, 색감이 풍부하고, 경계가 없는 것과 같은 특성들의 조합은 개념을 차별화하고 기록하는 방식을 제공해 준다. 현실적인-비현실적인, 과거-미래, 중요한-사소한 등의 개념이 해당된다. 또한 감정을 구체화하는 데 이러한 상징적인 코드를 사용한다. '두려움'과 '용기'와 같은 감정을 구별하게 한다. 그리고 '미루는' 또는 '바로 행하는'과 같은 다른 상태를 구분하는 데 사용한다. 특정 경험을 어떻게 구조화하는지를 안다는 것은 경험의 의미를 의도적으로 변화시킬 수 있다는 것을 의미한다. 이와 같은 특성들을 조정함으로써 좀 더 이상적인 것과 닮도록 할 수 있다.

이러한 특성들은 우리가 사용하는 은유에도 역시 나타난다. 다음의 문장들을 보자.

"이러한 사고 방식은 밝은 미래를 갖는다."

"그것이 바로 내 귀의 음악이다(듣던 중 반가운 소리다)."

"1톤의 벽돌과 같은 무게감이 그에게 다가왔다(그는 큰 부담감으로 어깨가 무겁다)."

"그녀의 제안에서 생선 냄새가 난다(뭔가 의심스러운 느낌이 든다)."

"입 안에 쓴 맛을 남겼다(그것이 나쁜 기억으로 남았다)."

이러한 은유적 문구들은 종종 화자가 그림들, 소리, 느낌 등을 일관된 이야기로 구조화하는 방식을 엿볼 수 있도록 한다. 은유적 문구들 중 몇 개는 상투적이지만, 이들은 종종 개인이 갖는 세상모델을 문자적으로 설명해 준다.

연습 4-1 영화의 특성

이 연습은 PWS가 영화 또는 이야기를 상상하는 특정 방식을 인지하도록 돕는다. 사람은 이를 당연하게 여기고 모든 사람이 같은 방식으로 상상한다고 여긴다. 그렇지 않다. 마음속에 상상하는 것은 각기 다르다.

당신은 PWS가 다른 사람에게 말하는 다른 두 경험을 상상하도록 요구한다. 한 경험에서는 자신이 말막힘을 경험하는 것을 상상한다. 다른 경험에서 유창하게 말하는 것을 상상한다. 만약 그들이 그 상상을 의식적인 인식까지 끌어올리도록 도움이 필요하다면 당신은 그들에게 다른 이를 묘사하도록 요구할 수 있다. 여성이건 남

성이건 그들이 무엇을 입고 있는지 기타 등등을 묘사하도록 말이다. 그리고 그들이 이러한 두 이미지를 비교하도록 해서 의미 있는 차이점을 발견하도록 한다. 〈표 4-1〉을 보고 시각적 · 청각적 · 운동감각적 특성을 참조하라.

개요

1. 유창했던 때에 몰입한다. 이때 당신의 시각적 · 청각적 · 운동감각적 경험에 주목한다.
2. 말막히는 때에 몰입하여 이 경험이 주는 시각적 · 청각적 · 운동감각적 경험에 주목한다.
3. 두 경험의 시각적 · 청각적 · 운동감각적 특성들에 주목하고 그들을 비교 · 대조한다.
4. 말막힘의 이미지가 갖는 특성들을 유창함 이미지와 닮도록 변경하는 연습을 한다.
5. 당신 자신의 영화를 편집하면서 놀으라.

1. 당신이 유창했던 최근 시기를 떠올리라. 자신이 유창한 상태였던 그때로 되돌아간다고 상상하라. 당신의 눈으로 바라보면서, 다른 사람들을 포함하여 당신 주위에 있는 것을 둘러보라. 당신 주위의 모든 소리들을 듣고 지금 완전히 유창함을 어떻게 느끼는지 인지하라. 당신이 스스로에게 말을 한다면, 당신 목소리의 음질에 주목하라.

"그때 보았던 것을 보라. 그때 당신이 들었던 소리를 듣고 당신이 느낀 느낌들을 느끼라."

2. 이를 유창한 상태에서 했을 때, 같은 일을 말막힘의 경우에도 되게 하라. 만약 그들이 강력한 감정적 반응을 보인다면 그것에 너무 사로잡히지 말라고 이야기하고, 이 상황이 그들의 상상 속에서 행해지는 것임을 상기시키라. 그들이 원할 때는 언제든지 이 상태로부터 변화할 수 있다는 것을 상기시키라.

"그때 보았던 것을 보라. 그때 당신이 들었던 것을 보고 느낌을 느끼라."

3. 이 두 경험을 비교하고 대조하라. 시각적 특성들을 주목하라. 종이 위에 하나하나 기록하라. 〈표 4-1〉을 안내서로 사용하라. 시각적 특성들을 열거한 후, 주된 청각적 · 운동감각적 특성들을 열거하라. 이 두 목록 사이에 몇몇의 차이가 분명 있다. 주된 차이로 보이는 것이 어떤 것인가? 어떤 특성이 유창함에 해당하는 영화이고 말막힘에 해당하는 영화인 것을 말해 주는가?

4. 유창함의 이미지와 닮도록 말막힘 이미지의 특성들을 변경하는 연습을 하라. 이제 시각적인 면에서 주된 차이 중 하나를 선택하고 PWS가 말막힘 이미지의 시각적 특성을 변경하여 유창함의 이미지가 갖는 시각적 특성과 같아지도록 이끈다. 예를 들면, 만약 위치와 거리가 뚜렷이 다르다면 PWS가 말막힘 경험의 그림을 이동시켜 유창함의 경험과 같은 위치로 이동하도록 안내하라. 그리고 그들이 이전에 그랬던 상태로 일들을 다시 옮겨 놓게 하든지 아니면 말막힘 경험이 갖는 다른 주된 특성들 중 어느 것을 유창함의 경험이 갖는 같은 특성으로 조정하는 다른 방안을 첨가할 수 있도

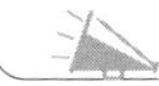

록 한다.

5. 이전의 말막힘 경험에 좀 더 적합한 경험을 개발시킬 특성들을 가지고 실험하면서 영화를 '편집'하도록 한다.

연습 4-2 영화의 종류

두 종류의 영화에서 다름을 찾는 또 다른 방법은 PWS 내담자에게 일반적으로 그들의 영화 특성에 대해 질문하는 일이다.

잠시 시간을 갖고 마치 당신이 영화관에 있다고 생각하면서 당신이 말을 더듬던 때의 영화를 보자. 이 영화를 관찰하면서, 다음에 주목하라.

1. 어떤 종류의 영화인가(장르 면에서 또는 어떻게 보이는가)? 이 영화는 당신이 말막힐 때 마음속에서 상영되는 전형적인 영화인가?
2. 비슷한 종류의 상호작용이 있으나 당신이 말 막히지 않는 영화를 상영해 보라. 그것은 특성 또는 장르, 주제 등등의 측면에서 어떤 종류의 영화인가?
3. 당신이 말막히거나 또는 말더듬는 영화에서 어떤 일이 일어나는가? 어떻게 시작되는가? 다음에 무슨 일이 일어나는가? 어떻게 끝나는가?
4. 말막힘의 영화에서 자신을 바라볼 때 어떤 느낌이 드는가? 당황스러운가? 화가 나는가? 머뭇거리는가?

5. 말막히거나 더듬거리지 않고 유창할 때의 영화에서는 무슨 일이 벌어지는가? 영화가 어떻게 시작되는가? 어떻게 전개되는가? 끝은 어떤가? 느낌은 어떤가?
6. 이 두 영화를 비교해 보고, 그들이 얼마나 많은 방식에서 다른지 주목하라.

말막힘의 전략 또는 이야기는 편집될 수 있고, 변경되거나 다른 결과가 도출되도록 방향이 전환될 수 있다. 이런 이유로 당신은 영화의 본래 구조를 알아야 할 필요가 있다. 그래야 영화에 감정적 효과를 어떤 특성들이 변경하는지를 알아보기 위해 그런 특성들 중 어떤 것을 변경하거나 조정할 수 있기 때문이다.

몰입하는/관조하는

관조적인 것과 몰입된 것 사이의 차이를 기억하라. 영화 속에서 자신을 보는가 아니면 그렇지 않은가?(제3장 참조) 이는 마음으로 영화를 편집하는 중요한 특성이다. 영화와 그것을 상상하는 사람 사이에는 관계가 있다. PWS가 이미지 속에서 자신들을 보는가? 아니면 그 이미지가 마치 그들의 눈을 통해 보는 것처럼 보고자 하는 것인가? 만약 스스로를 본다면 그들이 실제로 말막히고 있음을 인지하는가? 내 경험으로 봐서는 PWS가 자신이 말막히는 것을 상상할 때 상상 속 그림에서 자신을 볼 수 없을 것이다. 다른 사람과 이야기하는 자신을 상상한다. 그들이 보는 모든 것은 타인이다. 마치

실제인 것처럼 그러한 두려움과 걱정을 그들은 경험하고 있다. 전부는 아니지만 대부분의 사람들에게서 그림 속에 몰입된 자신을 상상하는 것은 감정을 강렬하게 한다. PWS가 마음속으로 다가 올 대화에 대한 영화를 상영하고 영화 속에서 다른 사람에게 말을 걸 때 말막히는 자신을 상상한다면 그들의 몸과 마음은 말할 것이다. "그래, 그렇게 될 거야. 다른 사람 앞에서 당신이 이야기할 때, 나는 당신이 말막히고/더듬을 것이라고 장담할 것이다."

PWS는 다른 사람과 연루되어 있는 (관조적인) 자신을 볼 때 유창히 말하는 경향이 있다. PWS에게 정신적으로 한 발 물러나라고 요구하라. 즉, 관조적이도록 요구하라. 마치 영화 스크린에서 상영되듯이 그들이 영화를 보고 있도록 말이다. 자신이 무엇인가를 하는 것을 보는 것에 매우 비판적일 수 있다. 그런 방식으로 그들이 생각하는 동안 나는 "이것으로부터 무엇을 배웠는가? 무엇을 변화시키고 싶은가?"라고 묻는다. 모든 경험으로부터 배울 무엇인가는 항상 있다. 그들의 행위를 평가하거나 판단할 때 배움은 시작된다. 그러면 그들은 더 잘하도록 스스로를 가르치기 시작할 수 있다.

연습으로 그들이 다른 사람과 막힘없이 이야기하는 자신을 본 후에 그 사람 앞에 있는 자신을 (몰입된) 상상하기를 바랄 수 있다. 그리고 만약 그들이 유창히 이야기한다면 어떤 일이 일어날까를 상상하기 원할 수 있다.

상황의 의미 변경하기

한 번은 말막힘이 있는 여성과의 첫 상담 동안 그녀가 말하길, 자신이 혼자 있을 때 스스로를 말 막히도록 할 수는 없다고 했다. 혼자 있었을 때와 말막힘의 상태였을 때 사이의 차이점에 대해 질문했다. 그녀는 "혼자 있을 때 아무도 나를 해치지 못하기 때문에 자신감을 갖는다." 말막힘 상태를 유발하는 주된 요소는 누군가에 의해 상처받는 것을 피하려는 것이었다. 분명히 그녀가 혼자였을 때 두려움이 유발되지 않았다. 그러나 누군가와 있을 때 그녀는 상처 입을 두려움에 걱정하기 시작했다. 의사소통의 목적에 집중하기보다는 그녀 안의 두려움에 집중한 것이었다. 다른 대부분의 문제처럼 말막힘은 내부적 작업이다.

따라서 어려움에서 빠져나오는 한 가지 방법은 말막힘 반응을 유발하는 상황의 의미를 변경하는 것이다.

유발자 변경하기

변경을 위한 주된 세 분야는 다음과 같다.

첫째, 행위적 또는 신체적 단계에서 자극-반응의 연결을 변화시키라. 외부적 유발자의 의미를 변경함으로써 그것은 힘을 잃게 되고 말막힘 반응을 야기시키지 못하게 한다. 임상가로서 당신은 PWS가 좀 더 강력한 유발자(광경, 소리, 감각, 움직임, 제스처, 단어)를 유창함으로 이끄는 상태 또는 전략과 연결시키기를 원한다. 두려움

과 말막힘을 유발하는 권력 그림 대신에 그들은 유창하게 말하는 전략 또는 자원 상태를 촉발한다(제6장의 '스위시 패턴' 참조).

둘째, 인지적 또는 마음 수준에서, 자신에 대한 신념을 변화시켜서 말막힘이 '부적절한' 것이 되도록 한다. 이는 메타 상태 과정의 결과(제3장 참조)다. PWS는 과거 패턴을 약화시키는 좀 더 강력한 자원을 적용한다. PWS는 자신에게 집중하는 것을 중단한다. 오랜 재앙 영화 상영을 중단하고 다른 사람의 위협적인 그러한 심판을 상상하기를 멈춘다. 그리고 다른 사람에 대해 좀 더 많이 생각하기를 시도한다. 그들은 언급할 중요한 또는 필수적인 것이 있음을 알고 조용히, 확신에 차서, 성공적으로 그들과 의사소통할 때 다른 사람에게 관심을 기울인다는 것을 알고 대화를 이어 간다.

셋째, 영적 단계에서, 유발 원인을 자원 상태로 변화시키는 가장 효과적인 한 가지 방식은 아마도 PWS가 즉각적으로 5차 위치로 가는 것이다(제3장 참조). 만약 진정 강력한 영혼의 종교적인 믿음을 갖고 그 위치에 있을 만한 사람이라면 이것은 특히 사실적인 것이다. 내가 언급했듯이, 일단 PWS가 이 지점에 갈 수 있고 의지로 이 상태에 갈 수 있기만 하면 정상적 유창함으로 가는 길은 탄탄대로다.

연습할 때, 이러한 모든 방식으로 작업하게 될 것이다. 그러나 우선 복잡함을 푸는 것이 중요하다. 예를 들면, 유발자의 성격을 발견하라. 촉발점이 주로 시각적(특정 위치 또는 누군가가 보는 방식)인가 아니면 청각적(누군가의 목소리 또는 특정 단어 소리)인가? 반응을 바꾸기 위해서는 이러한 유발자에게 부여하는 의미가 바뀌어야 한다.

PWS가 그들의 상사와 함께 이야기하는 것을 생각할 때, 그들은 이 영화를 상영한다. "사무실로 들어가야 하고 상사와 이야기해야 한다. 그는 항상 나를 위협한다. 그 앞에서 내가 말이 막히리라는 것을 안다. 항상 그렇다." 따라서 사무실 광경과 상사의 출현 모두는 상태 유발자들인 것으로 보인다. 따라서 미리 이러한 실마리에 다른 의미를 부여하는 것이 필요하다. 예를 들면, '사무실은 단지 사무실일 뿐이야. 그곳은 그냥 상사가 그 순간에 있게 된 곳이지만 다른 사람들도 역시 그곳에 있어 왔고 미래도 그럴 거야.' PWS는 상사에 대해 '내 상사는 단지 다른 인간일 뿐이고 그도 걱정과 근심을 갖고 있으며 조직을 위해 최선을 다하길 원하지만 그의 인생 어느 부분에서 역시 불완전한 존재야. 아마 그들에게 내가 지지할 수 있는 힘의 위치에 있을 필요가 있어.'라는 것을 깨달을 수 있다. 이러한 믿음을 갖기 위해서 PWS는 '나는 유능한 일꾼이고 기대 이상의 것을 하는 사람이야. 내 자신의 장점과 약점을 인정하고 이것들로부터 나는 배워. 다른 이들에게 롤 모델이 될 수 있는 존재야.'라는 생각을 받아들일 필요가 있다. 당신 환경이 주는 의미를 변경하는 것은 당신이 다르게 행동하리란 것을 의미한다.

전략/패턴 방해

보통 말막힘 전략이 의식적 인지로부터 자동적으로 작동될지라도 그것이 더 진전되기 전에 중단시키는 것은 가능하다. 이것은 틀림없는 사실이다. 그렇지 않다면 어떤 행위도 당신이 바꿀 수 없을 테니까 말이다. 당신의 목적은 PWS가 말막힘 전략을 어떻게 방해하는가를 가르치는 일이다. 이를 통해 그들이 좀 더 유익한 일을 할 수 있도록 한다. 방해란 전략이 작동되지 못하도록 하는 것을 의미한다. 변화를 이루는 논리적 장소는 시작되는 지점이다. 사건을 야기시키는 의미—자극 또는 유발자—를 변화시키는 것이다. 자극 또는 촉발점은 전략이 진행되도록 한다. 당신의 과제는 PWS가 그들의 전략이 좌절되거나, 방해받거나, 막힐 수 있는 방식을 찾도록 돕는 데 있다.

방해는 판에 박힌 것으로부터 벗어날 수 있을 만큼 충분히 강력해야 한다. 방해는 물리적 제스처, 소리, 움직임 또는 코드 단어일 수 있다. 예를 들면, 누군가 "그만!"이라고 말할 수 있다. 누군가로부터 이 외침이 나온다면 초기에 방해가 더욱 잘 작동할 수 있다. 이것은 PWS가 말막힘이 시작될 때마다 믿을 수 있는 누군가가 그들을 저지하도록 허락해야 함을 의미한다. 후에는 PWS는 그들 자신의 방해 전략을 시작해야만 한다. 사람은 이미 이렇게 하는 것에 능숙하다는 사실을 기억하라. 당신은 상황이 변할 때 당신의 행동을 저지할 수 있음을 안다. 아마도 서로 욕설을 퍼붓는 상황에 당신이 처했을 때를 기억할 수 있다. 그때 일이 일어나고 당신은 '이건 말도 안 돼! 내가 왜 이렇게 하고 있지?'라고 생각했다. 그리고 상태를 변화시키고 웃기 시작했다. 모든 경직된 상황은 바뀌었고, 모든 사람이 편해졌다. 이것은 당신의 관점이 4차 위치로 전환하는 예일 것이다. 중단은 당신 상태를 변화시키고 이것은 행동에 영향을 준다. 말막힘 전략이 작동하는 것을 허용하지 않음으로써 PWS는 다른 사람들과 의사소통하는 더 좋은 방식을 발견하는 데 허용적이 된다.

그들이 패턴을 방해할 때 PWS는 그들이 하는 것을 멈추는데, 미리 선택한 적절한 자원 상태에 접근하기에 충분할 정도로 중지해야 한다. 그것은 용기, 신념, 결심 또는 침착함과 같은 자원일 수 있다—그것이 무엇인지는 중요하지 않다. 단지 그것이 오래된 패턴에서 벗어나서 유창함으로 이끄는 것이라면 상관없다. 상태 중재에 대한 첫 배움에서 한 내담자가 말했다.

> 나의 상태를 중재하기 위해 머릿속으로 정말 크게 소리를 지르곤 했다. 토니 로빈슨(Tony Robbins)의 책 『네 안의 거인을 깨워라(*Awaken the giant within*)』를 읽었을 때 그 생각이 떠올랐다. 이 방식은 상당히 효과가 좋았다. 집에 혼자 있다면 정말 크게 소리 지르곤 했다. 이것은 매번 나를 웃게 만들었다. 이 행위가 너무 엉뚱했기 때문이다. 이것은 목적을 달성했고……내 상태는 매번 중재되었다.

고통스러운 기억이 담긴 무서운 영화 지우기

(NLP 빠른 공포 치료로부터 채택된) 이 과정은 PWS가 말막힘 기저의 두려움에 대한 그들의 반응을 바꾸도록 극적으로 도울 수 있다. 이 과정은 두려움을 만드는 영화의 시각적 이미지를 망가뜨리도록 설계된 것이다.

공포는 특정 유발 상황(거미, 승강기, 뱀, 기타 등등)에 대한 자동적

반응이다. 말막힘은 상황의 어떤 것이 행위를 유발시킨다는 점에서 공포적 반응과 유사하다. 공포가 있으면 그것이 유발하는 것을 보는 것이 보통은 더 쉽다. 그러나 말막힘에서 촉발점은 종종 상황의 미묘한 측면—몰입된 의미와 기대—이 있다. 그러나 촉발점이 무엇이든지 간에 공포적 반응 또는 말막힘과 말더듬은 일어나고 따라서 이 기술은 성공적으로 사용될 수 있다. 이 과정은 말막힘과 말더듬으로 이끄는 그러한 아픈 기억—어린 시절 당황한 또는 부끄러운 경험—에서 최대한 이용할 수 있는 것을 끄집어낸다.

과거 불쾌한 기억 다루기

오래전 일어난 불쾌한 사건에 대해 생각할 때 당신의 마음은 종종 강요하는 식으로, "다시 돌려 봐!"라고 말하는 것으로 보인다. 그래서 색이 꽉 찬 오래된 기억의 3차원의 영화를 보기 시작하고 정말 불쾌하게 느낄 기회를 제공하는 영화를 보게 된다.

이러한 일을 어떻게 막을까? 한 가지 방법은 영화를 뒤섞어서 일관성을 상실하게 하고 당신과 당신의 감정을 조종하는 힘을 잃게 만든다. 한 번에 하나씩 영화의 특성을 편집할 수 있겠지만 또한 한 번에 전 영화를 빠르게 개작하는 것도 가능하다.

연습 4-3 빠른 되감기 과정

개요

1. 당신의 고통스러운 기억으로부터 한 발 물러선다.
2. 영화를 감상하는 당신으로부터 한 발 물러선다.
3. 안전한 장소에서 구경하면서 옛 영화를 상영해 본다.
4. 영화에 끼어들어 빠르게 되감는다.
5. 이 과정을 여러 번 반복한다.
6. 점검한다.

주: 어떤 방식으로 당신을 제한하는 공포 영화에 이 패턴을 효과적으로 적용할 수 있다. 종종 두려움은 현실에 근거하지 않지만, 역사적 몇 사건에 근거한 복합적 이야기로부터 당신이 상상하는 결과에 근거한다. 만약 그 이야기가 당신을 제한한다면, 이 과정을 이용하여 그러한 고통스러운 기억을 제거하라.

PWS가 다음 단계를 거치도록 이끈다.

1. 당신의 고통스러운 기억으로부터 한 발 물러선다

- 고통스러운 감정적 반응을 일으키는 부정적 생각으로 시작하라. 강력한 감정적 느낌을 일으키는, '당신의 새장을 뒤흔드는' 어린 시절의 말막힘 사건 기억을 고르라. 그 기억은 사람들이 당신을 놀렸을 때와 관련된 것일 수 있거나 말막힘 때문에 당신을 창피하게 한 경우일 수 있다.

- 이제 영화 스크린을 보면서 영화관에 앉아 있는 자신을 상상하라. 스크린 위에 젊은 자신의 정적인 흑백 사진을 띄우라. 두렵고, 상처 입거나, 외상을 주는 에피소드 이전의 당신의 모습을 떠올린다.

- 좋다. 이것은 두려운 기억 바로 이전의 모습을 보여 준다. 이제 앉아서 젊은 자신의 스냅 사진을 바라보라. 당신이 구경꾼의 입장을 취하고 젊은 자신을 관찰할 수 있다는 의식을 가지고 이를 행하라.

- 이것은 당신이 오래된 고통으로부터 '심리적 거리감'을 얻도록 해 준다. 이러한 구경꾼의 입장에서 오랜 기억으로부터 배우기 시작한다. "안전한 거리에서 그 사건을 보고 객관적인 성인의 눈을 통해 볼 수 있음으로써 이 경험에서 무엇을 배우는가?"

PWS와 함께 작업하면서 아동 시기에 끔찍한 정서적 · 신체적 · 성적 학대를 경험한 많은 이를 발견한다. 이러한 사건에 대한 그들의 정서적 반응은 호흡과 발성에 관여한 근육에서 표출되고 말막힘과 말더듬으로 이어진다. 그러한 경험을 쫓아, 아동은 고통, 분노 두려움을 지니며 성장한다. 분노, 고통, 두려움은 다시 학대당할 수 있는 위치로 못 가도록 회상 기제로 작동한다. 이것이 말막힘과 말더듬이 방어 기제가 되는 방식이다. 그러므로 이 단계에서 그들은 더 이상 아이가 아니고 그러한 위협적인 순간을 조정할 수 있는 성인 자원이 있음을 배울 수 있다. 이 세상 모든 사람이 그들을 학대하려는 건 아니라는 것을 배운다. 그들이 항상 '경계' 상태—PWS

에게는 매우 일상적인 상태—로 있을 필요가 없다.

2. 영화를 감상하는 당신으로부터 한 발 물러선다

• 이제 스크린 위의 스냅 사진을 당신이 보면서 몸에서 빠져나오는 상상을 하라. 당신은 둥둥 떠서 극장의 뒷좌석까지 흘러가서 프로젝션을 쏘는 부스까지 간다. 확고한 보호를 위해 당신 앞의 시야 창구에 상상의 투명 플라스틱을 놓으라. 이 새로운 시야 지점에서 강당 밑에 있는 자신을 보고 머리 뒤쪽을 응시한다. 이때 당신은 스크린에 비친 젊은 자신의 스냅 사진을 보면서 그곳에 앉아 있다([그림 4-2]).

• 만약 불편하게 느끼기 시작할 때면 언제나 당신 앞에 있는 투명 플라스틱에 손을 얹고 자신에게 안전하게 느끼고 있으며 조종실에서 안전하게 있음을 상기시키라.

• 거리감의 고요함을 느끼라.

3. 안전한 장소에서 구경하면서 오랜 기억을 상영해 본다

• 프로젝션 부스에서 조용히 영화 스크린 위의 어린 자신을 바라보고 있는 스스로를 관찰하라. 이때 당신은 최초 스냅 사진이 흑백 영화로 바뀌도록 한다. 상영 끝까지 그 사건의 영화를 지켜보라.

• 이제 전체 영화를 다시 보라. 끝을 넘어 어린 당신이 안전하게 느끼고 다시 괜찮다고 느낄 시간까지 상영해 보라. 당신은 상

처 입히는 사건을 지나 안전함, 편안함의 장면으로 이동했다.

- 만약 당신이 몇 년을 앞서서 안전한 장면으로 이동해야 한다면 그렇게 하라. 적절한 사건을 향해 이동하고 그 장면에서 멈춰서 그 장면을 영화의 끝과 같이 엮어서 긍정적인 기록으로 끝낸다.

4. 영화에 끼어들어 빠르게 되감는다

- 이제 영화 마지막의 안전한 장면으로 들어가라. 그 장면에 들어가 그 장면을 완전히 경험하라. 색깔이 입혀진 당신 주위의 모든 것을 보라. 아마 즐거운 음악이 연주되기를 원할 수도 있다.

- 잠시 후에 당신은 놀랄 만한 일을 하게 될 것이다. 그러니 당신에게 그것에 대해 이야기하겠다. 당신은 영화를 되돌리게 될 것이다. 안전한 장면에서부터 되돌려서 최초의 스냅 사진 방향으로 그 에피소드 시작의 바로 전까지 되돌린다. 이것을 정말로 빠르게 하게 될 것이다. 너무 빨라서 1초도 안 되어 일어난다. 이제 당신은 영화 또는 비디오가 뒤로 감기는 것을 보았다. 그렇지 않은가? 좋다. 고속으로 이것이 되감길 것이지만 차이점으로 당신이 **그** 안에 있게 될 것이다.

몰입된 관점으로부터 당신은 모든 사람들이 그들의 동작을 거꾸로 실행하는 것을 볼 것이다. 그들은 뒤로 걷고 말한다. 당신은 거꾸로 걷고 말한다. 영화가 처음으로 빠르게 되돌아감에 따라 모든 것이 시각적 혼돈과 소리의 뒤섞임 속에서 나타난다.

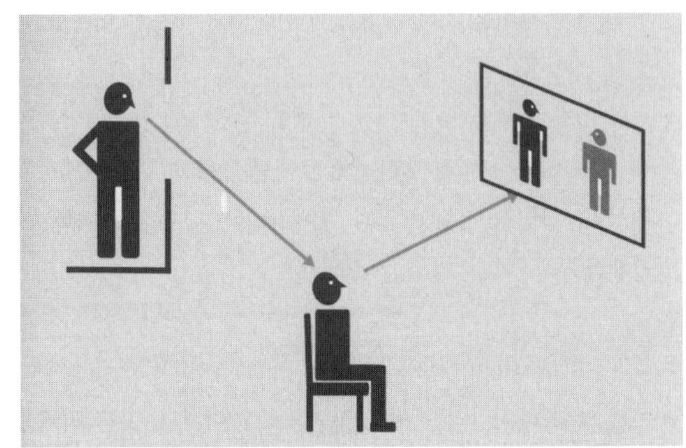

[그림 4-2] 빠른 되감기 과정

• 준비되었나? 그렇다. 영화 마지막의 안전한 장면에 몰입하여 안전함, 괜찮음, 기쁨, 이완, 그 장면이 주는 그런 모든 느낌을 느끼고, 듣는 것을 듣고, 당신이 보는 것을 보라. 완전히 풍성하게 그렇게 하라.

• 이제 되감는다. 휘리릭! 앞으로 쭉 되감는다. 가능한 빨리 한다. 더욱 더 빨리 감는다…….

• 좋다. 당신 마음에 있는 장면을 지우라. 어떻게 느꼈는가…… 영화 속에서 다시 되감는 것을? 이상하지 않은가?

5. 이 과정을 다섯 번 반복하라

• 처음의 사진으로 다시 가서 마음속으로 장면을 없앤다. 눈을 뜨고 주위를 보라. 호흡을 하라!

- 이 과정을 다시 해 보자. 마지막의 안전한 장면에서 시작하라. 그 장면에 들어서자마자 느끼고, 보고 완전히 느끼라……영화를 되감으라……이번에는 더 빠르게 하라.

- 좋다. 네 번을 반복하라. 물론 반복하면 할수록 당신의 마음은 점점 더 능숙해지고 되감기는 점점 더 빨라져서 한 번에 1초 정도 걸리게 된다. 휘리릭!

6. 점검하라

- 좋다. 멈추어서 의식을 변환시키라. 일어서서, 주위를 걸으라…….

- 이제 트라우마의 원래 기억을 떠올리도록 하고 전에 느꼈던 그러한 감정들을 다시 가질 수 있는지를 열심히 살피도록 하라. 힘껏 시도하여 그 장면에 빠져 감정의 무게를 완전히 느끼도록 하라.

주: 사건의 감정적 쇼크가 감소되거나 사라졌어야 한다. 그렇게 되었는지 확인하라. 이 방식은 70~80% 정도 효과적이다. 모든 NLP와 신경의미적 방식과 같이 어느 것도 모든 이에게 항상 효과가 있는 것은 아니다. 다음 단계로, 제6장의 '패턴을 지나 내려가기' 기술을 이용하라.

당신의 이야기 다시 쓰기

때로는 PWS가 "만약 되돌아가서 다시 시작할 수 있다면 나는 말막힘 또는 말더듬을 시작하지 않을거야."라고 말할 것이다. "나는 되돌아가기를 원하고 삶을 다시 살기를 원한다. 그리하여 나의 부모가 했던 것을 참아야 할 필요가 없고 언어병리학자가 나에게 무언가 잘못된 점이 있다고 말하지 않게 할 수 있을 것이다."

당신의 이야기는 바로 현재 당신이 어떤지를 느끼도록 돕는다. 당신의 이야기는 '진정' 과거에 일어났던 것의 '사실성'에 대한 것이 아니라 세상모델에 대한 현재의 이해인 것이다. 이것은 이야기이기 때문에 변경되거나, 편집되거나, 다시 쓰이거나 심지어 버려질 수 있다. PWS가 말하는 이야기는 보통 그들의 어린 시절의 어느 때 시작된다. 사건 측면에서 앞뒤가 맞는 특정 자극의 사건이 그곳에 있을 수 있다. "X가 일어났을 때 이 부적절한 느낌이 강타했지……."

이야기를 다시 쓰는 한 방식은 그 자극적 사건으로 다시 되돌아가서—이야기를 시작하도록 하는 것이 무엇이든지 간에—사건을 둘러싼 환경을 변화시켜 그러한 방식으로 일어나지 않도록 하는 것이다. 일어났던 일—과거를 실질적으로 바꾸는 것이 아니라 과거에 일어난 사건—에 대한 PWS의 현재 해석을 바꾸는 것에 관한 것이다. 결국 그 당시에 그들은 아이였고, 이해력이 없었으며, 극복할 기제도 없었고, 현재 성인으로서 가지고 있는 변경 자원도 없었다. 소설로 이야기를 취급하는 것은 '그들의 과거'에 대한 정서적 반응을 훨씬 더 쉽게 변경시킨다. 예를 들면, 그 자극적 사건으로 되돌아가서 그 당시 그들이 필요로 했던 자원들을 의미 있는 사람들에게 준다고 상상할 수 있다. 당신의 상상 속에서 당신은 제약을 받지 않는다.

다음에 있는 과정은 PWS가 그들 삶의 이야기를 되돌려서 변경할 수 있도록 다시 쓰기의 수단을 제공한다. 마이클 홀의 저서(Hall, 2001, 2002)를 바꾸어서 PWS가 좀 더 적합하게 사용하도록 하였다. 몇몇 PWS은 다음 방식이 도움을 준다는 사실을 경험하였다. 훌륭한 숙제용으로 적합하다. 당신도 이 방식으로 역시 가르칠 수 있다.

연습 4-4 새로운 자신의 이야기 만들기

개요

1. 당신의 이야기를 발견하라.
    a. "현재까지 내 삶의 이야기는 ……로 구성되어 있다."
    b. "만약 내 삶의 주제 또는 구성을 묘사한다면, 그것은 ……일 것이다."
    c. 다음 문장을 완성하라. "현재까지…… 나는 생각했고, 믿었고, 느꼈고, 행동했다……."
2. 이야기에서 한 발 물러서라.
3. 반대 예시를 발견하라.
4. 좀 더 힘을 부여하는 새로운 이야기를 만들라.

PWS에게 우리의 삶을 이야기로 이해하고 있는 것을 설명하라. 이런 이야기들이 당신에게 더 이상 유익한 역할을 하지 않을 수 있기 때문에 당신은 이야기를 최근 것으로 다시 만들고, 편집하거나, '새로운 이야기'로 쓰도록 선택할 수 있다. 자신에게 과거 말막힘 이야기를 들려주는 것을 멈추고 대신에 새로운 이야기를 들려주라.

1. 당신의 이야기를 발견하라

PWS에게 다음의 질문들을 하라.

- 당신의 말막힘에 기여하는 어떤 이야기로 지금껏 살아왔는가?
- 그 이야기의 출처는 어디인가? 누군가가 당신에게 주었는가? 당신 자신이 만들었는가?
- 그 이야기가 당신 가족 이야기, 문화적 이야기, 종교적 이야기, 인종적 이야기의 부분인가?
- 개인적으로 그 이야기의 어느 정도를 당신이 개작했는가 아니면 창조했는가?
- 당신 삶의 주제에 대해 말하라. 기초가 되는 이야기 또는 방식으로 당신은 무엇을 감지하는가?
- 당신의 이야기는 희생적인 이야기인가 아니면 생존에 관한 것인가, 실패에 관한 것인가 아니면 승리에 관한 것인가, 연결에 관한 것인가 아니면 단절에 관한 것인가, 거부당한 것에 관한 것인가 아니면 사랑받고 인정받는 것에 관한 것인가?

a. "현재까지 내 삶의 이야기는 ……로 구성되어 있다."
(예: 희생, 실패, 불운, 스트레스, 거부, 용이, 성공, 인기, 성공, 기타 등등)

b. 만약 내 삶의 주제 또는 구성을 묘사한다면, 그것은……일 것이다"
(예: 비극, 드라마, 연속극, 공포, 멜로 드라마, 교육 이야기, 기타 등등)

c. 다음 문장을 완성하라. "현재까지……나는 생각했고, 믿었

고, 느꼈고, 행동했다……."

당신의 과거 이야기에 정신적으로, 감정적으로, 물리적으로 어떻게 반응해 왔는지를 충분히 설명하라. 당신의 언어적 행위, 당신이 한 결정들, 당신이 지녔던 기대 등등의 측면에서 묘사하라.

2. 이야기에서 한 발 물러서라

- 당신 이야기의 유용함, 생산성, 가치, 정서적 즐거움을 평가하라.
- 누군가에게 그 이야기 속에서 살도록 제안하겠는가?
- 이 이야기가 당신에게 어떻게 유용하게 쓰였는가? 이 이야기에 대해 좋게 느끼지 않거나 매우 유용하게 작용하지 않는 것은 무엇인가?
- 당신이 이미 말한 것 외에 당신의 경험에 대해 말할 수 있는 다른 것에 대해 알지 못하기 때문에 답답함을 느끼는가?
- 과거 일어났던 일을 되돌아보면서, 현재 당신이 알고 있는 측면에서 그 사건을 다른 식으로 어떻게 해석할 수 있는가?

3. 반대 예시를 발견하라

대부분의 사람들은 그 이야기의 예외적인 면들을 가지고 있다. 예를 들면, 대부분의 PWS가 두려움과 근심으로 살지 않았던 때가 있다. 그들은 이완되어 유창히 이야기한다. 심지어 그들이 보통은 말이 막혔을 그런 상황에서 말이 막히지 않았던 때도 있다. 실질적으로 PWS와 작업할 때 내가 하는 첫 일들 중 하나는 그들이 지속적으로 유창할 때를 분석하는 일이다. 왜냐하면 그것이 PWS가 어떻게 말막히지 않고 말더듬지 않는지를 증명하고 유창함을 위한 필수적인 자원을 그들이 가지고 있음을 PWS에게 증명할 수 있기 때문이다. 그들이 어떻게 하는지, 침착함, 용기, 결단, 안전함, 집중의 상태, 또는 심지어 무관심에서 그들이 어떻게 기능한지의 구조적인 면을 추출한다.

다음의 어떻게(how) 질문을 물으라. "어떻게 그렇게 했는가?"

- 어떻게 당신은 걱정과 두려움에 빠지지 않고 꾸준히 유지했는가?
- 어떻게 당신의 침착함을 잃어버리지 않고 당신의 상사와 의사소통하였나?
- 어떻게 그 상황에서 자신을 무시하지 않았는가?
- 그러한 모든 상황에서 일이 더욱 악화되는 것을 어떻게 당신이 막았는가?

4. 좀 더 힘을 부여하는 새로운 이야기를 만들라

이제 미래로 당신을 이끌 이야기가 어떨지 생각해 보라.

- "지금부터 나는 점차 더욱……한 사람이 될 것이다."
- 재미로, 거칠고, 제멋대로인 이야기를 만들라. 당신의 상상력을 이용하여 최대한 역량을 발휘하라! 당신의 과거로부터 긍정적이면서도 밝게 불꽃이 이는 어떤 행위들을 당신이 진정 완전히 만끽할 수 있는가? 어떤 종류의 이야기가 그렇게 할 수 있을까? 물론 이것은 완전히 비현실적으로 보일 수 있으나

그건 모를 일이다. 일단 당신의 꿈을 경험해 본다면 아마 그 꿈들이 현실로 이루어지기를 당신이 원할 수도 있다!

- 그럴 수 있는 상상을 한 후, 그 광채를 좀 더 '합리적인' 이야기로 끌어들이라. 당신의 새로운 강력한 이야기에 무엇을 성장시키고 싶은가?
- 그것의 결론은 어떨까—제한적이면서 향상적인 것인가?

만약 당신이 새로운 이야기를 쓸 영감이 필요하다면 당신의 삶이 그렇게 되었으면 싶은 이야기를 이미 보여 준 지인들을 생각해 보라.

- 당신이 존경하고 감사히 여기는 누군가를 당신이 알고 있는가?
- 그들이 누구인지, 다른 이들은 어떤지, 세상이 어떤지를 그들은 스스로에게 어떤 이야기로 들려주는가?
- 당신 스스로를 위해 어떻게 그것들을 받아들일 수 있는가?

당신은 이야기를 어떻게 말해야 할지 알고 있다. 매일의 삶에서 이를 하고 있지 않은가! 그러나 지금 당신은 객관적인 작가(관조적)의 관점에서 그렇게 할 것이다. 명백한 의도를 가지고 말이다. 당신의 입장을 객관화함으로써 당신 삶의 사건을 당신과 분리된 것으로 바라볼 수 있다. 당신은 그 문제의 외부에 있으며, 그것을 직접적으로 경험하기보다는 목격하는 입장에 있다. 기억하라. 당신이 그 상황 속에 있을 때만이 말막힘을 경험한다. 한 발 외부로 물러남으로써 당신은 그것을 연구하는 입장에서 당신의 이야기를 새로 쓴다. 그리하여 당신이 그렇게 되고 싶은 방식으로 변화시킨다.

제5장

스트레스 관리하기

상태

현재 당신의 마음 상태가 어떠하냐고 묻는다면, 당신은 매우 쉽게 대답할 수 있을 것이다. 이 책을 읽고 있기 때문에, "나는 배우는 상태에 있습니다."라고 대답하거나 "흥미로운 상태입니다." 혹은, "혼란스러운 상태입니다."라고 대답할 수도 있다. 당신이 주어진 상황 안에서 당신의 마음 상태에 이름을 붙일 수 있다. '상태'는 정확하게 정의하기 어렵기 때문에 우리는 대개 은유를 사용한다. 우리는 종종 감정 상태를 마치 액체인 것처럼 "나는 감탄으로 가득 차 있습니다."라고 말한다. 또는 고갈된 것처럼 "나는 동정심이 메말랐습니다."라고도 한다. 분노와 같은 감정은 끓어 넘치는 반면 사랑은 흘러넘친다.

당신은 언제나 어떠한 마음이나 감정의 상태에 놓여 있으며(죽지만 않았다면) 이 마음 상태는 끊임없이 변한다. 많은 상태가 유쾌하거나 당혹스러운 순간처럼 일시적인 것일지라도 몇몇의 상태들은 습관적일 수 있다. 당신의 '평소' 상태는 어떠한가? 일반적으로 당신은 언짢거나, 행복하거나, 피곤하거나, 걱정이 없거나, 낙천적이거나 혹은 활기찬가?

당신의 상태(분노, 공포, 근심, 사랑, 행복……)는 당신이 세상 그리고 다른 사람과 상호작용하는 방식에 영향을 미친다. 각각의 상태는 보고, 생각하고, 느끼는 방식이나 다른 사람과 의사소통하는 능력에까지 영향을 준다. 당신의 학습능력은 그때그때의 특정 상태에 따라 결정된다. 경험으로도 알 수 있듯이 지루하거나 피곤하거나 다른 사람의 요구에 신경 써야만 한다면, 최선을 다해 새로운 정보에 집중하거나 새로운 방식들을 발달시킬 수 있는 방법에 대해 생각하는 것은 어렵다.

일반적인 각성에 의해 측정된 당신의 생리학적 상태는 혼수(coma)와 "호흡하는(up and at'em)" 활동 사이에서 다양해질 수 있다. 생리학적 상태와 감정적 상태는 연결되어 있다. 예를 들면 당신이 화나거나, 흥미로워하거나, 행복해하거나, 조심스러워하거나, 혼란스러워하거나, 사랑을 할 때, "이러한 상태는 나에게 무엇을 하게 하는가 그리고 무엇을 하지 못하게 하는가?"를 생각해 보자. 당신은 당신의 선택이 다양하다는 것을 발견할 것이다. 당신이 고조된 각성 상태에 있을 때 그러한 감정적 상태의 유형을 좀 더 경험한다. 스트레스 상태에서는 이를 경험하기가 어렵고 평정심을 유지하기가 쉽지 않다.

메시지 수신

당신이 스트레스 상태에 있다면 당신의 선택은 줄어들 것이다. 우리 몸에서 마음으로 보내는 어떠한 메시지를 스트레스라고 본다면, 그것은 스트레스 수준을 낮춰 줄 행동이 필요하다고 알려주는 것이다. 하지만 스트레스가 두려움을 만들어 내고 말막힘의 반응을 유발한다면 효과적인 행동을 취하는 것은 어렵다. 두려움으로 부정적인 생각을 하기 시작하면 적절한 행동을 하는 것이 불가능해진다.

말막힘 현상을 설명하기 위해 PWS가 사용하는 다음의 말들을 주의깊게 살펴 보자.

- "말이 또 잘 안 나와!!"
- "난 내가 더듬거리는 것이 너무 싫어."
- "더 이상 말을 못 하겠어!"
- "내가 말을 더듬으면 사람들이 날 바보같다고 생각할 거야."
- "나는 평생 동안 말을 잘 못하게 될까?"

나는 일반적으로 이렇게 간단하지 않다는 것을 안다. 오래된 공포영화는 근육을 경직시키고 의식이 자각하지 못하게끔 한다. 이것은 감정에 깊게 스며들기 때문에 자기 자신에게 긍정적인 생각을 말하는 것만으로는 즉각적으로 바로잡을 수 없다. 그러나 자기 자신에게 습관적으로 긍정적이고 지지적인 말을 하는 것은 스스로를 꾸짖는 것보다 놀랍고 주목할 만한 결과를 만들어 낸다. 시간은 좀 걸리겠지만 자신에게 말하는 방식을 바꾼다면 당신의 행동은 달라질 것이다.

스트레스 다루기

> 물론 스트레스가 몰아칠 때는 상태관리 기술을 배울 시간이 없다. 40피트의 파도가 치는 망망대해에서 배가 흔들리고 기울어질 때 항해술을 배우기에는 이미 늦은 것과 마찬가지다.
>
> – Hall, 1997

일반적으로 스트레스가 있을 땐 행동을 바꾸기 위한 새로운 전략을 배우는 것이 적합하지 않다. 스트레스 상태에서는 본능적이고 습관적인 행동 패턴으로 돌아가려는 경향이 있기 때문이다. 이 행동 패턴을 '싸우거나 피하거나 얼어붙는(fight, flight or freeze)' 행동 양식이라고 한다. 스트레스에 대한 PWS의 일반적인 반응은 얼어붙으며 말이 막히기 시작한다. 그래서 얼어붙는 것을 일종의 신호로 처리함으로서 PWS는 그 상황에 반응하는 대신에 그들의 말을 연결해서 해야 하는 순간임을 알아차린다.

스트레스를 관리하는 방법은 허구적이거나 비논리적인 위협과 마주했을 때 '경고' 메시지를 보내지 않는 방식을 학습하는 것이다. 심신은 어떠한 종류의 위협에도 반응하도록 고정되어 있기 때문에 어떠한 행동을 취하도록 만든다. 이는 자신이 부여한 특정한 상황에 대한 의미를 바꾸도록 학습하는 것을 의미한다.

누군가와 대화하는 것은 생명을 위협받는 경험이 아니다. 원래 그랬던 것처럼 반응을 멈추기 위한 방법을 찾아야 하며, 일상적인 대화를 할 때 사람들이 지지적이며 우호적이라는 것을 알아야 한다. 이것은 어린 시절의 상처에서 비롯된 본능적인 도피 반응으로 돌아가기보다, 성숙한 마음으로 좀 더 적절하게 반응하도록 학습하고 마음 상태를 조절하며 흐름을 받아들이는 것을 의미한다.

대화가 스트레스로 인식된다면 당신에겐 어떠한 변화가 필요하다. 그중 하나는 자신이 어떻게 말하든 상관없이 자신을 사랑하고 존중하는 것이다. 말하는 것이 곧 대화다. 말이 막힌다고 해서 죽은 사람은 아무도 없다.

내담자 중 몇 사람에게 이런 생각에 대한 반응을 질문해 보았다. 한 내담자는 다음과 같이 대답했다.

> 진짜로 두려운 것은 제가 죽지 '않는다'는 거예요. 제가 죽으면 수치심이나 굴욕감을 느끼며 살지 않아도 되겠지요. 삶이 위협적인 것은 아니지만, 저는 **자존감**에 **위협**을 느낍니다. 완전히 굴욕당하거나 죽는 것 중에 무엇이 더 고통스러운가요? 적어도 죽기라도 하면 비극은 끝나겠죠. 하지만 굴욕감은 결코 끝날 것 같지 않다는 것이 진짜 위협입니다. 그것이 싸우거나/피하는 행동을 하는 이유입니다. 굴욕적인 삶을 사는 것과 비교한다면 죽는 게 더 쉽습니다. 이상하게 들리겠지만 PWS들 중 누구에게든 그들이 얼마나 죽기를 바랬는지 물어보세요. 싸우거나/피하는 행동의 기제는 죽음의 공포가 아니라 **굴욕의 공포** 때문입니다. [고딕체는 강조한 것임]

그러므로 이제 자존감을 높여 스트레스를 관리하고 당신에 대한 다른 사람들의 말에 너무 신경쓰지 않게 하자. 말막힘을 유발하는 낡은 촉발점을 새로운 의미(재구성)로 만들 때 스트레스 받을 필요가 없게 되며 대화를 즐길 수 있을 것이다.

편안한 각성 상태를 만드는 방법

말막힘을 유발하는 두렵고 불안한 감정을 피하기 위한 다음의 '평온함으로 빠져들기(Flying Into Calm)' 패턴은 스트레스에 대한 신체 증상을 인식하고, 이것을 신체의 정상적인 기능의 부분으로 받아들이며, 다양한 호흡법과 스트레칭과 근육 이완 운동을 이용하여 평온한 상태에 도달할 수 있는 방법을 가르쳐준다.

당신은 직장과 가정의 의사소통 안에서 발생하는 요구사항, 경쟁, 위협, 두려움 등으로부터 스트레스를 받고 있지 않는가? 어떻게 할 수 있는가?

연습 5-1 평온함으로 빠져들기 패턴

이것은 말막힘을 극복하기 위한 자조 패턴이다.

개요

1. 현재의 스트레스를 인식하라.
2. 스트레스 해소 전략에 주목하라.

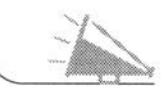

3. 평온함으로 빠져들기를 실행하라.
4. 평온한 상태를 찾으라.

1. 현재의 스트레스를 인식하라

무언가를 조종하고 관리하는 것은 그것을 의식할 때 가능하다. 그러므로 말막힘을 유발하는 스트레스 상황에 대한 신체 반응에 주목하고, 신체에서 나타나는 스트레스를 인식하라.

스트레스는 보통 목, 가슴 그리고 턱과 같이 몸으로 표현된다. 이 부위의 근육이 긴장되고 경직되는데 아마도 처음에는 스트레스가 눈에 띄지 않는다는 점에 길들여졌을지도 모른다. 아무것도 느낄 수 없다면, 마사지나 신체작업(bodywork) 요법이 유용할 것이다. 몸에 적절한 압박이 가해지면 어느 부위가 긴장되었는지를 알 수 있는데, 이때 근육이 뻣뻣해지거나 약간의 통증을 느낄 수 있다.

스트레스는 당신의 몸이 다른 것을 할 필요가 있다는 메시지다. 긴장되고 경직된 근육과 소통한다면 당신은 거기에서 무엇인가를 배울 수 있다. 긴장을 유발하는 부위와 가만히 이야기해 보라. 물론 당신의 신체와 이야기할 수 있다. 한번 시도해 보고 무슨 일이 일어나는지 주목하라(단순히 자기 자신에게 말하는 것 이상으로 더 많은 것들이 있다). 일단 스스로에게 자기소개를 하고(자신의 신체 부위에 "안녕"이라고 인사하는 것을 진지하게 권한다). 목이나 가슴의 긴장감에 대해 질문할 수 있다.

- "무슨 메시지를 전달하고 싶은 거야?"
- "나에게 뭘 하려는 거야?"
- "이렇게 긴장하는 목적이 뭐야? 이 부분은 왜 경직된 거야?

이러한 질문을 하고 나면 마음 안에서 어떤 해답을 찾을 수 있다. 그 해답이 무엇이든간에 설령 그것이 당신을 놀라게 하더라도 거기에 집중하라.

2. 스트레스 해소 전략에 주목하라

어떠한 신체적 요소들이 스트레스를 유발하며 평온한 상태를 만들지 못하도록 하는가?

- 얕은 호흡
- 경직된 목과 턱
- 잘못된 자세
- 위축된 복부
- 집중력 결핍, 안구의 지속적인 움직임
- 목 근육의 경직, 머리를 뒤로 젖히는 행동

신체의 물리적 긴장과 관련이 있는 감정적인 반응이 있을 수 있다. 마치 긴장이 압력을 가하고 당신의 주의를 필요로 하는 것과 같다. 그러나 스트레스는 적절히 행동할 수 있는 능력을 억제하며 조바심, 불만, 분노와 같은 감정으로 이끄는 스트레스를 더 많이 만들어 내므로 평온함은 더 멀어진다.

- 당신의 스트레스는 그 안에서 분노를 느끼나요?
- 조바심이 당신의 스트레스를 유발하나요?
- 유창하게 말하고 싶은 욕구가 얼마나 많은 스트레스를 유발하나요?

3. '평온함으로 빠져들기'를 실행하라

사람들은 때때로 분노를 '벌컥 화를 낸다'고 묘사한다. 어떤 강력한 자극 때문에 사람들은 순간적으로 분노할 수 있다. 당신도 격정하거나 두려워하거나 또는 불안해하는 상태로 빠질 수도 있을까? 물론 그럴 수 있다. 그러나 그렇게 할 수 있다면 반대로 할 수 있는 능력도 갖고 있는 것이다. 그러므로 당신은 벌컥 화를 내는 것과 마찬가지로 평온해질 수 있다. 이를 통해 당신은 유창하게 말하기 위한 적절한 상태로 들어갈 수 있다. 평온함으로 빠져들기는 그것이 필요할 때 평온한 상태에 접근할 수 있도록 한다. 일반적으로 어떤 자극으로 말막힘이 일어날 것 같을 때 평온함으로 빠져든다면 말더듬 문제를 해결할 수 있다.

사실 당신은 이미 이것을 할 수 있다. 당신은 '전화 목소리' 현상을 경험해 보았을 것이다. 시나리오는 다음과 같다. 당신은 지금 연인과 심각한 말다툼을 하는 중이다. 당신은 당신의 입으로부터 나오는 말을 듣거나(이때는 말이 막히지 않는다) 또는 낯선 사람에게는 하지 않는 말들을 상대방에게 듣는다(사람들은 자신들이 가장 좋아하는 사람들한테는 이런 말들을 하지 않는다. 이것은 사람들이 그런 식으로 당신에게 행동하더라도 당신이 그들을 계속 좋아하는지를 시험하는 방법이다). 당신의 목소리는 격앙되고, 정말로 화가 나며 마음이 상하고 불만을 느낀다. 그런데 전화가 울린다. 당신은 심호흡을 하고 수화기를 든다. 그러고는 침착하고 공손하게 "여보세요?"라고 대답한다. 평온하고 능숙한 전화 목소리로 말한다. 상황은 갑자기 바뀌었으며 당신은 즉각적으로 평온함으로 빠져들었다.

평온한 상태 만들기

사람은 애완동물이나 편안한 사람에게 말할 때 저절로 평온해진다. 그러한 순간들을 곰곰이 반영해 보고 무엇이 당신을 평온하고 편안하게 하며 유창하게 말하도록 만드는지 질문해 보자. 어떠한 신념이나 가치, 기억, 결정 그리고 태도가 평온한 상태를 갖고 유창하게 말하도록 도와주는가? 정답은 당신이 평온해지도록 만들어 주는 마음의 정신적 프레임이다. 이것을 자각하면서 모든 상황 안에서 평온해질 수 있게 하는 요인을 더 많이 제공할 수 있도록 당신의 잠재력을 믿으라.

평온해질 수 있는 이러한 능력은 당신의 이야기 안에서 핵심 요소로 만들 필요가 있는 자원이다. 아마 당신은 연습을 해야 하며, 연습을 통해 이것은 더 튼튼하고 강력해져서 필요한 순간에 언제든지 곧바로 접근할 수 있을 것이다.

물론 말하기도 전에 공황 상태에 빠지는 극단적인 사람에게는 이것이 간단하지 않다는 것을 인정한다. 그러나 너무 일찍 포기하지는 말자. 당신은 당신이 할 수 있는 것에 놀랄 것이다. 분명 밑져야 본전이다. 일단 연습해 보자.

첫째, 성취할 수 있다고 확신하는 평온한 상태에 집중하라. 당신의 전화 목소리(또는 유사한 경우)의 힘이 발휘되었던 순간을 생각해 보라. 그때로 다시 돌아가서 봤던 것을 보고, 들었던 것을 듣고, 느꼈던 것을 느껴 보라.

무엇이 당신으로 하여금 화나고 소리 지르는 상태에서 나와 "여보세요!"라고 말하는 평온하고 침착한 상태가 되도록 만들었는가? 어떤 신념, 가치, 결정, 목적이 그런 반응을 만들었는가? 어째서 전화기에 대고 화난 목소리로 대답하지 않았는가? 왜 전화한 사람에게 소리 지르지 않았는가? 이러한 질문에 대한 대답이 당신이 평온해질 수 있는 방법의 핵심 양상을 찾는 데 도움을 줄 것이고, 이를 통해 삶의 다른 상황에서도 사용할 수 있는 전략을 일반화할 수 있을 것이다.

각각의 요인을 명확하게 함으로써 최고의 결과를 위한 최적의 가치를 찾기 위해 그것을 증폭시키라. 의지에 따라 감정 상태를 바꾸는 능력과 관련된 단어, 상징, 특별한 접촉 같은 촉발점을 만드는 것도 중요하다. NLP에서는 이것을 앵커링(anchoring)이라고 한다(Bodenhamer & Hall, 1999, Chapt. 13 참조). 다음을 고려해 보자.

- 평온함을 만드는 훌륭한 앵커 또는 상징으로는 무엇이 있을까요?
- 어떤 소리, 장면 그리고 감각이 이런 상태를 떠오르게 할까요?

앵커링 안으로 들어가는 것, 몇 개의 촉발점에 대한 연결을 만드는 것, 상태를 깨는 것 그리고 감정을 조절할 수 있는 곳으로 돌아가게 하는 촉발점의 사용을 지금부터 연습하라.

4. 평온한 상태를 찾으라

확실하게 편안한 상태에 대한 최고의 표상을 만들라. 이것을 실행하기에 가장 좋은 방법은 평온하게 집중하면서 편안한 상태에 있던 순간을 떠올리는 것이다.

- 모든 상황에서 유창하게 말하기 위해 나는 어떤 종류의 휴식을 원하고 필요로 하는가?
- 어떻게 하면 내가 말할 때마다 평온해지고 자신감을 얻으며 편안함을 느낄 수 있을까?
- 주어진 상황 안에서 나는 어떤 유형의 편안한 마음과 감정을 원하고 필요로 하는가?

당신의 편안한 상태가 화창한 날 해변에 누워 있는 것이라고 생각할지라도 직장에서나 말막힘을 유발하는 상황에서는 적합하지 않다. 편안한 상태는 축 늘어지거나 피곤해서 자는 것과는 다르다. 가능성 있는 자원으로서 당신을 더 편안하게 해 주는 휴식의 또 다른 유형이다. 당신은 다음과 같은 편안한 상태를 가질 필요가 있다.

- 빈틈 없음, 마음챙김, 준비성 혹은 늘 그렇듯이 말이 막힐 때 자원 상태로 만들어 주는 자질을 갖춘 상태
- 당신이 상황을 조절하고 있으며, 어떤 것도 당신의 목적을 당황하게 하거나 산만하게 하지 못한다는 감각이 주어진 상태

빈틈 없음에서 여유로워지라는 것은 다음을 의미한다.

- 당신의 호흡은 편안하고, 더 이상 집착하지 않으며 마음이 편하다.
- 당신은 유창하게 말하는 당신의 능력 안에서 평온한 자신감을 갖고 다른 사람에게 완전히 귀기울이는 여유로운 집중력을 갖는다.

- 당신이 말하는 방식에 대해 다른 사람들이 뭐라고 하던 신경 쓰지 않는다.
- 이러한 평온한 상태에서 "예"라고 말할 수 있는 것 역시 중요하다(제6장 참조).

당신은 몸-마음 체계가 최적으로 기능하고 있다는 사실을 인지하고 있기 때문에 평온하게 말할 준비가 되어 있고, 그러할 의지가 있을 때 생기는 이완된 에너지를 느낄 수 있다. 이것은 삶에서 시험당하거나 잠깐 동안 말이 막힐 때, 그리고 당신에 대한 판단 없이 일상의 좌절을 받아들일 수 있음을 의미한다.

그곳으로 가는 것을 상상해 보고, 그 경험에 완전히 몰입해 보자. 이 기억을 가능한 풍부하게 생각해 보자. 보고 있던 것을 보고, 듣고 있던 것을 듣고, 느끼고 있던 것을 느끼라. 그러면 이 상태로 들어갈 수 있다. 당신은 그림을 더 선명하게 하거나 소리를 더 분명하게 하거나 완전하고 완벽하게 편안함을 주는 단어로 자신에게 말을 걸어 봄으로써 상태를 확장할 수 있다. 이 상태를 암호화된 단어, 상징, 신체적 접촉이나 감각과 연결하면 그 상태에 들어갈 준비가 되는 것이다. 암호를 활성화시키면(당신의 앵커에 불을 붙이면), 당신은 평온한 상태로 돌아갈 것이다.

일단 이러한 촉발점을 설정해 두고, 말을 하기 전의 상태로 들어가 실제로 시험해 보자. 벌어지는 상황으로부터 배울 수 있다. '실패'란 없다는 것을 기억하라. 이것은 단지 연습이 좀 더 필요하다는 메시지일 뿐이다(더 많은 정보는 Lederer & Hall, 1999 참조). 이러한 설정을 당신에게 알맞게 만들 필요가 있다면, 어떠한 경우에도 적용할 수 있도록 가장 좋은 것을 찾아보고 그것을 확장하여 당신의 자원 상태를 견고히 하자.

- 당신에게 편안한 상태의 특성과 자질(장면, 소리, 느낌)은 무엇인가?
- 어떤 자질과 요인이 이런 상태를 만드는가?
- 이 상태에 어떤 자질들을 더 추가하고 싶은가?

추가적인 자질

- 예를 들면, 건전한 유머를 많이 추가할 수 있다. 힘을 내게 하고, 자신이나 다른 사람들이 심각하게 받아들이지 않으면서 사람들과 함께 즐기고 경험하는 유머의 능력은 더 큰 편안함을 준다. 당신은 말하는 순간에 필요하지도 않은 극도의 불안을 몇 번이나 느꼈는가? 당신이 말을 걸고 있는 사람은 그런 식으로 당신을 평가하지 않으며 당신도 이것을 알고 있다. 평가를 하는 사람은 바로 당신이다. 이런 평가로부터 빠져나와 그런 생각이 얼마나 어리석은지 생각해 보는 것은 어떨까. 당신의 유치한 행동에 스스로 웃어 주는 건 어떤가?
- 대부분의 불안은 그것을 과장함으로써 떨쳐 낼 수 있다. 이상해 보일 때까지 불안을 최대한 과장해 보자. 조금만 더 과장하면 불안은 우습게 느껴진다. 유머 감각은 좀 더 유쾌하고 기분 좋은 방식으로 행동할 수 있게 도와준다.
- 감사는 어떨까? 여기저기를 돌아다니며 사물과 사람들에 감사하고, 더 많은 경험을 하면 어떨까? 당신이 말하는 것에 대해 다른 사람이 뭐라고 할지 불안해하기보다는 사람들이 당신의 말에 귀기울일 것이라는 점에 감사하라. 당신이 단지 말할 수

있다는 것이 아니라 어떠한 상황에서도 유창하게 말할 수 있다는 것에 감사하라. 내가 아는 몇몇의 말이 없는 사람들은 이러한 능력을 가지고 싶어 한다.

- 너그러움도 하나의 자질이다. 너그러움은 넓은 마음을 가지고 행동할 수 있도록 도와줄 것이며, 정신적으로 흔들리지 않게 한다. 그것이 당신의 삶을 어떻게 향상시킬 수 있을까?
- 세상이 요구하는 것을 받아들이기 위해 당신은 열린 태도를 선택할 수도 있다. 좀 더 융통적이고, 관대하고, 쾌활하며, 균형적으로 바뀔 수 있으며, 선택할 수 있는 유형은 이외에도 많다. 당신이 집중적으로 휴식할 수 있는 상태를 향상시키는 자신만의 유용한 자질을 만들라. 이런 상태를 만들기 위해 연습하고 연습하고 또 연습하다 보면, 말막힘의 상태보다는 평온한 상태로 들어갈 수 있다.

감정 완화하기

감정은 PWS가 말이 막히고 더듬는지 아닌지에 따라 엄청난 영향을 준다. PWS는 관점에서 벗어나 이러한 감정들을 조절하는 법을 배울 수 있다. 제2장에서는 다음에 무슨 일이 일어날지에 대한 예상을 기반으로 사람들이 그들의 경험을 평가하며, 그러한 예상이 세상의 경험과 맞아 떨어지는지 아닌지에 따라 그들의 감정을 연관짓는 법을 배운다고 제시하였다.

몰입 수준은 변할 수 있다. 성인은 어떤 감정이 특정한 경험에 적절한지 판단할 수 있다. 대부분의 부적절한 감정들은 과거, 즉 어린 시절의 경험과 연결되어 있다. PWS는 "제가 말을 더듬으려고 할 때마다, 아버지는 '말하라고! 제대로 말하라고!'라고 소리 지르셨기 때문에 저는 아버지가 무서웠어요. 그 후로는 제대로 말하라고 강요하는 사람들의 엄한 모습에 두려움을 느껴 말을 잘 할 수가 없었어요. 그게 제가 말을 더듬는 이유예요."라고 할지도 모른다. PWS는 이러한 유형의 일반화에 도전할 필요가 있으며 혼란을 정리해야만 한다. 어린 시절의 힘든 순간에 얽매일 필요가 없고, 그런 순간들을 현재 상황까지 확장할 필요가 없다. 예를 들면, 지금 PWS가 말을 걸고 있는 사람은 결코 위협적이고 조롱하며 엄한 모습으로 소리지르던 예전의 부모가 아니다. 지금이야말로 더 이상 합당하지 않은 낡은 것들을 버리고 그들의 감정 반응을 새롭게 평가할 때다.

연습 5-2 감정은 신호의 일정한 패턴일 뿐이다

감정은 PWS가 말이 막히거나 더듬는 것과는 관계없이 엄청난 효과를 가지고 있다. PWS는 통제할 수 없는 감정을 조절하는 방법을 알아야만 한다. 다음의 내용은 부정적인 감정을 재구성하기 위한 몇 가지 방법에 관한 것이다.

개요

1. 감정은 신호일 뿐이라는 것을 인식하라.
2. 목격자의 입장이 되라.

3. 말막힘을 일으키는 촉발점을 인식하라.
4. "단지 감정일 뿐이야."라고 말하라.
5. 감정을 몰아가는 의미를 바꾸기 위해 허가하라.
6. 긍정적인 자원을 사용하라.
7. 잘 정리되었는지 검토하라.
8. 미래에 사용할 수 있도록 기틀을 잡으라.

1. 감정은 신호일 뿐이라는 것을 인식하라

PWS에게 감정은 그들의 경험이 즐겁고 추구할 가치가 있는지에 대해 평가하고 결정할 수 있도록 돕는 데 목적이 있음을 기억하라. 이러한 관점에서 감정은 경험과 함께 관계에 대한 정보가 된다. 중요한 것은 그러한 정보를 생각 없이 따르고 있는 것인지 혹은 무슨 일이 일어나는지에 대해 적절한 평가를 내리고 있는가다.

2. 말막힘과 관련 있는 주된 부정적 감정 중 하나를 목격자의 입장으로 접근하라

PWS에게 말막힘과 관련된 감정들 중 하나를 질문하라. 아마 **공포, 불안, 혼란, 분노** 등의 감정을 말할 것이다. 부정적인 감정에서 정신적으로 한 발짝 물러날 수 있도록 깊이 호흡해 보자. PWS는 객관적인 관찰자로서 이러한 감정들을 충분히 살펴보아야 한다.

PWS에게 "부정적인 감정이 당신의 현재 경험과 세상 모델을 평가한다는 것을 아셔야 합니다."라고 말하라.

그리고는 다음과 같이 질문하라.

- "이러한 감정이 생겼을 때 당신 삶에는 무슨 일이 일어났나요?"

- “그 순간에 어떻게 하려고 했나요? 다른 반응이나 무언가 다른 것을 기대했나요?

많은 PWS는 사람들이 말막힘이나 말더듬을 단순히 보는 것만으로도 웃긴 것으로 생각한다고 나에게 말했다. 그들은 낄낄대고 웃고, 당혹스러워 보이며, 뭘 어떻게 해야 할지 모를 것이라고 했다. “어떻게 할 것 같은가요?”라고 물어보라.

말이 막히거나 더듬는 사람을 보거나 들어보지도 못했다면 PWS가 말이 막히면서도 당신에게 말을 걸어올 때 어떻게 반응할 것 같은가? 당황해서 웃을 것 같은가? 대부분의 사람들은 당신을 놀리려는 의도를 가지고 있지 않다. 몇몇 사람들은 당신에게 안타까움을 느끼고, 어떤 사람들은 공감하기도 한다. 그들은 당신이 고군분투하는 것을 보며 당신과 함께 애쓰고 당신의 상처를 이해한다. 설령 누군가가 당신을 놀린다면 그것은 누구의 문제일까? 놀린다고 생각한다면 문제는 그저 당신에게 있는 것이다.

일단 PWS가 예상 행동에 대한 질문에 대답했다면, 그것이 논리적이거나 타당한지에 대해 스스로 평가하게 하라. 그들에게 자신의 생각을 말하게끔 유도하는 것은 답변을 고려해 보고, 그것이 얼마나 적절한 것인지를 결정하게끔 한다.

3. 말막힘을 일으키는 촉발점을 인식하라

PWS와 다음 질문들을 논의하라.

- “어디에서 가장 심하게 말이 막히나요? 말이 막힐 때 무슨 일이 일어났나요?”
- 말막힘이 일어나는 순간에서 한 발짝 물러나 무엇이 공포와

불안을 유발하며 꼼짝 못하게 하고 말을 막히게 하는 부정적 인 감정을 일으키는지 기억하라.

- "당신도 언제나 말이 막히는 것은 아니라는 것을 알아야 합니다. 어떠한 상황에서는 유창하게 말합니다. 어떠한 일이 일어났을 때 당신은 공포와 불안을 느끼고 말이 막히나요?"
- "무엇을 보거나 듣거나 느꼈을 때 말이 막힐거라고 생각하나요?"
- 그것을 느낀다면, a) 그러한 느낌 뒤에 있는 감정은 무엇입니까? b) 그 감정 뒤에 있는 생각은 무엇입니까? 그리고 c) 그 생각을 유발하는 것은 무엇입니까?
- "당신의 묘사는 말막힘이 촉발하는 상황에 무슨 일이 일어났는지를 정확히 설명하나요? 아니면 지금과는 더 이상 관련이 없는 어린 시절의 오래된 반응인가요? 만일 그렇다면 감정은 단지 감정일 뿐이라는 것을 알아야 합니다."

4. "단지 감정일 뿐이야."라고 말하라

PWS가 가장 자신 있는 목소리로 "저는 제 감정을 이겨낼 수 있어요. 감정을 느끼지만 저는 이겨낼 수 있어요."와 같이 말하도록 이끌라. PWS가 자신이 직접 말하는 것이 좋다. PWS는 감정으로부터 그들의 정체성을 분리해 낼 수 있어야만 하며 그것이 핵심이다. 이것이 그들의 상태를 조절하는 방법을 학습하는 첫 단계이기 때문이다. 이제 다음과 같이 질문하라.

- "그 감정이 단지 정보에 불과하다면, 당신의 행동을 변화시키는 데 어떤 도움을 줄까요?"

PWS가 생각해 볼 수 있도록 다음과 같이 질문하라.

- "누가 이것을 조절합니까? 당신입니까? 아니면 당신의 감정입니까? 누가 그렇게 했나요?"

PWS가 자신의 감정을 자신의 위치, 상태, 운명 그리고 정체성에 대한 마지막 결정, 혹은 마지막 보고서 제출처럼 여기지 않게 하라. 대신 "감정으로부터 배우세요. 감정이 발생한 특정한 순간과 세상에 대한 당신의 인지 사이의 관계 메시지와 신호로 그것을 다루세요. 감정이 생겨난 그 상황에 감정을 그대로 두는 겁니다. 그것이 당신의 삶의 색깔을 정하도록 놔두지 마세요."라고 말하라.

5. 감정을 몰아가는 의미를 바꾸기 위해 허가하라

내면으로 들어가서 더 이상 유용하지 않은 것들을 적절하게 바꾸도록 다음과 같이 질문하라.

- "내면으로 들어가서 이러한 감정의 의미를 스스로 바꿔 보세요. 내면의 어떤 반대 의견과 부딪친다면 그것을 받아들이고 목적이 무엇일지 알아보세요. 그다음에는 그것을 만족시킬 수 있는 다른 방법을 찾아보세요(반대 부분을 재구성하기 위해 7단계를 참조하라).
- "감정의 어떤 새로운 의미가 그 감정의 영향력을 최소화하도록 만들까요?"

예를 들면, 다음과 같다.

- "전 어린 시절 말을 더듬는다고 놀림받을 때 이런 감정을 처음 느꼈습니다. 하지만 전 더 이상 어린아이가 아닙니다. 전 성인이고 저를 놀리는 것이 재밌다고 느끼는 사람들을 상대할 줄 압니다. 그들에게 문제가 있는 것이지 저에게 문제가 있는 것이 아니라구요!"
- "저는 공포를 수용하기로 했습니다. 왜냐면 공포는 저에게 진짜 위협이 되는 것들을 인식하게 하고, 미리 적절한 행동을 취하게끔 해 주기 때문입니다."
- "전 부드러운 감정을 느끼는 것을 받아들이기로 했습니다. 저를 더 완전한 인간으로 만들어 주기 때문입니다.

6. 긍정적인 자원을 사용하라

PWS가 부정적인 감정을 무시하고 그런 감정의 영향력을 최소화하거나 제거하는 자원을 찾도록 다음과 같이 질문하라.

- "부정적인 감정을 없애고, 그런 감정의 영향력을 최소화하거나 제거하기 위해 어떠한 자원 상태를 사용할 수 있을까요?"
- "당신은 평온함, 용기, 신뢰, 고집, 투지, 집중하기와 같은 자원 상태의 목록을 고려할 수 있습니다."
- "당신이 선택한 자원 상태로 들어가서 그 상태를 더욱 강력하게 확장시킬 수 있는 방법을 찾으세요. 그리고 이 자원 상태를 유지하면서 당신이 원하지 않는 부정적 감정을 제압하세요. 당신의 전체에 스며드는 평온함, 용기, 신뢰(그들의 실제적 단어를 사용하라)와 같은 감각을 느껴 보세요. 그리고 이러한 긍정적인 자원 상태로 원치 않았던 감정을 대체하세요.

- "긍정적인 감정을 부정적인 감정에 적용시키면서 부정적 감정을 긍정적인 감정으로 바꾸세요."

7. 잘 정리되었는지 검토하라

당신은 PWS가 이러한 변화에 완전히 적응했는지 검토할 필요가 있다. 이런 변화를 거부할 만한 여지가 보인다면, 그것은 변화의 과정을 방해하고 다시 부정적인 감정으로 몰아넣을 수도 있다.

그러므로 내면으로 들어가 제시된 변화에 어떤 거부가 있는지 다음과 같이 질문하라.

- "당신의 어떤 부분이 이러한 감정을 다스리는 데 방해가 되나요?"

당신은 목록을 작성할 필요가 있다. 그러고 나서 "그것을 거부하는 또 다른 것들이 있습니까?"를 질문하라. 만약 그렇다면 5단계로 다시 돌아가라.

다음 단계는 더 적절한 방식으로 만족감을 느낄 수 있도록 각각의 의도, 즉 더 큰 목적을 찾는 것이다. NLP에서는 모든 행동에 긍정적 의도가 있다고 본다. 그 의도가 윤리적으로나 도덕적으로 올바르다는 것을 말하는 것은 아니다. 의도는 그때그때의 상황이나 사람이 이용할 수 있는 자원과 관련이 있다.

이러한 가설과 관련하여 자주 묻는 질문에는 "아동을 성적으로 학대하는 사람들의 경우는 어떤가요? 어디에 긍정적인 의도가 있는거죠?"와 같은 것이 있다. 대부분의 가해자들은 학대를 당한 사람들이다. 그런 행동이 끔찍하기는 하지만 사랑을 받으려거나 어쩌면 사랑을 주기 위한 무의식적인 시도일 수도 있다. 병적인 것으로 보이겠지만(실제로도 병이다) 사실이다. 몇몇 성범죄자들을 치료하면서 그런 의도가 통상적이라는 것을 알아냈다. 사람은 그들을 부정하는 어떤 것을 원한다. 사용할 수 있는 전략이 거의 없어도 무엇이든지 아무것도 하지 않는 것보다는 나을 것이다.

한 PWS는 말 더듬는 습관을 포기하는 것에 대한 두려움을 다루었다. 이것은 그녀에게 중요한 문제다. 그녀의 말더듬은 그녀가 성공하는 것을 가로막는 데 의도와 목적이 있었다. 그녀가 직장에서 성공했다면 출장을 다니면서 새로운 사람들을 만나야 했을 것이고, 세계 곳곳을 다니며 발표해야 했을 것이다. 그녀가 굉장히 훌륭하고 유창한 발표자라 하더라도, 그녀에게 있어 성공은 '밖으로 나가는 것'을 의미했고, 그것은 위험에 처할 수 있다는 것을 의미하기 때문에 문제로 여겨졌다. 그래서 그녀는 실패와 상처받을 가능성의 위험으로부터 자신을 보호하기 위해 말 더듬는 행동을 계속했다. 게다가 그녀가 성공에 대한 두려움을 묘사하는 데 사용한 단어는 '공포'였다. 그녀의 내면은 성공을 막아야만 그녀가 실패하는 것으로부터 상처받는 것을 막을 수 있었기 때문에 그녀의 안전을 위해 말더듬을 계속 해야만 했다. 역설적이게도 안전한 상태를 유지하는 것은 말더듬을 계속하는 것을 의미했으며, 그것은 더 많은 실패와 상처를 초래했다. 그러므로 사람들은 모순을 경험하며 조화를 이루지 못한다. 그들의 행동은 그들이 원하는 것을 갖게끔 두지 않는다.

이런 유형의 주제를 다룰 때에는 상처에 뿌리를 두고 자란 거부의 더 큰 긍정적 의도를 이끌어내는 일반화를 하는 것이 중요하다. PWS에게 이것을 질문하기 전 그들이 완벽하게 거부와 연결되도록 만들라. 그 부분에 대해 좀 더 느낄수록 무의식적 상태에서 대답하기가 더 쉬울 것이다. 이것은 매우 간단한 방법이다. PWS에게 다음과 같이 물어보라.

- "그 부분의 목적이나 의도는 무엇입니까?"
- "그것은 당신에게 무엇을 시도하고 있습니까?"
- "그 부분이 당신에게 원하는 중요한 것은 무엇인가요?
- "더 높은 의도에서 삶을 정렬하기 위해서 당신에게 중요한 무언가를 포기해야 할까요?"

이러한 질문은 행동의 2차적 이득을 이끌어 낸다. 그들은 그 부분이 변화하기 전에 그러한 의도를 성취하는 또다른 의미를 찾아야만 한다.

이런 일련의 질문들은 더 큰 긍정적 의도를 갖게 해 줄 것이다. 무언가 진정으로 긍정적인(그리고 매우 추상적인) 것을 찾을 때까지 이런 질문들을 반복하라. 일단 전반적인 과정을 세우고 나서, 부정적인 감정 없이 이 과정을 성취하기에 좀 더 수용하기 쉬운 방법을 찾도록 만들라. PWS에게 이제는 부정적인 감정 없이도 성인으로서 자신을 보호할 능력이 있다는 것을 알도록 이야기 해 주라. 이제는 보호하기 위한 성인의 자원을 갖고 있다는 것을 언급해 줌으로써, 거부하는 부분을 재구성하는 효과를 볼 수 있다.

내 내담자는 실패의 두려움이나 말더듬으로 상처받는 것으로부터 스스로를 어떻게 보호할 수 있었을까? 아마도 그녀가 '힘 있는 상태(신앙적으로 매우 독실한 상태)'에 있을 때 그녀는 안전하며 보호받는다고 느꼈고, 실패의 두려움을 느끼지 않았다. 그녀는 이 상태를 삶의 다른 면에도 폭넓게 적용시키기만 하면 되는 것이다.

8. 미래에 사용할 수 있도록 기틀을 잡으라

마지막으로 변화가 지속될 수 있다는 것을 점검하자. 그들이 새로운 자원의 이점을 가지고 미래에서 사는 상상을 하게 하라.

- "부적절한 감정들은 이제 제거되었습니다. 앞으로의 삶은 어떻게 달라질까요?"
- "케케묵은 감정적 평가를 그것들이 원래 있던 어린 시절에 내버려두면 이것이 미래에 어떻게 될까요?"
- "이것이 세상을 헤쳐 나가는 데 좋은 방법이 될까요?"
- "앞으로 당신을 도와줄 새로운 자원을 상상해 보세요. 이건 어떤가요? 약간의 수정이 필요한가요?" 내담자가 그의 미래에 대해서 만족할 때까지 자원을 계속 추가하라.

스트레스를 다루는 방법은 PWS에게 가장 중요한 것이다. 그들에게 스트레스는 지속되는 현실이기 때문이다. 좀 더 적절한 감정의 반응들을 가지고 평온함으로 빠져들기를 익히는 것은 유창하게 말하는 데 있어 중대한 과정이다.

제6장

변화의 기술

프레임

우리가 만든 경험의 특정한 의미는 우리의 현실을 지각하는 방식으로부터 온다. 의미는 현재의 필요와 과거의 경험에 의존한다. 프레임(frame)은 세상을 인식하는 방식이다. 예를 들어, 당신이 친구의 생일선물을 준비하고 있다면, 당신의 지각적 프레임은 당신이 상점에 가는 방식에 영향을 줄 것이며, 당신이 그 친구에 대해 아는 것과 그 친구가 무엇을 좋아할지를 연관지을 것이다. 이 책은 말막힘과 말더듬 프레임에 대해 다루며, 이 주제와 관련된 몇 가지 정보를 중심으로 이야기하고자 한다. 또 특정한 상황과 사람에게 PWS가 어떻게 반응하며 반응이 어떻게 달라지는지에 대한 특정한 행동 유형을 핵심적으로 살펴볼 것이다.

프레임은 어떠한 행동을 할 때 당신의 반응을 비판적으로 결정한다. 모든 프레임은 사건에 대한 해석을 편향되게 하며, 특정한 목표를 성취하는 데 더 많이 혹은 더 적게 사용될 것이다. 그러므로 당신은 당신의 마음을 작동시키고 조절하는 부분으로서 프레임을 변화시키는 능력을 키울 필요가 있다. 몇 가지 사건, 행동, 상태의 의미를 변화시키기 위해 인지 양식과 대안적 프레임을 채택한다.

재구성 – 당신의 마음 변화시키기

모든 프레임은 편향되어 있고, 실제에 대한 부분적 인지이므로 언제든 바뀔 수 있으며 다른 관점으로 볼 수도 있다. 재구성(reframing)은 경험의 의미를 변화시킨다. 당신은 다른 관점에서 본 것을 당신의 이해에 따라 재구성한다. 자주 인용되는 예로서 물이 절반 정도 채워진 유리잔이다. 이 유리잔의 물은 반이나 비었는가? 반이나 차 있는가? 유리잔의 물은 동일하다. 당신이 가진 마음의 프레임이 의미를 바꾼다. 이 책은 PWS가 말막힘과 말더듬의 영역에 놓인 의미를 재구성하는 것이라고 말할 수 있다. 말막힘과 말더듬에 관한 부정적 연관성을 제거함으로써 PWS는 다시 유창해질 수 있는 가능성을 찾게 된다. 말하는 것에 대해 불안함을 가지고 반응하는 대신, 그들 스스로에 대해 중요한 것을 표현하는 기회로 보게 된다. PWS는 마음을 좀 더 낙관적인 상태로 유지하게끔 하며 그들이 말해야 하는 것에 좀 더 집중하고 다른 사람으로부터의 반응을 모니터 하게끔 하여 그들의 신체에 더 높은 신뢰를 갖게 한다.

어떤 행동이든 간에 그것은 당신의 상태, 감정적 반응 그리고 행동을 일으키는 잠재력에 당신이 영향을 미친다는 것을 의미한다.

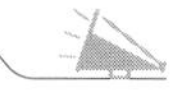

우리가 작업했거나 알고 있는 사례에서 PWS는 언제나 피해야 할 어떤 나쁜 것을 막는 것으로 보인다. 이것은 그들이 말막힘을 두려워 한다는 것을 의미한다. 말막힘을 두려워하는 그 행동이 말막힘을 만들어낸다. PWS에 능숙해지기 위해서는 말막힘과 말더듬에 관련된 낡은 의미에서 새로운 의미를 찾는 것으로 도전하고 이것을 자유롭게 해야 한다. 희망적인 소식은 이를 위한 많은 방법들이 많다는 것이다.

어떻게 재구성되는가

관점은 단지 관점일 뿐이다. 하지만 어떤 관점들은 좀 더 유용하고 효과적인 중재를 가능케 하는 경험의 해석을 제공한다. 당신에게는 언제나 가능한 대안적 관점이 있으며, 당신은 세상에 대한 당신의 인지와 이해를 자주 바꾼다. 예를 들면, 유명한 스포츠 스타가 중요한 골을 놓쳤을 때 당신의 태도는 어떨지 혹은 그들이 약물복용을 했거나 바람을 피웠다면 어떨지 생각해 보자. 당신도 알다시피 여러 가지 선택권이 있지만 마음은 사실 두 가지 다른 관점을 동시에 품을 수 없다. 늙은 노파와 젊은 여자의 그림([그림 3-1])을 기억해 보자. 당신은 둘 중의 하나의 형상을 볼 수 있을 뿐 동시에 두 개를 볼 수는 없다. 그것이 다를 수도 있다는 것을 안다 할지라도 오직 한 번에 하나씩이다.

이 장은 말막힘의 의식적 재구성에 대해 다룬다. 재구성이 자연스럽게 발생한다 할지라도, NLP는 경험의 의미를 신중하게 변화시키는 체계적인 방법을 통해 행동의 변화를 이끈다. 변화를 위한 한 가지 방법은 다른 사람이 사용하는 언어로 바꾸는 것이다. 당신은 다음과 같이 생각할 수 있다.

- "이것을 표현하기에 더 유용한 방법은 무엇일까?"
- "저것의 반대는 무엇일까?"

예를 들어, 다음의 진술을 재구성해 보자.

- "내가 만약 말이 막힌다면 사람들은 나를 멍청하다고 생각하겠지."

이것을 바꾸어 표현하자면 다음과 같이 할 수 있다.

- "만약 내가 말이 막혀 사람들이 나를 멍청한 사람이라 판단한다면 그것은 그들의 문제다. 나의 자존감은 사람들이 나에 대해 뭐라고 생각하는지가 아니라 내가 나 자신을 어떻게 보는가에서 비롯된다. "

이와 같은 재구성의 예는 조절의 근원지를 변화시킨다. 당신이 어떠해야 하는지를 다른 누군가가 좌우하기보다는 당신 스스로가 당신을 책임질 수 있게 하는 것이다.

이것은 어린 시절 지도를 업데이트 해야 하는 좋은 근거가 된다.

PWS는 어린 시절의 케케묵은 신념을 발견(확인)한 후 재구성할 수 있다. 이것이 자연스럽게 될 때까지 처음에는 신중하게 할 필요가 있다. 예를 들면, '나는 말막힘의 괴짜다.'라는 신념을 재구성할 수 있다.

- "절대 아니야! 나는 결코 그렇지 않아! 나는 어린아이 때 배운 거야. 성인이 된 지금 나는 단지 하나의 '행동' 그 이상이라는 것을 알았어. 계속적으로 배워야 하는 한 사람의 성인으로서 나는 이 행동을 정복해 가는 중이야."
- "아니야, 누군가에게는 내가 말이 막히는 괴짜로 보일지도 모르지만 만약 그들이 계속 그렇게 생각한다면 그건 그들의 문제야. 그들은 단지 나의 한 부분만을 보는 것이고, 그들은 좀 더 어른스러워질 필요가 있어."
- "나는 그저 어려움을 겪고 있는 사람인 것만은 아냐. 나는 친절한 사람이야. 나는 사랑스러운 사람이야. 나는 자원이 풍부한 사람이고 배려하는 사람이야. 나는 내 인생의 주인이야."

재구성의 의미 변화시키기

NLP는 의미를 재구성하는 두 가지 기본적인 방법인 문맥 재구성(context reframing)과 내용 재구성(content reframing)을 서술한다.

문맥 재구성 그 경험이 유용할 수 있는 대안적인 문맥을 찾기 위해서 “이것은 어디에 유용하고 가치가 있을까?”라고 질문한다. 문맥 재구성의 예는 다음과 같다. “말막힘에 관한 이 두려움은 어디에 유용할까?” “내가 말을 할 때 그런 두려움은 분명 필요하지 않아. 그러나 나의 삶을 잃어버릴 만한 육체적 위험에 처한다면, 그 두려움이 나를 구해 줄 수도 있어.”

당신은 말더듬이 유용할 수도 있다는 점에서 의문을 가질지도 모른다. 말더듬에 대해 웃어야 할 지 말아야 할지 모르겠지만 말더듬으로 희극적 캐릭터를 만들어 낸 몇몇의 코미디언들이 있다[영화 〈완다라는 이름의 물고기(A Fish Called Wanda)〉의 마이클 폴린(Michael Palin), 영국 시트콤 〈24시간 마음의 문을 열어라(Open All Hours)〉의 로니 바커(Ronnie Barker)]. 말을 더듬는 것은 생각할 시간을 벌거나 결정 내리는 것을 지연시키는 방법으로도 쓰일 수 있다. 실제로 문맥 재구성이 집중하기 위한 것은 아니다.

내용 재구성 경험 또는 행동에 관한 다른 의미를 찾기 위해 “이것이 다른 어떤 의미가 있나요?”라고 질문한다(다음에 제시한 세 가지 예는 내용 재구성이다). 모든 것들이 객관적으로 다 동일하게 남는 반면 행동의 의미는 다른 관점으로부터 해석되고, 개입되는 대안적인 전략으로 주어진다. 예를 들면, 말더듬이나 말막힘의 행동은 다음을 의미할 수 있다.

- “나는 단지 스스로에게 생각할 시간을 주는 것이다.”

- “나는 단지 특정 소리를 너무 좋아하기 때문에 나를 위해 계속 반복하는 것이다.”
- “나는 사람들이 긴장감을 갖는 것이 좋다. 그렇게 할 때 사람들은 나에게 좀 더 집중한다.”

내용 재구성은 “만약 말이 막힌다면, 나는 멍청해.”에서 “만약 말이 막힌다면, 그건 나에 대해 더 많은 것을 발견할 수 있는 기회이며 변화할 수 있는 나의 힘과 능력을 시험하기 위한 거야.”로 그 신념을 변화시킨다. 당신은 말더듬이 발생하는 상황에 대한 당신의 지각 반응을 바꾸게 된다(과거에 일어났던 것처럼 그것을 다루는 재구성의 또 다른 방법이다). 내용이나 의미의 재구성은 기본적으로 “비록 X가 Y를 의미할 수 있다 하더라도, 그것은 또한 Z도 의미한다. 그리고 어떤 면에서는 Z가 더 낫다.”고 이야기한다.

상황 재구성하기

PWS는 그들에게 ‘말을 더듬을 때’를 알려주는 유발자 혹은 단서가 되는 초기 상태를 확인하는 많은 연습을 해 왔다. 실제 외부의 사건은 동일하게 유지된다. 변하는 것은 PWS가 그것을 인지하는 방법이다. 사람은 특정한 사건에서 특정한 의미를 연결시킨다. 그들은 발생한 일과 그들의 반응 사이에 수많은 단순한 관련성을 만들어 낸다. 예를 들면, 그들은 특정 방식으로 권위자를 만나거나 그들의 반응과 마주한다. 그들의 이야기는 그들을 걱정하게끔 하고, 도망가게 하며 혹은 죄책감을 느끼도록 이야기한다. 아무도 그들에게 그런 반응을 만들게 하지 않는다. 그것은 그들이 그렇게 하도록 익힌 어떤 것이다. 이야기를 새로 씀으로써 제한된 반응을 바꿀 수 있고 좀 더 나은 새로운 연관성들을 찾게 된다. 다시 말하면, 상황을 재구성함으로써 행동은 변화한다. 그렇다면 이것은 어떻게 할 수 있을까?

만약 당신이 다른 사람을 '권위자'로 인지한다면, 다음의 예를 고려해 보라.

- "당신의 '권위자'는 단지 당신의 삶의 특별한 영역에 살고 있다. 당신이 나를 권위자로 보는 다른 영역도 있다. 나도 역시 말더듬에서의 권위자다! 그리고 그 외에도 다른 많은 것이 있다."
- "만약 당신이 권위적인 위치에 있다면, 당신은 내가 받아 마땅한 존경심을 가지고 어떻게 나를 대해야 하는지 아는 지혜를 가지게 된다!"

다른 사람들이 언제나 권위자가 되는 것은 아니다. 사람들이 '출근하지 않을 때' 하는 일상적인 활동과 그들을 연관지어 상상해 보자. 그들도 쓰레기를 버리거나 슈퍼마켓에서 장을 보거나 변기에 앉아 있을 것이다. 당신은 단지 당신의 상상력에 의해 제한되는 것이다.

대신 당신은 모든 상황으로부터 등지고 앉아 있을 수 있으며 무슨 일이 일어나는지 관찰할 수 있다. 이러한 목격자의 입장에서 당

신은 다음과 같은 결론을 내릴지도 모른다.

- 말더듬은 당신이 아직 당신의 생각을 잘 정리하지 못했다는 메시지이며, [당신의 말하는 태도(음색이 크게 달라지거나 밝아지거나……), 자세(당신이 어디를 보고 있으며, 어떻게 서 있고, 어떻게 숨쉬는지 등)의 설명으로 당신이 존재하는 방식인] 의사소통 고리의 잘못된 끝에만 집중하고 있다는 신호다.
- 말을 더듬는 것은 대화를 장악하는 놀라운 방법이다. 당신이 더 오래 말을 더듬는 것은 더 많은 통제력 안에 당신을 두는 것이다. 이것은 일반적으로 낮은 지위에 주어지는 PWS의 가치를 변화시킨다.

이러한 재구성은 초기의 상태를 설명한다. 다음과 같이 당신의 반응을 고려해 보라.

- "말더듬을 당신이 관심을 갖기에 지루하고 하찮으며 적절하지 않은 반응으로 만들기 위해선 어떤 상황이 필요할까?"
- "만약 당신이 말이 막히거나 말을 더듬는 것에 대해 전혀 개의치 않는다면 무슨 일이 일어날까?"

여기에 대한 반응은 주로 "글쎄, 나는 더듬거리지 않았는데."와 같다. 이것은 말막힘을 단순히 나쁘고 공포스러운 것으로 보며 중요한 것이 아니라 피해야 할 어떤 것으로서 의미를 바꾸는 사람들에게 질문한다. 말막힘을 극복한 사람들은 말이 막히거나 심지어 단어를 약간 더듬을 때도 거기에 지나치게 많은 부정적 의미를 주는 것을 멈춘다.

재구성의 작업은 치료만큼이나 큰 즐거움일 수 있다! 대부분의 농담들은 재구성이다. 만약 당신이 이를 철저히 연습한다면, PWS는 바닥에 데굴데굴 굴러다녀야 할 것이다.

가능한 많은 의미 재구성을 찾기 위해 PWS에 질문해 보라. "이것은 또 어떤 유용한 의미가 될 수 있을까요?" PWS에게 긍정적인 재구성을 찾기 위해 그들의 상상력을 사용하여 PWS에게 질문하는 것은 임상가가 그들에게 제공하는 것보다 더 효과적일 수 있다. 그들은 이미 상상력을 가지고 있다. 단지 그것을 다르게 겨냥할 필요가 있다. 이러한 방법으로 PWS는 그들 스스로를 치유시키는 데 책임을 갖는다. 그 전제는 사람이 그들에게 있는 자원 안에서 스스로 치유를 위한 해답을 갖는 것이며 성공의 길을 전경으로 가지고 오는 것을 말한다.

당신의 힘 되찾기: 사례연구 6

다음은 다른 사람들과 이야기할 때마다 목에 엄청난 긴장감을 경험한 샐리(제2장 참고)와의 회기에 대한 축어록이다. 이러한 긴장감은 특히 그녀가 사회적 상황에 있을 때 강조되었다.

치료자: "샐리, 당신이 사회적 상황에 있을 때 목 주위의 긴장감을 정말로 느끼나요?"

내담자: "네."

치료자: "그럼 그 긴장감이란 당신에게 어떤 의미인가요?"

내담자: "공포요!"

치료자: "그러니까, 그 긴장감 뒤에 있는 것이 공포란 말이군요?"

내담자: "네, 오, 정말 그래요. 저는 다른 사람에게 말하는 것이 공포스러워요. 제가 사회적 상황에 있을 때마다, 심지어는 말하는 것을 생각할 때도 공포스러워요."

치료자: "다른 사람들 앞에서 말하는 것이 당신에게 어떤 다른 의미가 있나요?"

내담자: "저는 투명인간이 되고 싶어요. 그 누구도 저를 보는 것을 원하지 않아요."

치료자: "샐리, 당신은 무엇을 두려워하나요?"

내담자: "저는 말을 더듬을까 봐 두려워요."

치료자: "그럼 당신은 말을 더듬을까 봐 다른 사람들 앞에서 말할 때 공포감을 느끼며 그래서 투명인간이 되고 싶다는 건가요? 사람들 앞에서 말하는 것이 당신으로 하여금 말더듬에 대한 공포를 갖게 하고 투명인간이 되고 싶게끔 하는 이유는 무엇일까요?"

내담자: "모든 사람들이 불편해질 거예요. 그들은 제가 말하기를 원하지 않을 거예요. 아마 저를 좋아하지 않을지도 몰라요."

치료자: "아, 알겠어요. 그러니까 다른 사람들이 당신의 말더듬을 불

편해할 것이며, 그 불편함 때문에 그들이 당신에게 말 걸기를 원하지 않을 거라는 걸 두려워하시는 거군요?"

내담자: "네, 바로 그거예요."

치료자: "그들이 당신을 좋아하지 않을지도 모른다는 걸 어떻게 아는지 말해 주시겠어요?"

내담자: "말더듬는 것은 나쁘게 들려요. 모든 사람들이 그걸 알고 있죠. 사람들은 당신이 어떻게 보이며 그리고 어떻게 말하는지에 따라 당신을 판단하죠?"

치료자: "오. 그런가요? 모든 사람이 어떻게 보이는지와 어떻게 말하는지로 사람을 판단한다구요?"

내담자: "물론이죠."

치료자: "그들에게 물어보셨나요? 지난 몇 년 동안 얼마나 많은 사람이 당신에게 그렇게 말했나요?"

내담자: "글쎄요, 모든 사람에게 물어보진 않았지만, 어떻게 보이는지 어떻게 말하는지로 사람을 판단하는 것을 당신도 알잖아요." (샐리는 그녀가 어떻게 말하는지에 의해 다른 사람들이 그녀를 판단한다고 확신하고 있었다)

치료자: "샐리, 어떻게 당신은 투명인간이 되기를 원했나요? 얼마나 오랫동안 투명인간이 되기를 원하셨어요?"

내담자: "제가 어린 소녀였을 때부터 투명인간이 되기를 원했어요."

치료자: "무엇 때문인가요? 어째서 어린 시절부터 투명인간이 되고 싶었죠?"

내담자: "어린 시절, 저는 제 입을 여는 것이나 엄마가 화내는 것이

두려웠어요. 엄마는 항상 저에게 비판적이셨죠. 그녀는 한 번도 저를 칭찬한 적이 없었어요. 엄마는 마녀였어요. 그녀는 마녀처럼 보였어요. 지금도 그녀의 얼굴이 보여요."

치료자: "당신은 말하는 것이나 엄마가 화내는 것을 두려워했군요? 심지어 엄마가 마녀처럼 보였다구요?"

내담자: "네, 지금도 엄마 얼굴이 보여요."

치료자: "엄마 얼굴을 보면 무엇이 느껴지나요?"

내담자: "제 목에 긴장감이 느껴져요. 마치 밧줄로 제 목을 조르는 것 같아요."

치료자: "그래서 집에서 당신의 목소리를 높이는 것을 두려워 했군요, 그래서 투명인간이 되고 싶었고요?"

내담자: "네, 엄마와 아빠는 항상 싸우셨어요. 저는 엄마가 칼로 아빠를 죽이려고 했던 순간을 기억해요. 엄마와 아빠는 뛰어다녔고 아빠는 칼을 치워 달라고 엄마에게 간청했어요. 엄마가 저를 죽일까 봐 두려웠어요. 전 투명인간이 되고 싶었어요."

치료자: "당신은 마음속에 엄마가 아빠를 죽이려 하는 장면을 가지고 있군요. 그리고 그녀가 당신을 죽일까 봐 두려워하고 있고요?"

내담자: "네. 그게 저를 공포스럽게 해요."

치료자: "자, 우리는 당신의 공포가 어디에서 오는지 확실히 알았어요. 당신의 몸 어디에서 그 공포가 느껴지나요?"

내담자: "제 턱이요."

샐리의 공포가 어디에서 왔는지를 충분히 알 수 있는 정보가 있다. 끔찍한 역기능적 가정에서 자란 샐리는 조용히 눈에 띄지 않는 것이 생존을 위한 최선의 방법이라고 배웠다. 축어록에서 그녀의 아버지에 대해서는 언급되지 않았지만, 아버지 또한 그녀에게 비판적이었다. 그녀는 결코 그를 만족시킬 수 없었다. 아버지와 어머니로부터 샐리는 다른 사람들의 판단에 대한 공포를 배웠다.

중요한 것은 샐리가 그 어린 시절 트라우마로부터 온 감정을 그녀의 목과 턱에 담고 있었다는 것이다. 다시 말하면, 그녀의 말막힘은 눈에 보이지 않는 존재로 남아 비판을 피하고자 하는 것이다. 여러 달에 걸친 수차례의 훈련 과정을 통해 샐리는 두려움을 극복하고 이제는 아주 유창하게 말한다. 훈련 기간 동안 우리는 이 책에 제시된 많은 기술을 사용했다. 결과적으로 샐리는 자원이 풍부한 사람이 되었고, 다른 사람들의 판단에 신경쓰지 않을 만큼 매우 건강하고 강한 자존감을 가진 사람이 되었다.

회피 차단하기

다른 사람들과의 관계에서 PWS는 종종 '나에게 관심을 집중하는 사람들 혹은 집단이 있는 어떤 상황도 피하고 싶고 이러한 약점을 보이고 싶지 않아.' '만약 내가 사람들과 함께 있다면, 말더듬에 대한 것을 숨기거나 차단하려고 애쓸거야. 그럼 멍청해 보이지 않을 거야.'라고 생각한다. 이러한 태도는 부정적으로 진술된 결과([연습 3-3] 참조)를 입증한다. 부정적인 결과나 소망은 더 심각한 공포

를 만들어 내며 부정적인 생각의 소용돌이를 일으키는 경향이 있다. 재구성은 이러한 잔인한 소용돌이를 깨뜨린다. 이 기술은 이러한 의도를 긍정적인 말로 다시 쓰게 한다(〈표 6-1〉 참조).

표 6-1 긍정적 재구성

사례연구의 원래 목록	대안(긍정적, 앞으로의)
• 나는 나 자신에게 관심을 집중시키지 않을 것이다.	• 나는……에 관심이 맞춰지길 원한다.
• 나의 약점을 다른 사람에게 보이지 않을 것이다.	• 나는 나의 강점을 사람들에게 보여 줄 것이다.
• 나는 다른 사람에게 나를 비웃을 기회를 주지 않을 것이다.	• 나는 나 자신에 대해 웃을 수 있다.
• 나는 다른 사람에게 내가 고군분투하는 모습을 보여 주지 않을 것이다.	• 나는 다른 사람들이 나를 존경을 가지고 대해 주기를 원한다.
• 나는 말더듬는 모습을 숨길 것이다.	• 열린 태도를 통해 나는 변화될 수 있을 것이다.

만약 PWS가 어떤 것을 피하는 것 같다면, 당신은 〈표 6-1〉에 제시된 재구성 중 하나와 직면할 수도 있다. PWS가 부정적 진술을 만들 때를 질문하기 위해서는 보통 "좋아요, 그래서 그것을 원하지 않는군요. 그럼 무엇을 원하나요?"와 같다. 반대 측면을 언급함으로써 일치되는 쟁점에 직면하게 될 것이다. 단순히 "난 다른 사람들이 나를 존중하며 대우해 주기를 원해요."라고 반대로 말하는 것으로도 해결되야 하는 다른 가능성의 쟁점들을 이끌어 낸다.

신념을 재구성하는 것은 PWS로 하여금 그들의 제한된 신념의 프레임 밖으로 한 걸음 나와 대안적 방법을 고려해 보게 한다. 이것은 제4차 위치에서의 활동이며 즐겁게 할 수 있어야 한다(이것에 대한 더 많은 정보는 Hall & Bodenhamer, 2001, 제6장 참조)! 다음은 스스로에 대한 PWS 진술을 재구성할 수 있는 방법에 관한 몇 가지 예다.

재구성 결과/목적 진술

나는 나 자신에게 관심을 집중시키지 않을 것이다

- "실제로 대부분의 사람들은 다른 이들의 관심을 얻기 원합니다. 무엇이 당신을 그렇게 다르게 만드나요? "
- "그럼 내가 당신을 무시해야 하나요?"
- "그렇다면 당신은 관심을 받을 만한 가치가 없나요?"
- "만약 당신이 그렇게 했다면 어떤 일이 일어날까요?"
- "만약 그렇게 하지 않았다면 어떤 일이 일어날까요?"

나의 약점을 다른 사람에게 보이지 않을 것이다

- "당신은 그것을 왜, 어디에 보관하나요? 집 안의 금고인가요?"
- "당신이 연약하다는 것을 어떻게 아나요? 누가 그것을 결정했나요?"
- "만약 내가 그런 신념을 가지고 있다면, 나는 정말 연약하기 때문에 부모님의 집을 결코 떠나지 않을 것입니다."
- "만약 당신의 연약함을 '축하'하며 당신이 인류와 하나가 된다면 무슨 일이 일어날까요?"

나는 다른 사람에게 나를 비웃을 기회를 주지 않을 것이다

- "하지만 당신은 스스로를 비웃을 수 있을까요?"
- "코미디언은 사람들이 자신을 보고 웃게 만들기 위해 최선을 다하죠."
- "만약 말이 막히거나 말을 더듬는 것 때문에 사람들이 당신을 비웃는다면 그것은 누구의 문제인가요? 당신인가요 아니면 그들인가요? 그들이 그저 좀 더 성장해야 합니다. 그렇지 않나요?"
- "과거에 당신의 말막힘과 말더듬 때문에 얼마나 많은 사람이 당신을 비웃었나요?" "당신도 거기에 동참했나요?"

나는 다른 사람에게 내가 고군분투하는 모습을 보여 주지 않을 것이다

- "그렇다면 당신은 이불 밑에 숨는 것이 더 나을 겁니다."
- "당신은 이 문제로 인해 삶의 대부분을 투쟁하며 보내고 있습니다. 그 싸움을 내려놓고 '그들이 나의 투쟁을 보든지 말든지 신경 안 써.'와 같은 태도로 편해지자는 생각을 해 본 적이 있나요? 만약 그들이 문제를 갖고 있다면 그건 그들의 문제입니다."

나는 사람들 사이에서나 집단에서 나의 이러한 약점이 노출될 어떤 상황도 피할 것이다

- "그렇다면 당신은 은둔자의 삶을 살 것입니다."
- "그것은 더 나아질 연습을 하지 않겠다는 것을 의미하나요?"

- "당신이 말하는 '약점'이란 말은 당신에게 무엇을 의미하나요?"
- "그것은 정말 약한 생각입니다. 그렇지 않나요?"

나는 말더듬는 모습을 숨길 것이다

- "자, 그렇다면 어떻게 그렇게 할 것인지 보여 주세요."
  "'시도'가 아니라 그렇게 해 보세요."
- "그것은 당신이 가치 있게 말할 것이 아무것도 없다는 것을 의미하나요?"
- "그러한 생각을 어떻게 숨길까요?"
- "당신이 그렇게 할 때 무슨 일이 일어날까요?"
- "그냥 그 사실을 인정하고 앞으로 나아가 당신이 할 수 있는 최선을 다해 말하는 것이 더 좋지 않을까요?"

자존감을 높이기 위한 패턴 *

자기수용을 받아들이고 자기감사를 인식하기

대부분의 PWS는 스스로에 대한 낮은 평가를 하기 때문에 그들이 뛰어난 유창성을 발전시키기 원한다면 그들의 자신감을 북돋아 줄 방법이 필요하다. 그들은 자신이 가지고 있는 독특한 말하기 행동을 확인하는 것을 그만두고, 그들 스스로에 대해 좀 더 인정하고 감사할 필요가 있다. 여기서는 그들의 말막힘 행동을 확인하는 대신에

* Hall, 1996, 2000, pp. 81-82의 내용을 인용함.

말더듬에 상관 없이 가치 있는 사람으로서 스스로를 수용하고 인정하는 자아감을 가지고 말한다면 무슨 일이 일어날지 살펴본다.

우리는 자존감의 세 가지 양상을 다음과 같이 정의내릴 수 있다.

- 당신의 '나쁜 점들까지 모두 다 있는 그대로 수용하기
- 당신이 잘하는 것을 인정하고 당신이 한 것에 감사하기
- 당신이 염원하는 것, 당신이 가지고 있는 잠재력에 경외심 갖기

당신의 자존감을 발달시키는 방법 중 하나는 마틴 셀리그먼(M. Seligman)이 그의 책 『학습된 무력감(*Learned Helplessness*)』(제2장 참조)에서 언급한 3P의 해석을 바탕으로 한다.

첫 번째 P는 개인적(Personal)이며 개인의 정체성과 관련이 있다. 이것이 수용(Acceptance)을 보여 주어야 하는 부분이다.

> 수용이란 당신의 다양한 특성에 주목하는 것이다, 당신이 무엇을 판단하던 간에 "이것이 지금 내 모습이다." "이것은 나를 묘사하는 한 가지 방식이다."라고 받아들이라. 당신은 어떤 것도 숨기거나 부정하거나 모두 다 "괜찮다."고 가장하지 않고 당신 그대로를 받아들이라. 단지 자신에 관해 좋아하지 않는 어떤 개인적 특성이 있는 것이며, 그것이 향상될 가능성과 실현할 기회는 언제나 존재한다. 당신이 '완벽'하다면 삶은 무의미할 것이다.

두 번째 P는 행동의 확장(Pervasiveness)이며 여기에는 감사(Appreciation)가 필요하다.

> 사람들은 모두 굳이 생각하지 않더라도 잘 해낼 수 있는 많은 기술을 가지고 있다. 당신은 그것을 대수롭게 여기지 않았기 때문에 '평범한' 또는 '사소한' 것으로 간주할지도 모른다. 예를 들면, 당신은 요리를 잘할 수도 있고, 정원 가꾸기를 좋아하거나 재정을 관리하는 데 즐거움을 발견할 수 있을 지도 모른다. 당신은 '누구나 다 하는 거 아닌가요?'라고 생각할지도 모른다. 하지만 사실 그렇지 않다. 그러한 특별한 재능이 부족한 사람들은 당신의 능력을 존경할 것이다.

세 번째 P는 당신의 세상 모델을 생각하는 방식과 관련된 지속성(Permanent)이다. 이것은 당신이 될 수 있을 무언가에 대한 경외감(Awe)을 발전시킬 필요가 있는 부분이기도 하다.

> 모든 인간은 삶의 이유를 가지고 있다. 어떤 이들은 이것을 사명, 목적이라 생각한다. 무엇으로 이름을 붙이든 이것은 인간으로서 당신의 잠재력을 가득 채워 당신의 영적 여행을 가능하게 하는 모든 것이 될 것이다. 그리고 당신 삶의 경험에 대한 풍성함을 생각할 때 그곳에 얼마나 많은 가능성이 있는지……그리고 심지어 그보다 더 놀라운 일들이 있다는 것을 깨달음으로써 경외감과 경이로움이 고무된다.

수용, 감사 그리고 경외감/존중 패턴

언어병리학자들이 PWS와 작업하는 주된 목적은 그들이 말더듬는 것과 무관하게 그들 스스로에 대해 충분히 좋게 느끼고 건강한 자존감을 고취시키도록 돕는 것이라고 이미 언급했다. 그러한 걱정으로부터 해방될 때 유창성은 증가하게 된다. 내가 PWS로부터 이끌어낸 의미 프레임을 생각해 보라. "만약 그들이 유창할때나 말을 더듬을 때나 스스로에 대해 정말로 좋은 감정을 느낀다면, 말막힘이나 말더듬이 그들에게 부정적인 의미라고 볼 수 있을까요? 부정적 의미가 없다면 말이 막히거나 말을 더듬을까요?" 많은 경우 그렇지 않다. 그러므로 PWS는 반드시 자신의 자원을 다져야만 한다.

제2장에서 나는 사람들이 어떻게 그들의 생각을 겹겹이 쌓아 놓으며 판단, 의견, 상황 등에 따라 원래의 생각을 어떻게 가두어 두는지를 언급했다. PWS는 주로 부정적인 생각의 맨 위에 부정적인 생각을 쌓아두는 부정적인 방식을 사용한다. 이 방식은 그들의 공포와 불안에 복합적으로 영향을 미치며 말더듬을 더욱 심하게 만든다. 그러나 당신은 동일한 유형의 생각들을 활용할 수 있으며 당신이 추가하는 생각의 본질을 바꿈으로써 작업할 수 있다. 긍정적인 생각과 자원의 층을 차곡차곡 쌓고 자기개념에 그것을 적용시킴으로써 긍정적이고 복합적인 영향은 좀 더 자율적인 사람을 만들어 낸다.

연습 6-1 자존감 증진시키기

자존감 패턴은 말막힘을 유도했던 상황에 반응하는 방식을 변화시킬 수 있는 강력한 세 가지 자원이 있음을 확실히 하는 것이다.

개요

1. 각각의 A 자원 상태에 접근하라: 수용(Acceptance), 감사(Appreciation), 경외감(Awe).
2. 각각의 상태를 확장시키고 자아에 대한 당신의 개념을 적용하라.
3. 자존감을 극대화하기 위해 필요한 상황을 확인하라.
4. 필요한 곳에 당신의 강력한 자존감 상태를 적용하라.
5. 새로운 미래를 상상해 보라.
6. 개인적 생태를 확인하라.

[그림 6-1] 자원에 접근하기

1. 각각의 A자원 상태에 접근하라

당신이 수용할 수 있었던 경우를 기억함으로써 각각의 상황에 접근하고, 스스로에게 감사하며 경외하라([그림 6-1]). 당신이 선택할 때 그 상태에 다시 접근할 수 있도록 각각의 상태를 위한 암호나 단어를 찾으라.

수용(Acceptance) 누군가가 당신이 인식하지 못했던 당신의 개인적 자질 중의 하나를 언급했거나, 당연하게 여겼던 당신의 재능을 인정하는 것처럼 도전받았던 무언가를 수용할 수 있었던 순간을 기억하라. 그것에 대해 생각해 볼 때 스스로에 대한 진실을 수용할 수 있었을 것이다.

감사(Appreciation) 당신이 자연스럽게 잘 해냈으며, 당신의 재능 중의 하나를 정말 감사히 여겼던 일을 생각해 보라. 당신은 당신의 가족, 가정, 일을 자랑스러워하는가? 당신 주변의 모든 것이 긍정적 업적의 증거다. 자기감사의 감정을 느껴 보고 그것을 앵커링하라.

경외감(Awe) 당신이 염원하는 모든 것, 되기 바라는 것, 당신이 경이롭게 여기는 것과 같이 인간으로서의 당신의 잠재력의 범위를 생각해 보라. 당신이 너무나 엄청나게 여기기 때문에 그저 마음속에서만 흩날리는 무엇이 있는가? 나는 밤 하늘을 본다. 그리고 그것의 광대함과 신비로움에 대한 생각에 잠긴다. 나는 경이로움 속에서 아름다운 음악을 들으며 그것의 복잡성과 아름다움에 깊이 몰두하게 된다.

2. 세 가지 상태를 확장시키고 각각을 자아에 대한 당신의 개념에 적용하라

각각의 상태를 차례로 확장시켜서 자아에 대한 당신의 감각에 적용하기 위한 힘을 충분히 부여하라. 삶의 경험, 바람 그리고 능력을 가진 특별한 사람으로서 당신이 누구인지 자신에 대해 생각해 보라. 당신은 당신의 이미지를 더 다채롭고, 크고, 밝게 확장시킬 수 있다. 수용, 감사, 경외감/존경의 강한 감정을 지지하기 위해 긍정적이고 강력한 언어를 사용하라.

확장된 각각의 자원을 차례로 확장하고 채우라. 자원 거품으로 움직여 온몸에 이것이 스며드는 것을 상상해 보라. 혹은 내면 깊은 곳의 자원에서 뿜어져 나와 당신의 온몸과 주변의 모든 공간을 채우는 자원을 상상해 볼 수도 있다. 이러한 방법으로 당신은 수용과 감사와 그리고 당신 자신에 대한 더 큰 존중을 가능하게 하는 더 강한 자아개념을 갖게 된다.

당신이 누구인지에 대한 자아감각을 한 번에 하나씩 이러한 자원에 적용해 보자([그림 6-2]). 단지 당신에 대한 하나의 생각을 가지고 각각의 자원을 그 생각에 적용시키라. 당신은 이러한 세 가지 자원 상태를 사용하여 스스로에게 메타상태화한다. 예를 들면, 자신을 '밥'이라 생각하고 그러한 상태를 '밥'이라는 이름에 적용시키는 것이다. "나는 밥을 수용한다." "나는 밥에게 감사한다." 그리고 "나는 밥의 완전한 경이로움, 놀라움 그리고 존경 안에 서 있다." 매순간 그것을 할 때마다 눈물이 날 것이다. 이러한 패턴은 스스로를 사랑하기 위해 당신에게 질문한다. 만약 그것이 당신을 위한 새로운 아이디어라면 설령 당신 스스로를 강요해야 할지라도 머뭇거리지 말고 어떻게든 하길 바란다!

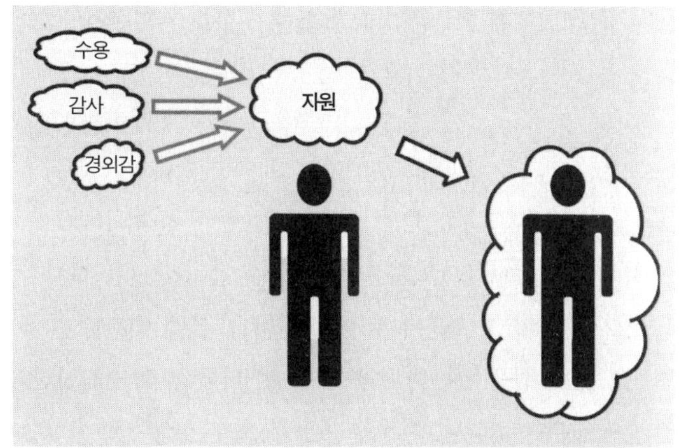

[그림 6-2] 자존감 높이기

자원 상태를 적용하는 데에는 여러 가지 방법이 있다. 예를 들면, 당신은 먼저 자원 상태에 도달할 수 있으며 이 단계 안에서 또 다른 당신과 통합될 수 있다. 또한 당신은 관찰자나 5차 위치가 될 수도 있으며, 스스로에게도 자원을 보낼 수 있다. 더 높은 수준의 자아와 직면하는 단계는 당신에게 있는 자원을 받아들인다.

당신의 자아에 수용, 감사, 경외감의 세 가지 자원을 적용 함으로써 당신은 개인적으로 좀 더 많은 힘을 얻고 이러한 자원이 유용하게 사용될 다른 상황 안에서도 스스로 충만해졌음을 상상하게 된다.

3. 이러한 세 가지 자원을 적용하는 데 요구되는 상황을 확인하라

자원이 풍부한 반응을 위해 당신이 더 선호하는 상황이 무엇인지 결정하라. 당신의 자존감이 바닥을 쳤고 말막힘이 특히 두드러졌던 상황 하나를 선택하라. 이것은 당신이 자기비하를 느끼거나,

당신의 본성에 대해 질문하거나, 당신의 능력을 의심하거나, 스스로를 싫어하게 느끼게 하는 상황이 될 수 있다.

4. 당신의 강한 자존감을 그것이 필요한 곳에 적용하라

'자신감이 없는' 상황의 당신 자신을 비교할 만한 미래에서 본다고 상상해 보고, 2단계의 새로운 자원 상태, 즉 상황을 변화시키는 수용, 감사, 경외감을 적용해 보자. 당신이 지금 가지고 있는 사용 가능한 모든 자원을 완전히 수용함으로써 다른 것과 연관시킬 때 당신의 관점은 변화된다. 이것이 어떻게 오래된 상황을 변형시키는지에 주목하라. 이제 이 새로운 자기수용, 자기감사 그리고 자아존중의 감각을 당신 스스로 경험해 보라.

5. 새로운 미래를 상상해 보라

한 주 동안 그리고 다음 한 달 동안의 삶이 풍성한 자원으로 움직이는 것을 상상해 보자. 당신은 당신에게 유용한 자원 상태를 가지고 있기 때문에 삶은 달라질 것이다. 과거에 말막힘이 있었던 몇몇의 전형적인 상황 속에 당신을 놓으라. 지금은 얼마나 더 유창한지 주목하라. 당신이 말하는 방식 안에서 이루어질 수 있는 앞으로의 향상에 대해서도 인식해 보라.

이것은 다른 사람들이 당신을 무너뜨릴 수 있는 강력한 힘을 제한한다. 자신을 존중하는 것은 당신이 어떻게 말하는지에 대해 다른 사람들이 무슨 생각을 하든 크게 신경 쓰지 않는 것이다. 당신이 스스로를 수용하고 감사하고 존중하기 때문에 당신은 그들을 수용하고 감사하고 존중할 수 있다.

6. 개인적 생태를 확인하라

당신의 모든 부분이 이 새로운 개념과 일직선상에 놓여 있는가? 만약 그렇다면, 그것은 환영할 만할 일이고 스스로에게 감사할 일이다. 만약 당신의 한 부분이라도 이 새로운 배열과 일치하지 않는다면, 당신을 위한 그 분야의 목적을 찾고 당신이 스스로에 대해 충분히 생각하도록 허락하라. 그리하여 다른 사람이 당신에 대해 어떻게 생각하는지가 당신이 말하는 방식을 조정하지 못하도록 하라. ([연습 5-2]의 거부를 다루는 7단계 참조)

다음 몇 주 혹은 몇 달 동안 당신의 개인적인 능력과 자존감이 어떻게 증진되는지를 인식해 보자.

스위쉬 패턴

스위쉬(Swish)* 패턴이란 당신이 원하지 않는 전략을 유창하게 말할 수 있는 더 적절한 전략으로 대체하는 방법이다. 행동장애를 유발하는 하나의 사건에 대한 당신의 반응을 바꾸기 위해 이 과정을 사용해 보자. 새로운 연결을 만드는 데는 단지 아주 약간의 연습이 필요하다. 당신의 대안적 반응은 자극요소에 의해 자동적으로 활성화되며 당신은 과거의 자극-반응 연결이 재설계되는 것을 볼 수 있을 것이다. 스위쉬 과정은 원하지 않는 반응의 영상을 배경으

* NLP에서 사용되는 변화기술이다. 여기에서 '스위쉬'는 이 기법을 적용할 때의 소리를 나타내는 의성어다.

로 보내고 여기에 유용하며 원하는 다른 것을 대체함으로써 작동된다. 만약 이것이 익숙하게 들린다면 그것은 아마도 이 패턴이 제3장에서 다루었던 전경/배경 패턴(foreground/background pattern)과 유사하기 때문이다. 스위쉬 패턴은 당신이 새로운 행동 반응을 설정하게 하고 그렇게 함으로써 당신이 되고자 하는 사람으로 나아갈 수 있게 하기 때문에 매우 강력하다.

당신은 당신의 삶의 목적과 나란히 할 수 있는 방향 안에서 마음, 감정, 말과 행동을 설정하는 스위쉬를 스스로 설계할 수 있다. 당신을 더 가치 있고, 자신감 있으며, 사랑스럽고, 능숙하며, 행복하고, 활기차고 친절한 이미지로 그려 보자. 이것은 말막힘이 있는 사람들에게 방향의 전환이 되는데, 그들은 대화 속에서 말막힘을 경험하는 것으로 자기 자신을 보는 습관을 갖고 있기 때문이다. 스위쉬 패턴은 말막힘에서는 물론이고 유창함에 대한 염려 그 너머까지 그들의 마음을 재훈련시키며, 그들이 고무받은 모든 것이 이루어지게 하고 개인적 능력과 성취에 경외감을 갖게 한다.

연습 6-2 스위쉬 패턴

스위쉬 패턴을 사용할 경우 과거의 패턴과 완전히 몰입된 상태로 시작하라. 그러면 당신은 도움이 되는 새로운 이미지의 결과 쪽으로 이끌릴 것이다. 많은 사람들이 그 과정을 하는 동안에는 눈을 감고, 단계 사이에는 눈을 뜨는 것이 더 낫다는 것을 알게 될 것이다. 당신에게 가장 효과적인 것을 찾으라.

개요

1. 변화하는 경험을 확인하라.
2. 이 경험의 내면 영상을 명확하게 하라.
3. 희망했던 성과를 발달시키라.
4. 두 개의 표상을 연결시키라.
5. 장면을 스위쉬하라.
6. 다섯 번 스위쉬하라.
7. 확인하라.

1. 변화하는 경험을 확인하라

바로 다음의 대화에서 당신이 말이 막힐지도 모른다는 공포의 영상에 재접근하라. 당신이 이 영상과 확실히 연합되도록 하라. 만약 당신이 분리되어 영상 안에서 스스로가 보인다면 실제의 당신 안에 존재하면서 당신의 눈을 통해 장면을 보고 당신을 둘러싼 것을 보라.

주: 당신은 말문이 막히기 전에 무엇을 인식하였는가? 말막힘의 두려움이나 불안감을 유발하는 무엇을 보고, 듣고, 느꼈는가? 그 상황에 대해 충분히 자세한 이미지를 갖도록 하라.

2. 이 경험의 내면 영상을 명확하게 하라

당신은 아마도 말막힘을 유발하는 것이 정확히 무엇인지 알지 못할지도 모른다. 이는 마치 당신이 얼마간 자동적으로, 습관적으로 해 온 것처럼 느껴질 수 있다. 당신은 말막힘의 두려움을 만드는 영상 속의 핵심 요소를 확인함으로써 단서의 일부를 의식 안으로 가져올 수 있다.

크기, 거리, 밝기, 거리, 색 등의 시각적 양상과 그 영상의 특성에 주목하는 것으로 시작하라. 그리고 그 경험에 대해 당신이 느끼는 방법에 중요한 변화를 만드는 과정을 보기 위한 각각의 특성을 체계적으로 확인하라. 예를 들면, 만일 당신이 그 영상을 저 멀리 보낸다면, 이 기억에 대해 당신이 어떻게 느끼는지 달라지는가? 화면의 크기를 바꾸거나 둘레에 경계를 친다면 어떻게 되는가? 흑백으로 만들면 무슨 일이 일어나는가? 초점이 맞지 않다면? (이해를 돕기 위해 〈표 4-1〉의 목록을 사용하라) 그리고 어떤 음성의 단서가 차이를 만드는지 찾아내라. 음질이나 음조에 변화를 준다면 무슨 일이 일어나는가? 말의 빠르기와 억양을 달리하면 무슨 일이 발생하는가?

이러한 단서의 이미지 속에 있는 무엇인가가 말막힘에 대한 두려움의 반응을 작동시킨다. 이것은 이미 당신의 마음을 비자원 상태로 스위취하는 것이다. 당신은 이미지를 바꿈으로써 자원 상태로 당신 자신을 스위취하기 위한 동일한 능력을 활용할 수 있다. 당신은 두려움 대신에 편안함 또는 용기를 만들어내는 단서의 이미지를 가질 수 있다.

3. 희망했던 성과를 발달시키라

당신이 유창하게 말할 땐 당신의 삶 속에 어떤 상황이 있다.

- 당신은 언제 유창하게 말하는가? 그러한 경우에 재접근하라.
- 모든 상황 안에서 유창하게 말하는 당신의 자아상은 어떻게 보이고, 들리고, 느껴지는가? 당신은 이미 말막힘을 일으키는 이미지의 특성에 대한 어떤 것을 알고 있으며 이것은 당신의 유창성의 영상에서 삭제되어야 한다.

당신이 좋은 상태에 있음을 알게 하는 긍정적인 신호를 더 증폭시킴으로써 유창하게 말하는 당신에 대한 강화된 이미지를 만들어 낼 수 있다. 2단계에서 처럼 당신이 더 기분 좋게 느낄 수 있도록 이 이미지의 특성을 조정하라. 한 가지 차이점은 당신이 이 이미지를 분리된 것으로 보게 된다는 점이다. 즉 당신은 이미지 속의 당신을 볼 수 있다. 더 이상 말막힘 행동이 없는 새로운 당신을 위한 영상을 만들라.

- 당신은 이 새로운 영상이 마음에 드는가? 여기에서 강력함을 발견하는가? 매력적인가?

유창성의 이미지는 그 영상 쪽으로 당신을 이끌 것이다. 이미지가 더욱 매력적이도록 수정하라. 자신감, 적극적 태도, 힘, 친절함 등의 자질을 거기에 더함으로써 당신을 그 영상 쪽으로 움직이게 하라.

4. 두 개의 표상을 연결시키라

2단계에서 본 말막힘에 대한 공포의 단서 이미지와 함께 시작하라. 그 이미지를 밝고 크게 만들라.

이미지의 왼쪽 아래 구석에 3단계에서 본 두 번째 영상의 어두운 이미지를 놓으라. 이것은 유창함의 특성을 가진 새로운 당신의 분리된 이미지다([그림 6-3] 참조).

당신은 첫 번째 영상과 완전히 연합되어 있으며 두 번째 영상과 분리되어 있다. 두 번째 영상을 자세히 볼 필요는 없다. 단지 그것이 왼쪽 구석에 있다는 것을 알기만 하면 된다.

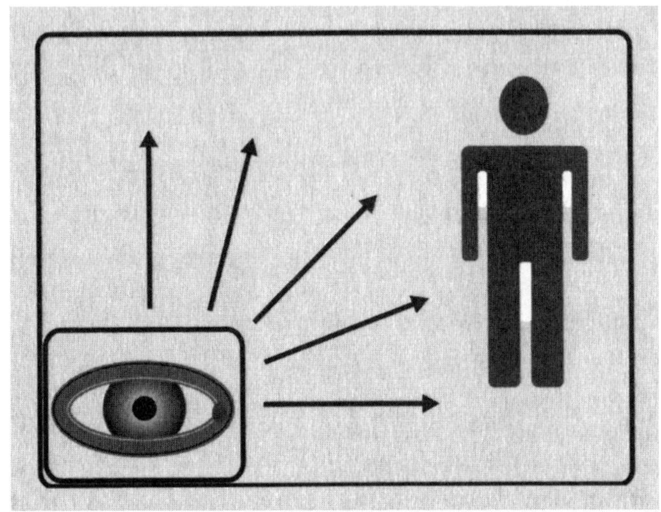

[그림 6-3] 스위쉬 패턴

5. 장면을 스위쉬하라

이제 당신은 두 가지를 동시에 할 것이다. 하나는 말막힘을 두려워하는 당신의 영상을 크고 밝게 하고, 그것을 재빨리 작고 어둡게 만드는 일이다. 당신은 그 영상을 아주 먼 곳으로 보내 단지 점처럼 만들 수 있다. 동시에 유창한 당신에 대한 작고 어두운 이미지를 크고 밝게 만들어 이전의 이미지가 있던 텅 빈 공간을 채우라. 이것을 재빨리 하라. 마음은 빨리 배운다는 사실을 기억하라.

임상가로서 당신은 부드럽게 휙하는 소리를 만듦으로써 이미지를 스위쉬하는 PWS를 도울 수 있다.

더 이상 말막힘은 문제가 되지 않는 새롭고 유창한 당신의 이미지를 스위쉬하고, 그 이미지가 당신의 마음의 상을 완전히 덮도록 하라. 그것을 3차원으로 만들고 당신 마음이 실제적이며 강렬하고

매력적으로 받아들이게끔 하는 방식으로 암호화함으로써 즐겁게 하라. 당신은 이 모든 것을 매우 빠르게, 순식간에 해야 한다.

당신이 그것을 완료했다면 영상을 지우라. 눈을 감고 그 영상을 가리거나, 눈을 뜨고 주위를 둘러보라.

6. 다섯 번 스위쉬하라

이제 다시 그것을 실행하라. 연결된 영상으로 돌아가서 이 과정을 반복하라. 당신의 심리적 영상을 각각의 스위쉬한 후에 깨끗이 지우라.

이 과정을 최소한 다섯 번 시행하라.

7. 확인하라

마지막 단계는 이것이 효과가 있는지를 확인하는 것이다. 당신으로 하여금 말막힘을 두려워하는 상태를 촉발시켰던 단서의 이미지를 돌이켜 생각해 보라. 당신이 그렇게 할 때 어떤 일이 발생하는지 주목하라.

당신이 오래된 촉발점을 생각할 때, 당신의 마음은 바로 유창하게 말하는 새로운 영상으로 향하지 않는가? 만일 그렇다면 당신은 이제 다 마쳤다. 당신은 성공적으로 당신의 마음을 스위쉬했고 이제 새로운 연결을 갖게 되었다. 만일 그렇지 않다면 더 많은 연습이 필요하다.

변형

다음은 이미지들을 바꾸는 또 다른 방법들이다.

- 말막힘에 대한 공포의 단서 이미지에 몰입하고 그것을 크고 밝게 만들라(영상 안에서 당신 자신을 보지 말고 단지 다른 사건으로 보라).
- 말막힘이 문제가 되지 않는 '당신'에 대한 작고 어둡고 분리된 이미지를 수평선 상에 놓으라(자원감의 영상 안에서, 자원을 가지고 있는 당신 자신을 보라).
- 단서 이미지를 수평선 밖으로 축소하고 검은 점이 될 때까지 작고 어둡게 만들어 이미지를 스위쉬하라. 동시에 유창함의 이미지를 더 크고 밝게 만들어 확대시키고 이것이 낡은 이미지가 있던 곳를 완전히 채우게 하라. 유창함의 이미지를 3차원으로 만들고 매력적으로 만들라.
- 이 행동을 매우 빠르게 하라. 5~6회 정도 더 빠르고 빠르게 되풀이하고 확인하라.
- 또 다른 방법은 당신이 바라는 이미지를 당신 앞의 고무밴드에 놓는다고 상상하는 것이다. 당신의 머리 위에 두른 강력한 고무밴드를 떠올려 보고 새총의 작은 총알처럼 당신이 바라는 작고 깔끔한 이미지를 상상해 보자. 고무밴드 속에 그 이미지를 두고 고무밴드를 뒤로 당기라(이것을 상상할 땐 실제로 당신의 팔을 사용하라). 고무밴드를 최대로 당겨 준비가 되면 이것을 놓

아 새로운 이미지가 당신의 이마에 꽝하고 충돌하게 하라. 이 이미지는 이전에 있었던 것을 대체하므로 당신은 그 강력함을 느끼라.

"예" 그리고 "아니요"

이것은 유창성에 대해 "예"라고 말하고, 비유창성에 대해 "아니요"라고 말함으로써 당신의 능력을 되찾는 부분에 대한 내용이다. 다양한 패턴은 언어적 스위쉬를 사용한다. 실제로 모든 패턴은 당신이 원하지 않는 것에 대해 "아니요"라고 말하는 것과 당신이 원하는 것에 "예"라고 말하는 것을 수반한다. 즉, 그것 자체가 스위쉬 과정이다. 그러나 어떠한 기술도 모든 사람에게 언제나 효과적인 것은 아니다. 그러므로 변화를 위한 당신의 도구상자에는 몇 가지 도구들이 필요하다.

적절한 "예" 와 "아니요"

당신은 당신이 믿지 않는 생각을 마음속에 간직할 수 있는가? 물론 할 수 있다. 나는 아침에 해가 서쪽에서 뜬다고 생각할 수는 있지만 그것을 믿지는 않는다. 나는 내가 죽을 때 10억의 가치가 있을 거라고 생각할 수는 있지만 확신할 수는 없다. 생각과 신념을 구별하는 것은 무엇일까? 사실 그것은 매우 간단하다. 신념이란 당신이 "예"라고 말해 온 생각이다.

당신이 하나의 생각에 대해 일관적으로 "예"라고 말할 때 당신은 그 생각과 결합된다. “예”라고 말하는 효과는 그 생각을 당신 내면에 두는 것이고 당신을 그 생각 속에 집어넣는 것이며, 그것이 무엇이든지 간에 생각만 하는 것이 아니라 그 생각을 수용하는 것이다. 당신이 하나의 생각에 더 자주 “예”라고 말할수록, 그 생각은 점점 더 실제가 될 것이고, 당신의 세상 모형 안에서 모양이 잡힐 것이다. 당신의 의미 체계로 통합된 신념은 당신의 사고와 행동에 영향을 준다. 예를 들면, 당신이 모든 상황에서 유창하게 말할 수 있다는 생각에 “예”라고 말한다면 당신은 그렇게 될 것이다. 만일 그것이 단지 생각에만 머문다면 당신이 자기계발서에서 읽은 대부분의 경우처럼 충실히 실행되진 않을 것이다. 당신은 스스로에게 “예”라고 말함으로써 그것을 실제로 만들고, 행동을 변화시키기 위한 행동을 하는 데 충분한 동기를 부여한다.

이 반대 또한 사실이다. 당신은 그 생각에 “아니요”라고 말하며 신념을 다시 생각으로 전환시킴으로써, 당신의 행동을 불확실하며 동기부여되지 않는 것으로 변화시킬 수 있다. 이것은 다시 약간의 반복이 필요할지도 모른다. 그러나 이것은 효과가 있다! 나는 몇몇 사람들이 “그렇게 쉬울 순 없어요!”라고 말하는 것을 보았다. 그렇다. 이것은 그만큼 간단하다. 모든 행동의 변화의 핵심 양상은 당신이 원하지 않는 것에 “아니요”라고 말하고, 당신이 원하는 것에 “예”라고 말하는 것이다. 당신이 당신의 온몸과 마음과 정신으로 어떤 신념을 받아들이거나 혹은 거절할 수 있다면 당신은 당신의 행동을 마음대로 변화시킬 수단을 갖게 된다.

당신은 더 이상 지지하지 않는 생각을 얼마나 많이 가지고 있는

가? 나는 산타클로스가 굴뚝을 타고 내려온다고 믿곤 했다. 그러나 이제는 더 이상 그것을 믿지 않는다. 나는 점진적으로 그리고 고통스럽게 그 신념에 대해 "아니요"라고 말할 만한 충분한 증거를 수집했다. 방금 내가 "충분한 증거를 수집했다."고 말한 점에 주목하라. 나는 조금씩 그 신념에 "아니요"라고 말함으로써 신념을 생각으로 변화시켰다. 나는 불확실해지기 시작했고, 모든 선물을 그들이 책임져 왔다고 어느 정도 인정했던 나의 친구들과 부모에 의해 더욱 강화되었다. 그러나 당신은 유창성에 "예"라고 말하고, 말더듬과 말막힘에는 "아니요"라고 말함으로써, 스스로 큰 선물을 줄 수 있다. 이것을 하지 않을 어떤 이유라도 있는가?

연습 6-3 "아니요"에서 "예" 패턴으로

말더듬과 말막힘에 대한 제한적인 현재 신념을 바꾸는 데 이 과정을 사용하라. 이 기술은 어떠한 제한적인 신념을 제거하고, 성공적으로 유창해지기 위해 당신의 신념을 지지하는 강력한 힘을 만드는 빠르고 효과적인 방법을 제시한다. 낡은 프로그램을 해체하기 위한 이 패턴은 PWS가 가장 좋아하는 것 중 하나다.

준비: 과정을 사용하기 전에 이 패턴에 대한 생태를 확인하라. 당신이 자신에 대한 진실된 모습을 드러내기 원한다는 최고의 믿음을 가지고 있음을 확실히 할 필요가 있다.

말막힘과 말더듬을 둘러싼 제한된 신념에 크게 "아니요"라고 말하도록 당신을 움직이고 삶의 가치를 높이며 권한을 주는 신념은 무엇인가? 당신의 길을 가장 방해하고 있는 신념은 무엇인가?

- 이것이 충분하지 않은가? 아니면 당신은 더 많은 고통이 필요한가?
- 당신이 더 이상 그러한 신념을 가지고 있지 않아도 당신의 다른 부분들은 괜찮을까?
- 그러한 신념이 없어도 당신 가족이나 직장과 사회에서의 생활은 괜찮을까?

당신은 어떤 힘 돋우기 신념을 갖고 싶은가?

- 낡고 제한적인 신념 대신 크고 멋지게 "예"라고 말할 수 있겠는가?
- 새로운 신념을 갖는다고 생각해 본다면 당신의 모든 부분은 괜찮은가?
- 새로운 신념을 가져도 당신의 가족이나, 직장과 사회에서의 생활은 괜찮을까?

예를 들면 다음과 같다.

- 나는 말이 막히고 말을 더듬기 때문에 실패자라고 믿는 것에 "아니요"라고 말할 것이다.
- 나는 본질적으로 가치 있는 사람이라고 믿는 것에 "예"라고 말할 것이다.

개요

1. "아니요"를 사용하라 – 멋지고 강력한 "아니요"에 접근하라!
2. 제한적인 신념에 "아니요"라고 말하라.
3. 견고하고 강력한 "예"에 접근하라.
4. 향상시키는 신념에 "예"라고 말하라.
5. 반복적으로 "예"를 말하고, 미래에 그것을 쏟아 부으라.

1. "아니요"를 사용하라-멋지고 강력한 "아니요"에 접근하라!

- 온몸의 신경을 세워 가장 적절한 방식으로 당신이 "아니요"라고 말하는 것을 생각해 보라. 예를 들면, 단지 재미를 위해 달리는 버스 앞으로 어린 아이를 밀겠는가? 역겨운 오물 한 사발을 먹겠는가?

"나는 실패자야."
"나는 말이 막힐까 봐 두려워!"

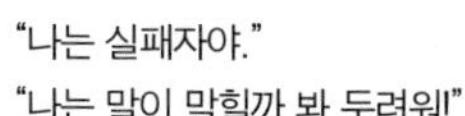

"나는 선천적으로 가치 있는 사람이야."
"나는 침착하고 유창하게 말할 수 있어."

[그림 6-4] "아니요"에서 "예"로

- 당신이 어떻게 상상하는지 확인할 때까지 반복해서 "아니요"라고 말하라. 이에 대한 마음의 스냅 사진을 찍으라.
- 당신의 "아니요"를 신체적 제스처로 앵커하라. "아니요"를 당신의 몸으로 느껴 보고 "아니요"라고 말하는 당신의 목소리를 들어 보라.

2. 제한적인 신념에 "아니요"라고 말하라

- 당신이 멍청하고, 쓸모없다고 생각할 때(예: "내가 말이 막힐까 봐 두려워."), 이 강력한 "아니요"의 제한적인 신념을 느껴 보라.
- 그리고 더 이상 프로그램을 진행할 힘이 없거나, 당신의 존재나 마음속에 더 이상의 공간이 없다고 느껴질 때까지 제한적인 신념에 계속 "아니요"라고 말할 수 있다.
- 낡은 신념이 완전히 틀렸으며 그것이 더 이상 당신의 행동을 통제하지 않는다고 깊은 내면에서부터 알게 하기까지는 얼마나 더 많은 시간과 목소리, 어조, 제스처가 필요한가?

3. 견고하고 강력한 "예"에 접근하라

- 어떠한 질문이나 의심 없이 온몸으로 "예!"라고 말하는 것에 대해 생각하라(예: "나는 나의 자녀들을 사랑한다." 강력한 "예"이기만 한다면, 어디서 "예"를 얻는지는 중요하지 않다).
- "예"의 특성에 주목하라. 그리고 "예"를 더 긍정적으로 만들기 위해 그러한 특성들을 증폭시키라.
- 당신의 "예"를 다른 제스처에 앵커링하라. 당신의 몸으로 "예"를 느껴 보라. "예!"라고 말하는 목소리를 들어 보라.

4. 향상시키는 신념에 "예"라고 말하라

- "예!"를 더 충만하게 느끼면서, 당신이 원하는 강력한 신념을 반복적으로 말해 보라(예: "나는 침착하고 유창하게 말할 수 있다.").
- 당신은 이것을 원하는가? "예!" 진정으로?
- 당신의 존재 안에서 이것을 완전히 받아들였다는 것을 느끼기 위해서는 얼마나 더 많이 "예!"라고 말해야 하는가?

5. 반복적으로 "예"를 말하고, 미래에 그것을 쏟아 부으라

- 이것은 단지 연습에 불과하다. 이것을 계속하기 원하는가!
- 당신은 이것을 진정으로 원하는가?
- 이것이 당신의 삶을 향상시켜 줄 것인가?
- 이것이 당신에게 가치 있는가?

패턴을 통해 내려가기

변화를 만들어 내는 많은 방법으로부터, 내가 PWS과 잘 맞다고 생각한 것은 이 책에 포함되어 있는 것들이다. 비록 그것은 말막힘과 말더듬에 대한 특정한 문제를 다루었지만, 일반적으로 폭넓고 쉽게 사용할 수 있다. 선택할 것이 너무도 많은 가운데 당신은 무엇을 사용할지를 어떻게 결정하겠는가? 지금 함께 있는 특정한 사람에게 무엇이 가장 효과적으로 작용할 것인가? 그것은 당신 앞에 있는 사람에게 달려 있기 때문에 대답하기 어려운 질문이다. 변화는

어떻게 일어났는가, 변화하기 위해 어떻게 동기가 부여되었는가? 그들은 진정으로 변화하길 원하는가? 그들의 오래된 행동이 제공했던 이득을 놓을 준비가 되었는가? 당신의 선택은 당신이 개입하는 방법에 영향을 주기 때문에 그들의 세상모델을 얼마나 잘 이해하는가에 달려 있다.

그러나 말막힘이 있는 사람들과 가장 효과적으로 작업하는 하나의 패턴을 제공한다면 그것은 '패턴을 통해 내려가기(drop down through pattern)'일 것이다. 이것을 8년 동안 사용해 오면서 나는 다른 어떤 것보다도 이 패턴을 통해 더 많은 성공을 거두어 왔다. 나는 이 패턴을 소개해 준 테드 제임스(Tad James)에게 감사한다. 이 패턴은 부정적인 감정을 경험하는 어떠한 인지적/심리적 문제에 사용될 수 있다. 몇 년에 걸쳐 나는 본래의 것에 약간의 수정을 해서 사용했지만(나는 5단계를 추가했다), 이 패턴은 구조적으로 단순하게 유지된다.

사람은 본질적으로 자신의 제한적인 감정적 상태를 재경험하고, 그 아래 깔려 있는 여러 개의 층을 통하여 정신적으로 내려간다. 감정을 가지고 층을 따라 내려간다는 은유가 가장 효과적이다. 각각의 새로운 층과 마주할 때 사람들은 층을 지지하는 이전의 무의식적 마음의 프레임을 의식적 자각으로 가져온다. **패턴을 통해 내려가기**는 문제의 체계적 본질을 드러내는 빠른 길을 제공하며, PWS는 문제를 해결하고 그들 자신을 치유하는 적절한 자원을 쉽게 적용하게 될 것이다.

사례연구 10

패턴을 자세히 설명하기 전에, 내담자와 내가 나눈 축어록을 제시한다. 조는 매우 어린 나이에 부모님의 이혼을 경험했다. 조는 부모가 이혼하기 전 어린 아이였을 때 말을 더듬기 시작했다. 그 후에 부모는 재혼을 했지만, 양부모는 조를 극도로 질투했고 그의 친자녀들만 편애했으며 기회가 있을 때마다 조에게 창피를 주곤 했다. 이것은 몇 년 동안 지속되었다. 위태로운 세월 동안 조의 말막힘은 더욱 더 악화되었다. 그는 말막힘과 함께 수치심을 바탕으로 한 성격을 나타냈다. 내가 조가 나눈 대화는 다음과 같다.

치료자: "조, 네 새아버지가 너를 대하는 태도에서 많은 수치심을 느꼈니?"

내담자: "네."

치료자: "너의 몸 어디에서 이런 수치심을 느끼니?"

내담자: "제 가슴 속에서요."

치료자: "자, 조, 가슴 속의 수치심을 통해 내려가는 네 자신을 상상해 보았으면 좋겠구나. 그리고 네가 그것을 따라 내려가면 어떤 생각이나 감정이 그 아래에 있니?"

내담자: "분노요. 그곳에 미친 듯이 화가 난 작은 아이가 있어요."

치료자: "잘했어. 이제 그 분노를 통해 아래로 내려가는 너를 상상해 보렴. 그 분노를 따라 내려가면 그 분노 아래에 어떤 생각이나 감정이 있니?"

내담자: "더 많은 분노요."

치료자: "참 잘했다. 이제 더 많은 분노를 통해 내려가는 너를 상상해 보았으면 좋겠구나. 그리고 그것을 따라 내려가면 어떤

생각이나 감정이 그 아래에 있니?"

내담자: "슬픔이요."

치료자: "자, 이제 슬픔을 통해 내려가는 너를 상상해 보렴. 그리고 그것을 따라 내려가면 그 슬픔 아래에 어떤 생각이나 감정이 있는 것 같니?"

내담자: "결코 자유롭지 못한 아이요."

치료자: "조, 좋아. 이제 결코 자유롭지 못한 아이를 따라 내려가 보자. 그 아래에 무엇이 있니?"

내담자: "긴장. 소심함. 저는 어릴 때 항상 긴장했고 소심했어요."

치료자: "긴장하고 소심한 아이 아래에는 무엇이 있니?"

내담자: "두려움이요. 새아버지는 제가 오줌을 지릴 만큼 무서웠어요!"

치료자: 조, 지금 정말 잘하고 있어. 그 아래로 내려가서, 네가 오줌을 지릴 만큼 무서웠던 새아버지에 대한 생각 아래에 어떤 생각이나 감정이 있니?"

내담자: "슬픔이요."

치료자: "계속 아래로 내려가 보자. 그 슬픔 아래에 어떤 생각이나 감정이 있니?"

내담자: "불안함이요."

치료자: "조, 잘했어. 그 불안함 아래에 무엇이 있니?"

조가 잠시 멈춘다.

내담자: "아무것도요. 그곳엔 아무것도 없어요."

치료자: "조, 정말 대단하구나. 이제 그 아무것도 없음을 여는 너를 상상해 보고, 그 아래로 내려간다고 상상해 보렴. 아무것도 없는 것의 다른 쪽에는 무엇이 있니?"

내담자: "신경 안 써요. 거기엔 내가 이 모든 것에 신경 쓰지 않겠다는 생각이 있어요."

치료자: "와! 정말 엄청나구나! 이제 '난 신경 안 써' 아래로 내려가면, 그 아래에 어떤 생각이나 느낌이 있니?"

내담자: "힘. 전 힘을 느껴요."

치료자: "훌륭해. 힘 아래에는 무엇이 있니?"

내담자: "제가 예전에 선생님께 말씀드렸던 것처럼 저를 사랑하는 저의 분아가 있어요. 이건 제 자신을 사랑하는 저에 대한 감각이죠."

치료자: "그래, 너는 네 자신을 진정으로 사랑하는 너의 분아를 가지고 있고 거기에 접근하는 데 어려움이 있다고 이야기했었지. 음, 우린 그것이 어디 있는지 알고 있단다. 그렇지 않니? 너를 사랑하는 분 아래에는 무엇이 있니?"

내담자: "회복력이요. 태양이 보여요. 전 태양의 그림을 가지고 있고, 이것은 따뜻하고 침착해요. 전 여기서 안전함을 느껴요."

치료자: "조, 궁금한데, 태양 안에 있다는 것은 너에게 무엇을 의미하니?"

내담자: "하나님이요. 그분이 여기 계세요."

(조는 완전히 유창하게 말하고 있었고, 실제로 그가 아래로 내려가기 시작한 후부터 아무것도 없음의 다른 쪽에 있을 때까지 계속되었다. 말이 막히는 대부분의 사람들은 이 지점에 도달했을 때 쯤에는 대개 유창하게 말한다)

치료자: "조, 정말 훌륭하구나. 이제 우리는 이 상태를 실제로 앵커링하여 네가 원할 때마다 그곳으로 날아갈 수 있게 하려고 한단다."

(자신의 말막힘을 조절하게 된 사람들은 이 상태를 완전히 고정시키고 익숙하게 해서 언제든지 그곳으로 갈 수 있게끔 하는 데 성공해 왔다. 그러므로 당신은 그저 보고, 듣고, 느끼는 것에 주목하라. 그래서 언제든지 당신이 원할 때마다 다시 불러들일 수 있도록 촉발시킬 수 있는 단어나 말을 표현하라. 만약 당신이 말막힘을 겁낸다면, 당신은 태양을 생각하거나 그것을 보고 거기로 날아가면 된다)

치료자: "자, 조. 넌 지금 아주 잘하고 있어. 이제 그 태양의 빛 안에서 따뜻함을 느끼며 힘과 회복력, 안전함과 침착함을 새아버지로부터 온 수치심에 적용시켜 보자. 이것이 그 수치감을 어떻게 변형시키고 강화시키니?"

내담자: "증발시켜요."

치료자: "그것이 증발된 후에, 그 자리는 어떻게 되었니?"

내담자: "건강해졌어요. 전 건강함을 느껴요."

치료자: "조, 훌륭하구나. 이제 그 힘과 회복력, 안전함과 침착함의 상태를 가지고, 분노에 적용해 보았으면 좋겠구나. 이것들이 있을 때 분노에는 어떤 일이 일어나니?"

내담자: "분노를 증발시켜요. 그러나 전 여전히 약간의 분노를 느낄 수 있어요. 화가 난 작은 아이가 보여요."

치료자: "조, 괜찮단다. 화가 난 작은 아이의 이미지를 햇빛 속으로 데려간다면 그에게는 무슨 일이 일어나겠니?"

내담자: "오, 그는 보통의 작은 남자아이들처럼 놀고 있어요. 재미있게 놀고 있어요."

치료자: "멋지구나. 이제 힘, 회복력, 안전함과 침착함의 상태를 슬픔에 적용시켜 보자. 힘, 회복력, 안전함과 침착함이 있을 때, 슬픔에는 어떤 일이 일어나니?"

내담자: "슬픔을 증발시켜요. 슬픔이 사라졌어요. 이제 그것은 기쁨이에요."

나는 조가 자원 상태를 가지고 각각의 부정적 프레임에 하나씩 적용함으로써 조에게 질문하는 동일한 패턴을 계속했다(자원을 적용하는 메타상태는 내가 원래의 '패턴을 통해 내려가기'에 추가한 단계다). 이것이 조를 완전한 유창성으로 움직이게 했는가? 아니다. 그러나 이것은 완전한 치료를 위한 훌륭한 한 부분을 제공해 주었다. 그리고 이제 조는 '패턴을 통해 내려가기'를 어떻게 하는지 알며, 직접 해 볼 수 있다. 우리는 치료 안에서 이 패턴을 계속 활용할 것이다.

연습 6-4 패턴을 통해 내려가기

개요

1. 바꾸고 싶은 감정과 함께하는 경험을 확인하라.
2. 그 경험으로 한 발 다가가서, 일정 수준까지 그 감정을 다시 경험하라.
3. '공허함' '빈 공간' '아무것도 없음'에 다다를 때까지 그 경험을 따라 내려가라.
4. 공허함을 확인하고, 계속해서 뚫고 내려가 공허함의 '반대편'으로 이동하라.
5. 당신의 자원 상태(5차 위치)에 몰입하고 그것을 각각의 문제 상태에 적용하라.

6. 확인하라.

1. 바꾸고 싶은 감정과 함께하는 경험을 확인하라

- 말이 막히기 바로 직전에 무엇을 느끼나요?
- 어떤 느낌/감정이 말막힘 뒤에 숨어 있나요?
- 어떤 감정이나 경험이 유창하게 말하는 사람이 되는 것을 약화시키나요? 그 중 무엇을 제거하고 싶은가요?

2. 그 경험으로 한 발 다가서라

작업하고 싶은 특정한 경험을 자각하고 그 경험에 완전히 연결하라. 그 기억 속에 존재하며 눈을 통해 보고, 들렸던 것을 듣고, 느꼈던 것을 느껴 보자.

- 당신의 몸 어디에서 이러한 감정이 느껴지나요?
- 어떠한 느낌인가요?
- 1부터 10까지 점수를 매겨 본다면 이 감정을 얼마나 강렬하게 경험하고 있나요?
- 잘하고 있어요. 그 경험에 머물러 있으면서, 확인하고……충분하게 확인하세요……감정일 뿐이라는 것을 알아차리세요. 그리고 그 어떤 감정보다도 당신이 훌륭하다는 것을 알아차리세요.

3. 경험을 통해 내려가라

이 행동이 처음에는 이상하게 느껴지겠지만, 아래로 내려가다 보면 어떠한 느낌인지 알 것이다. 아래로 내려가는 느낌을 느끼면서, 그 느낌 아래에 있는 자신을 찾을 때까지 경험을 뚫고 내려가

보자.

- 어떤 생각, 느낌, 감정이 본래의 감정 아래에 놓여 있나요?
- 이제 (그 느낌을 따라) 뚫고 내려가는 것을 상상해 보세요(내담자가 당신에게 말한 단어를 그대로 사용하라).
- 당신이 뚫고 내려가는 것을 상상하는 동안 어떤 생각, 느낌, 감정이 당신에게 다가오나요?

'공허함'에 다다를 때까지 과정을 통해 아래로 내려가는 것을 반복하라([그림 6-5]). 이것은 내담자의 어떤 느낌의 결핍, 빈 공간이나 아무것도 없는 상태를 경험하는 것이다.

주: 모든 사람들이 빈 공간이나 '아무것도 없는 상태'를 경험하는 것

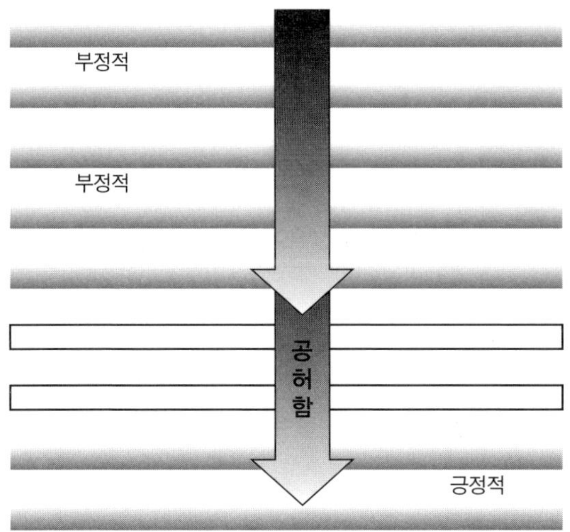

[그림 6-5] 뚫고 내려가기

은 아니다. 그들은 곧바로 부정적인 프레임을 거슬러 내려가서 긍정적인 프레임으로 들어간다. 때때로 그들은 부정적인 프레임에서 긍정적인 프레임으로 전환을 시도하며 잠깐씩 멈추기도 한다.

어떤 사람들은 "바로 거기에요. 아무것도 없더라고요." 또는 "전 밑바닥에 있어요. 그 아래에는 아무것도 없어요. 더 이상 나아갈 수가 없어요."라고 말하는 빈 공간에 다다른다. 이것은 시각적일 수도 있고(어떠한 종류의 벽이나 바닥) 신체감각적일 수도(불가해성이나 저항의 느낌) 있다. 이런 상황이 일어나면 예상했던 일이라고 말하고 어떠한 방법을 사용하든 그를 막고 있는 모든 것을 여는 상상을 해 보게끔 하라(그들은 여기서 매우 창의적일 수 있다). 그리고 다음 수준으로 내려가라. 예를 들면, 한 내담자가 바닥에 다다르자, "저는 2인치 두께의 철판 위에 서 있어요."라고 말했다. 철판을 잘라내고 아래로 내려가는 것을 상상하게 했다. 효과적이었다. 무엇을 해서라도 아래로 내려가 반대편으로 나올 수 있도록 상상력을 사용하라. 그것이 얼마나 어려운 일인지 고민하기보다는 '당장 해보기' 위한 방법을 찾기 위해 자신의 마음에 질문하는 방식이다. 내담자가 고집하던 저항을 내려놓을 때 비로소 경험을 뚫고 내려가 반대편으로 나올 수 있을 것이다.

4. 공허감을 확인하고 공허감의 '반대편'으로 이동하라

- '아무것도 없음'이나 '빈 공간'을 잠시라도 느꼈다면, 잘하신 겁니다.
- 이제 아무것도 없는 상태를 열고 반대편으로 뚫고 내려가는 자신을 상상해 보세요.

- 아무것도 없는 상태의 반대편으로 나왔을 때 무엇을 경험했나요? 어떤 물건이나 사람이 보이나요? 어떠한 자원을 자각하나요?

더 넓은 자원 상태를 이끌어 낼 때까지 이 과정을 몇 차례 반복하라.

'아무것도 없는 상태'나 아무 의미도 없는 수준까지 뚫고 내려가 그곳을 지나갔다면, 당신은 자원 상태에 접근할 수 있게 된다. 계속 진행한다면 5차 위치의 관점에 도달할 수 있다. 예를 들면, PWS에게 "말을 더듬을 때 사람들이 당신을 바보라고 생각한다고 믿는 신념 뒤에는 무엇이 있습니까?"라고 질문하고, 계속해서 "또 그 뒤에는 무엇이 있습니까?"라고 묻는다면, 결국에는 5차 위치의 신념으로 이끌어낼 수 있다. 어떠한 비유를 쓰던 간에 결국에는 마음 속의 '더 높은' 프레임에 도착할 것이다. 우리는 모두 문제를 치유할 수 있는 자원을 가지고 있다. 이것은 어떤 문제나 어떤 사람에게도 사실이다.

5. 자원 상태에 몰입하고 그것을 각각의 문제 상태에 적용하라

- 각각의 문제 상태를 각각의 자원 상태에 적용하세요.
- 문제 상태 Y에 대한 자원 상태 X를 느낄 때, 어떻게 그것을 바꿀 수 있을까요?
- 그리고 X를 훨씬 더 많이 느낄 때 어떠한 변화가 일어나나요?
- 승인과 강화: X자원에 그대로 머무르세요. 그리고 점점 더 많이 경험함에 따라, 첫 번째 문제 상태(1단계)에는 무슨 일이 일어나나요?

6. 확인하라

- 시작했던 문제 상태로 돌아가기 위해 시도할 때(당신이 정말로 시도하기를 바란다) 무슨 일이 일어나는지 봅시다.
- 그것을 시도했을 때, 무슨 일이 일어났습니까? (여기에는 그들이 적어도 지난번과 같은 정도까지는 이것을 할 수 없다는 가정이 존재한다)
- 이 방법이 좋은가요? 변화를 받아들이기 위해 "예"라고 말할 수 있나요?
- 당신의 미래와 당신의 모든 내일과 모든 관계 속으로 이것을 받아들이고 싶나요?

결론

'패턴을 통해 내려가기'는 이 책에서 잘 요약되었기 때문에 이제 결론을 맺고자 한다. 이 패턴은 말막힘과 말더듬이 학습된 행동이라는 것을 가정하며 이것은 말막힘이 계속 일어나게끔 하는 무의식적 의미들을 이끌어낸다. 그리고 PWS의 관점을 변화시키는 다른 방식으로 생각 안에서 마음을 연결하며 경험의 의미를 바꾼다. 또한 이것은 치료가 끝난 후에도 말막힘을 고착시키는 오래된 모든 기억을 되살리는 마음의 부정적 프레임을 재구성하기 위해 긍정적인 삶을 향상시키는 자원을 적용하는 메타상태 패턴으로 사용된다.

이 책에 있는 모든 패턴의 예들과 함께 이 패턴은 PWS가 더 이상 어떻게 말을 해야 하는가에 고정되지 않도록 이끄는 데 긍정적인 목

적이 있다. 대신 그들은 다른 사람들에게 더 집중하고, 상호 간에 만족스러운 의사소통을 위해 관계를 맺게 될 것이다. 말막힘과 말더듬은 더 이상 그들의 마음에 존재하지 않는다. 그 지점에 도달하는 순간 그들은 일반인과 같은 유창성을 갖게 될 것이다.

부록 A

개척자들

존 해리슨

나는 말막힘이 인지(사고)에 뿌리를 두고 있다는 사실을 보여 준 첫 번째 사람은 아니다. 존 해리슨(John Harrison)은 말더듬 분야에서 말더듬에 관한 여섯 가지의 핵심 변수 또는 요인을 설명하는 기본적 체계 모형을 제공하였다. 그는 이 체계를 '말더듬 육각형(The

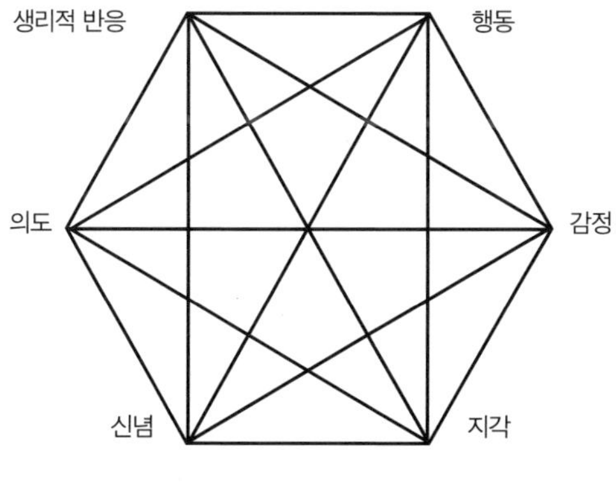

[그림 A-1] 말더듬 육각형

stuttering hexagon)'이라 불렀다([그림 A-1], 제1장 참조).

이 여섯 가지 요인들은 생리적(physiological) 반응, 신체적(physical) 행동, 감정, 지각, 신념 그리고 의도다. 해리슨은 체계 안의 모든 요소가 다른 요소에 의해 긍정적으로 혹은 부정적으로 영향을 받는다고 지적했다(Harrison, 1989: vi).

또한 해리슨은 말더듬 육각형에 대한 여러 가지 다른 조직요소(systemic factors)들에 주목했다.

- 말더듬은 하나의 체계로서 개인 전체를 포함하며, 이것은 단순히 언어능력의 문제가 아니다.
- 하나의 체계로서 작동할 때, 육각형은 "고유의 생명을 갖는다." (1989: 3)
- 하나의 체계로서 말더듬 체계는 디폴트 설정을 발달시킨다.

> "당신의 발화에서의 영구적인 변화는 당신이 '말더듬 육각형'의 다양한 디폴트 설정을 바꿀 때 가능할 것이다."(p. 106)

- 체계 안에서의 핵심 요인을 바꾸라. 그러면 체계 전체가 바뀐다.

모든 사람이 말막힘 체계를 발달시키는 것은 아니다. 말막힘은 스트레스 상황에서 말할 때 나타나는 자연스러운 현상이다. 해리슨은 발화 시 나타나는 이러한 말더듬을 가벼운 말더듬(bobulating)이라고 불렀다. 해리슨은 "……사람들이 화가 났거나, 당황했거나, 혼란

스러울 때 말이 늘어지고 더듬거리는 것과 같다. 사람들은 말할 수는 있지만 감정이 그들로 하여금 발을 헛디뎌 넘어지게 하기 때문이다."라고 묘사했다.

> 가벼운 말더듬은 힘을 들이지 않는 비유창성이다. 이것은 누구나 종종 당황했거나, 화났거나, 혼란스러울 때 나타나기 때문에 말막힘은 아니다.

해리슨은 가벼운 말더듬에서 말막힘으로 옮겨 가기 위해서는 발화를 인지하고 자신과 타인에 관해 믿는 특정한 방식이 뒤따른다고 보았다. 이는 공포감과 불안감에 대한 특정 감각과 어떻게 대처하고 반응할지에 대한 특정 태도를 불러일으키고, 호흡과 관련된 근육으로 하여금 말막힘을 만들어 내도록 지시하고 훈련시킨다.

해리슨에게 이것은 말막힘 사고방식이 있는 것처럼 단지 말막힘이 없는 사고방식이 있다는 것을 의미한다. 나는 여기에 전적으로 동의한다. 그의 말더듬 육각형에서 여섯 가지의 요인 중 얼마나 많은 것이 PWS의 사고 그리고 신체와 사고의 상호작용에 얼마나 직접적으로 관련되어 있는지 알 수 있다.

1. 의도: 개인이 원하는 것은 무엇인가
2. 신념: 개인이 그들에게서 사실이라고 단언하는 것은 무엇인가
3. 인지: 개인의 현실 모형이 어떻게 그들의 경험을 반영하는가
4. 감정: 개인이 경험에 대하여 어떻게 느끼는가

5. 행동: 개인이 인지에 대해 어떻게 반응하는가
6. 신체적 반응: 그들의 생각에 체화된 결과들

데이브 엘먼

최면전문의 데이브 엘먼(Dave Elman)은 아버지의 영향을 받아 최면을 시작했다. 엘먼은 의사와 치과의 수련을 받았다. 그는 자신이 말더듬는 사람들을 도울 수 있기를 바라며 가르쳤던 최면수업에서 의사들이 말더듬는 사람들을 데리고 왔던 시절을 기술했다. 엘먼은 말더듬는 아이들을 만날 때 느꼈던 동정심과 그와 같은 문제를 지니고 있는 성인을 만났을 때 느낀 괴로움에 대해 말했다. 말더듬과 관련하여 엘먼은 다음과 같은 결론을 내렸다. "선천적인 말더듬이는 없다. 말더듬과 말막힘은 어느날 갑자기 느닷없이 일어난다."

20세기 중반 최면은 많은 의사들에게 말장난으로 여겨졌다. 그러나 엘먼은 해부학과 생리학에 더불어 인지에 대한 조예가 깊었으며, 의사와 치과의 수련을 제한하면서 좀 더 훌륭한 최면을 만들기 위해 노력했다. 그는 최면을 통해 말더듬의 원인을 다루면서 이것이 주로 신체적이거나 유전적인 것이 아님을 알았다. 엘먼은 다음과 같이 언급했다.

> 모든 말더듬이는 근본적이고 연구할 만한 가치가 있는 원인을 갖고 있다는 것이 나의 확고한 견해다. 나는 수년간 말더듬에 대한 의사들의 태도를 바꾸어 보려고 노력했으며 효과보다는 원인을 다루고

자 했다.

사소한 트라우마조차도 반복에 의해 심각해질 수 있다. 모든 말더듬은 말을 하고 싶지 않은 상황에서 말을 해야만 할 때 시작된다.

다시 말하자면, 엘먼은 말막힘이 트라우마 상황에서 시작된다고 믿었다.

칼 스콧

캘리포니아 주에서 자격을 취득했으며, ASHA 언어치료 전문가인 칼 스콧(Carl H. Scott)은 말막힘을 단순히 신체적 문제가 아니라 인지적 문제로 다루어야 한다고 제안했다. 스콧은 말 더듬는 사람들과 작업할 땐 "사람의 전체를 보고 마음, 몸, 영혼의 균형에 따라 작업해야 한다."고 했다. 스콧은 말더듬는 사람들을 위한 치료에서 다음의 세 단계를 다룬다.

1. 치유 과정의 첫 번째 단계에서는 일상생활에서나 유창하게 말하는 데 장애물로 작용되는 신념, 태도, 생각, 감정과 행동이 무엇인지 알 수 있도록 지도한다.
2. 두 번째 단계는 이러한 치료적 여정을 치유 과정으로 초대하는 것이다. 즉, 내면아이(inner child)와 대화를 하거나 용서하는 과정이 포함될 수 있다.
3. 세 번째 단계는 말막힘이 있는 사람에게 새롭고 강력한 긍정적

사고를 갖게 하고, 스스로에 대해 인정하며, 사랑하는 경험을 통해 건강한 신념체계로 안내하는 것이다. 즉, 행동 안에서 변화가 일어나게끔 한다.

팀 맥커시

언어치료사이자 이전에 말을 더듬었던 경험이 있는 팀 맥커시(Tim Mackesey)는 가장 효과적으로 작업한 그의 경험에 관해 다음과 같이 기술했다.

> 신경언어학과 NLP의 패턴을 통해 내려가기는 말더듬 치료에 커다란 가능성을 제공하였다. 전통적인 언어치료는 주로 행동적인 차원에서의 수정(예: 호흡, 말을 할 때 쉽게 시작하기, 부드럽게 조음점을 접촉하기 등)에 초점을 둔다. 말더듬의 인지된 증상과 '말을 더듬지 않기'의 강력한 충동은 행동 차원에서의 전략보다 우위에 있다. 치료 후에 주기적인 재발이 발생하는 것은 흔히 있는 일이다. 전통적인 언어치료에서 놓친 궁극적 목표는 말더듬 이전의 현상을 완화하기 위한 메타 상태의 지속적이고 빠르고 철저한 재구성 전략에 있다. 상황이나 특정 단어의 앵커링은 말더듬 발달의 시간선을 따라 형성된다. NLP 전문가이자 경도 말더듬의 사람으로서 나는 개인적으로 '내려가기' 과정을 탐색할 의지를 갖고 있었다. 나는 전화로 밥과 몇 분간 상담한 후에 저절로 유창해지는 것을 경험했다.

'내려가기' 기술은 제6장에 설명되어 있다.

체계적 사고

현재의 신경과학적 사고는 체계적인 전체와 부분으로서 몸-마음 체계가 분리될 수 없기 때문에 감정은 신체의 특정 부분에서 표현할 수 있고 찾을 수 있다는 우리의 추측에 확신을 준다.

사람이 극심한 공황발작을 경험할 땐 분명한 신체적 증상이 나타난다. 미국의 상담과 정신의학 전문가들이 사용하는 정신과 정서장애를 위한 지침서는 DSM-Ⅳ로 알려진 미국심리학회의 진단 기준이다. DSM-Ⅳ는 공황발작 진단을 다음과 같이 설명한다.

> 공황발작(panic attack)은 죽음에 임박했을 때의 감정과 관련된 강한 불안, 두려움 또는 공포가 급작스럽게 일어나는 것과는 별개의 순간이다. 발작이 일어나는 동안엔 **호흡부족, 심계항진증, 가슴 통증 또는 불편함, 숨 막힘 또는 질식의 느낌**과 '미칠지도' 모른다는 공포나 자제력을 잃는 것과 같은 증상이 있다. [고딕체는 추가로 강조한 것임]

여기에서 덧붙인 부분은 심리적 문제에 의한 증상이다. 만일 당신이 말을 조절하는 신체의 부분으로 감정을 표현한다면 당신은 이때 말이 막힐 것이다. 구조는 같지만 표현은 다르다. 감정을 재구성하거나 치유하라. 그러면 신체표현이 사라진다.

말더듬 치료: 말하기 훈련에서 잘 말하기 위한 맥과이어 프로그램

말을 더듬는 사람을 위한 맥과이어 프로그램은 유창하게 말하기 위한 방법 중의 하나다. 이 프로그램은 광범위하게 사용되고 있으며 말막힘과 말더듬에 관련된 심리적 문제를 인식하고 있다. 저자는 『유창성을 얻는 방법(*How to Get it*)』(McGuire, 2002: 7-8)의 제1부에서 내담자를 위한 목표를 다음과 같이 기술한다.

신체적: 우리의 목표는 당신의 횡경막을 훈련함으로써 흉곽으로부터 힘 있게 말하는 데 있다.

정신적: 여섯 가지 목표가 있다.

1. 말막힘의 역동을 이해한다.
2. '방해' 받는 경향에 대응하고 회피 기제를 사용한다.
3. 집중과 비회피 기술을 통하여 두려움을 다룬다.
4. "때때로 과거의 고통을 상기시키는 유창한 화자'임이 증명될 때까지 스스로를 회복하고 있는 말더듬는 사람으로 받아들인다.
5. 당신에게 남아 있는 두려운 상황에 대처할 수 있는 적극적인 태도를 발전시킨다.
6. 재발의 과정과 여기에 대응할 수 있는 방법을 이해한다.

3단계에서는 말더듬는 사람이 살면서 지금까지 가지고 있는 두려

움에 대해 다룬다. 나는 PWS가 자신의 말더듬에 대해 다른 사람들이 생각할 것이라는 보편적 두려움을 가지고 있다는 것을 알았다. 목표 4는 자존감에 대한 근본적인 문제를 다루고 있다. 나는 무엇보다도 이것이 가장 중요하다고 믿는다. 그렇기 때문에 이 책에서는 이 부분을 철저히 다루었다. 마지막으로 목표 5에서는 PWS가 포기하기보다 자신의 힘을 발휘할 수 있도록 자신감을 가질 필요가 있음을 지적하였다.

요약

이제는 말더듬과 말막힘이 주로 학습된 행동이라는 인식이 증가하고 있으며 칼 스콧, 존 해리슨, 데이브 엘먼과 건강전문가 단체들도 이러한 견해를 뒷받침하고 있다. 존 해리슨은 이러한 문제가 신체적이기보다는 인지적 문제라고 말한다. 다른 연구자들도 이러한 결론에 동의하고 있다. 예를 들면 언어학자 웸델 존슨(Wemdel Johnson)은 1928년에서부터 1972년까지 말더듬에 관한 수많은 논문과 책을 썼으며 최면술사 데이브 엘먼(Elman, 1964), 심리학자 데이브 맥과이어와 그의 동료들 또한(McGuire et al., 2002) 말더듬이 학습된 행동이라는 사실을 제안하고 있다.

부록 B

사례연구

-린다 라운즈(Linda Rounds)와 밥 바든헤이머(Bob G. Bodenhamer)

다음의 사례연구는 국제말더듬협회의 일간지인 『렛팅 고(*Letting Go*)』에 수록되어 있다.

당신이 할 수 있다면 나와 함께 상상해 보자. 내일 아침 당신은 여느 때의 아침처럼 말을 더듬는 사람으로 일어나서 또 하루를 맞이한다. 얼핏 보기에 당신은 말을 더듬지 않는 사람들과 마찬가지로 평범하고 일상적인 아침을 시작한다. 사실 당신의 일상과 말을 더듬지 않는 사람들의 일상의 차이는 당신의 마음에 있다. 말을 더듬지 않은 사람이 무엇을 입을지 고민하는 동안, 일이 잘 풀리지 않는 날이라면 어떤 언어적 위협이 당신을 기다리고 있을지 마음속으로 미리 살펴볼 것이다. 당신은 바로 걱정스러움과 두려움을 느낄 것이며, 위협적인 상황을 어떻게 피할 것인지 계획하기 시작할 것이다. 당신이 생각했던 대로 하루가 흘러가고……당신은 어떤 상황은 피할 수 있겠지만 어떤 상황은 그렇지 못할 것이다. 저녁에 집으로 돌아왔을 때 당신은 감정적으로 지쳐 있으며 말더듬 문제를 최소한으로 혹은 아예 숨기기 위해 모든 에너지를 다 소진했을 것이다. 그러나 당신이 집에 도착한 바로 그날 저녁, 어떤 새로운 일이 일어나서 말더듬을 조절할 수 있는 감정 도구를 받는다면 어떨까? 믿어지지 않을 만큼 너무 좋지 않은가? 단지 헛된 약속일까? 그렇지 않다. 그것은 실제로 일어난다.

나는 다섯 살 때부터 말을 더듬기 시작했고 일곱 살이 되었을 때에는 말더듬이 더 심해졌다. 나의 감정과 신념은 말더듬을 위한 모든 것을 갖추었다. 나는 내가 가는 곳 어디든 그러한 감정과 신념을 가지고 다녔으며 심지어 어른이 될 때까지도 계속 되었다. 초등학생일 때 나는 방과 후에 놀러나가는 대신 매주 언어치료를 받으러 갔다. 고등학교 때 한 선생님은 내가 학생들 앞에서 말할 기회가 더 많아지면 말더듬을 극복할 수 있을 거라고 생각했다. 그리고 청년이 되었을 때 나는 대학 학비를 벌기 위해 4년 간 군대에 입대했다. 군대에 있던 징병관은 군대가 나의 말더듬을 극복하게 해 줄 거라고 약속했지만 말더듬을 두렵게 하는 것이 그들의 기술이었음은 말하지 않았다. 결국 그 어떤 것도 나에게 도움이 되지 않았다.

19세 때, 나는 나의 일생에서 매우 의미 있는 결심을 했다. 결혼에 대해 말하려는 것이 아니라 기독교인이 되기로 결심한 것을 이야기하고자 한다. 그 이후부터 나는 내 삶과 세상을 보는 방식이 180도 달라졌다. 그러나 기독교인이 되었어도 나의 말더듬은 끝나지 않았다. 그리고 나의 언어 문제에 대한 하나님의 관심이 부족하다는 실망감은 몇 년 동안 계속 되었다. 이 문제에 대해서는 다음에 다시 이야기할 것이다.

이제까지 당신은 말을 더듬는 대부분의 사람들이 말을 많이 해야 하는 직종은 기피한다고 생각할 것이다. 이것은 아마 사실이겠지만 무슨 이유에서인지 12년 전 나는 많은 말을 해야 할 뿐만 아

니라 대중 앞에서도 서야 하는 직업에 매료되었다. 그리고 사실 나의 직업은 내가 말더듬을 극복하게끔 끊임없이 나를 이끈 원동력이다.

이전의 치료법

나의 말더듬이 어떻게 안정을 찾게 되었는지를 말하기에 앞서 말더듬과 관련된 몇 가지 유명한 치료법이 조금은 성공적이었다는 것을 말해 두고 싶다. 언어치료에 매우 환멸을 느낀 후(수천 달러를 소비하고) 나는 말더듬에 숨겨진 비밀을 풀 수 있는 열쇠를 발견할 수 있을지에 대해 스스로 조사하기 시작했다. 당신도 알다시피 나는 말더듬이 뇌 혹은 언어적 기제의 기질적인 결함 때문이라는 이론에 시달려 왔다. 오직 희망은 그들이 말더듬을 치료하는 마법의 약을 만들 때까지 기다려야 하는 것처럼 나를 침울하게 했다. 또한 어떤 상황에서는 가장 어려운 단어들조차 유창하게 말할 수 있었기 때문에 적절한 작업 순서로 언어적 기제를 이해하는 것이 그리 어려운 일은 아니었다. 그래도 언제나 말더듬 앞에는 항상 걱정이 앞섰다. 흠……만약 이러한 걱정이 없다면 어떤 일이 일어날지 궁금했다.

이제 이야기가 점점 흥미로워지는 지점이다. 어느 날 국제말더듬협회의 웹 사이트를 둘러보던 중 나는 존 해리슨의 저서인 『사람들 앞에서 말하기 전에 어떻게 당신의 두려움을 정복할 것인가(*How to Conquer Your Fears of Speaking Before People*)』에 눈길이 갔다. 나는 곧바로 열정을 가지고 그 내용을 읽기 시작했다. 책의 첫 번째 장은 말더듬는 사람이 영향력 있는 연설가가 될 수 있는 특별한 기술에 대해 이야기하고 있었다. 이 부분은 정말 인상적이었고, 마치 신선한 공기로 숨 쉬는 느낌이었다.

두 번째 장에는 존이 겪었던 말더듬에 대한 전반적인 감정의 내용이 포함되어 있다. 즉, 진척 없이 문제를 시도하는 것은 잘못된 문제를 해결하려는 것일 수 있다는 것이다. 그는 이 책에서 수많은 말더듬 치료가 말더듬을 유발하는 완전한 역동을 충분히 설명하지 못한다고 느꼈음을 지적했다. 기본적으로는 우리가 말더듬을 보는 패러다임이 바뀌어야 한다.

존은 자신의 책에서 다음과 같이 설명한다.

"만약 말더듬이 단순한 언어적 기제의 문제라면 우리는 혼자 있을 때에도 항상 말을 더듬을 것이다. 그렇지만 하나의 기질적인 요인이라기보다는 수많은 다른 요소들을 포함하는 상호작용 체계로 보인다. 이것은 이러한 요소들이 자기강화체계를 형성하는 상호작용 방식이다.

존은 그가 제시한 말더듬 육각형에 대해 설명했다. 육각형은 여섯 개의 점으로 구성되어 있으며, 생리적 반응, 신체적인 행동, 감정, 지각, 신념, 의도를 포함한다. 육각형의 모든 점은 다른 모든 점과 연결되어 있다. 모든 점이 연결되어 있는 점에 대해 존은 다음과 같이 설명한다.

"이것은 모든 요인들이 말더듬 육각형 내의 다른 부분에서 긍정적으로나 부정적으로 영향을 준다는 것을 의미한다. 다시 말하자면, 당신의 감정이 당신의 행동, 지각, 신념, 무의식적 프로그램 그리고 생리적 반응에 영향을 준다는 것이다."

책의 두 번째 장 나머지 부분에서 해리슨은 육각형의 여섯 개 점에 대한 자세한 설명과 그것이 어떻게 다른 점과 상호 관련이 있는

지를 설명한다. 만약 과거에 말을 더듬던 사람이 약한 신념을 바꾸고 성공했지만 여전히 과거 어린 시절 트라우마와 상처에 대해 부정적인 감정을 가지고 있다면 이러한 감정들은 나머지 육각형의 점에 부정적인 영향을 줄 것이며, 남아있는 전체 체계를 무시한다면 여전히 말더듬에 취약할 것이다. 그러므로 각각의 점은 반드시 영향력 있게 다루어져야 한다. 또한 그는 말더듬을 해결하는 데 집중하지 못하도록 실망감을 주는 부분에 대해서도 설명했다. 당신은 말더듬을 해결할 수 없게 하는 이 부분에 초점을 맞추어야만 한다. 다시 말하면, 문제를 제거하기 위해 당신은 그 구조를 바꿔야만 한다.

존의 말더듬 육각형은 내가 지금껏 읽어왔던 글 중에서 말더듬의 미스터리에 관한 가장 정확한 설명이었다. 그리고 25~30년 동안 말을 더듬었던 그가 스스로 극복해 냈다는 사실은 나에게 말더듬을 극복할 수 있다고 격려해 주었다.

존의 훌륭한 책은 치료 프로그램에 대한 것도 아니고 더 유창해지기 위한 기술도 제공하지 않는다. 그래서 나는 책의 끝부분에 질문을 남겨 두었다. "모든 육각형의 점을 어떻게 긍정적인 방향으로 둘 수 있을까?" 나는 NS(Neuro-Semantics)에서 그 답을 조금이나마 찾을 수 있었다.

그의 책에서 존은 앤서니 라빈스(Anthony Robbins)의 저서인 『내 안에 잠든 거인을 깨워라(*Awaken the Giant Within*)』를 포함한 여러 다른 책들을 추천했다. 그 책은 나의 첫 번째 NLP(신경언어프로그래밍) 입문서였다. 궁극적으로 그 책은 NLP 초보자 과정의 종합적인 설명서인 NS(신경의미론)의 공동 창시자인 밥 바든헤이머(Bob G. Bodenhamer)와 마이클 홀(L. Michael Hall)의 『뇌를 위한 사용설명서(*The User's Manual for the Brain*)』로 나를 이끌었다.

나는 NLP 책을 읽고 난 후, 유창하게 말하는 능력에 긍정적인 기반이 되는 말더듬 육각형을 위한 이러한 효과적인 기법의 가능성에 흥분하게 되었다. 『내 안에 잠든 거인을 깨워라』의 몇 가지 기술들을 연습하는 것은 어느 정도 도움이 되었다. 나는 이것이 궁극적으로 언어적 안정성을 주는 기제라는 점에 희망을 갖는다. 만약 내가 NLP를 훈련한 사람과 같이 작업할 수 있다면 말더듬는 사람들에게 이것이 매우 효과적임을 증명할 수 있으리라 생각한다.

나는 『뇌를 위한 사용설명서』의 중간쯤에서 작가가 언급한 NS 웹사이트 주소(www.neurosemantics.com)를 발견하는 좋은 기회가 왔다. 다음 날 나는 웹사이트를 방문했고 그들이 개인상담을 한다는 것을 발견했다. 빙고!! 나는 기독교적 신념 때문에 밥에게 이메일을 보내기로 했다. 그리고 그의 책을 읽으면서 내가 그랬던 것처럼 그가 같은 기독교적 가치관을 가지고 있다는 것을 알았다. 그래서 그에게 연락을 하는 데 확신을 갖게 되었으며 나중에는 마이클 또한 같은 신념을 가지고 있음을 알았다.

밥으로부터 기꺼이 나와 임상작업을 하겠다는 답변을 받았을 때, 나는 황홀했다. 그는 4~5명 정도의 경험뿐이었지만 NLP와 NS의 기법을 이용해서 성공적인 결과를 거두었다고 말했다. 또한 밥은 내가 그를 만나기 위해 노스캐롤라이나 주로 가는 불편함을 줄이고 전화상으로 도움을 줄 수 있는 실제 기회를 주었다. 나는 이번 주에 첫 번째 전화 상담을 예약하였다.

아마 당신의 가장 큰 의문점은 '대체 NLP와 NS이 무엇일까'일 것이다. NLP는 당신이 효과적인 전략을 개발하고 효과적인 방식으로 당신의 경험을 표현하면서 자신의 생각에 책임을 질 수 있도록 돕는 모형이다. NS는 높은 수준의 '의미'를 주관적 구조에 포함시키는 것이다. 우리의 '상태'는 세상 밖의 어떠한 것에 반응하는

기본적인 수준의 신경언어학적 사고와 느낌을 포함한다. 메타 상태는 더 많이 관련되어 있다. 이것은 우리의 사고, 감정, 상태, 기억, 상상, 개념 등에 관한 사고느낌과 연관된다. 또한 우리의 이전 반응에 대한 메타 반응과도 관련되어 있다(말더듬의 두려움을 두려워함).

밥은 NLP와 NS의 주요 개념을 요약했다. "NLP와 NS에서 우리는 사람들이 자신의 어떠한 인지적(사고적) 문제를 '고치기' 위한 자원을 모두 가지고 있다고 믿는다."

나는 당신에 대해 잘 모르지만, 그것은 듣기 좋은 소리다.

사람들이 변화하기 위해 그들의 자원을 이용하는 것을 이해하는 것은 중요하다. 남자든 여자든 모든 사람들은 신념체계를 작동시킨다. 이러한 신념체계는 우리의 자존감, 개인의 한계, 삶을 보는 우리의 관점, 다른 사람들이 우리를 보는 방식, 우리가 삶에서 성취할 수 있는 것과 할 수 없는 것 그리고 자신과, 타인, 우리가 살고 있는 세상을 만드는 모든 결정을 내리는 데 활용된다. 수많은 사람들이 있는 것만큼 수많은 신념체계가 있다. 인지적 문제를 극복하는 데 도움을 주는 NS는 먼저 개인의 독특한 신념체계를 발견하게끔 하며 이것은 변화를 위해 활용된다.

이제 설명이 되었으니, 우리의 첫 번째 전화 상담에 대해 이야기해 보자. 그 날 나는 즉각적으로 말더듬을 조절하기 위한 감정도구를 받게 되었다.

내가 그에게 상담을 요청하던 날, 그가 나에게 보낸 이메일에 첫 번째 도구가 주어졌다. 그는 이미 내가 강한 종교적 믿음을 가지고 있다고 보았다. 그래서 그는 내가 말더듬에 관해 인지하는 방식에 변화를 가져오기 위한 체계를 사용했다. 그는 "……저는 전화상담이나 이메일을 통해 다루는 것이 좋은 기회라고 믿습니다. 하나님의 임재 안에서 당신의 두려움, 불안 그리고 공포가 있다면 무슨 일이 일어날 것 같나요?"라고 말했다. 그 이메일을 처음으로 읽고 나서 내 첫 반응은 바로 놀라움이었다. 그리고 곧바로 놀라운 하나님의 존재 앞에서 위축되고 두려워하는 두려움, 불안, 공포라는 이름의 아주 작은 세 사람의 이미지가 떠올랐고 나는 웃어 버렸다. 밥은 하나님에 대한 나의 믿음을 효과적으로 사용하여 두려움, 불안, 공포에 대한 생각을 재구성했다.

자원에 대한 메모

NLP와 NS에서는 사람들이 스스로 치유할 수 있는 자원을 가지고 있다고 믿는다. 또한 우리는 각자가 개인의 자원을 활용한다고 믿는다. 우리는 자원을 판단하지 않고 그것을 사용한다. 이러한 관점에서 우리는 종교적 믿음에 대한 엄청난 자원을 발견했다. 나는 개인의 종교적 믿음이 효과적인 자원을 제공하며, 문제 상황에 적용될 때 치유되는 경험을 한다는 것을 배웠다. 그러나 어떠한 종교적 믿음이 없는 사람들도 그들이 가지고 있는 인지적 문제를 극복할 수 있는 충분하고 적절한 자원을 가지고 있다. 이것은 스스로 치유할 수 있는 잠재력을 가지고 있는 모든 사람의 본성이다.

상담

그리고 전화 상담이 왔다. 밥은 걱정을 0으로 맞출 것을 제안했고 얼마 후 나는 여기에 익숙해졌으며, 말을 더듬는 많은 사람들에게도 그렇게 했다. 그는 알프레드 코지프스키(Alfred Korzybski)의 고전 『과학과 온전한 정신(*Science and Sanity*)』을 기반으로 '기법을 통하여 내려놓기(The Drop Down Through Technique)'(제5장 참조)라는 기술을 활용했다. 진보된 신경역동(Advanced Neu-

ro-Dynamics)의 테드 제임스(Tad James)는 '기법을 통하여 내려놓기(The Drop Down Through Technique)'를 고안했으며, 후에 이것은 밥과 마이클이 NS의 내용을 추가하면서 다시 수정되었다. 기술은 말더듬이 진행되는 것과 동일한 무의식적인 생각을 설명하는 것으로 구성되었다. 다음의 축어록은 밥의 치료 기록에서 발췌한 것이다.

우리의 첫 번째 전화상담에서 나(밥)는 내담자가 정말로 불안을 느낀다고 생각하고 내담자가 불안을 느끼도록 만들었다. 그녀는 복부가 '무겁고 꽉 조인다'고 느꼈으며 그것을 '억누름'으로 묘사했다. 이제 근육까지 그 성대를 통제하는 불안을 끌어올려라. 그러면 말을 더듬게 될 것이다.

나는 그녀의 입장에서 '무겁고 꽉 조이는' 복부의 느낌을 경험하고 그러한 감정을 내려놓으라고 요청했다.

치료자: 그 감정 아래에서 느껴지는 것이 무엇인가요?

내담자: 저는 두려움을 느껴요. 두려움이 거기 있어요! (우리는 여기서 걱정을 붙들고 있는 것이 두려움이라 생각했다)

치료자: 두려움을 내려놓으세요. 두려움의 아래에는 무엇이 느껴지시죠?

내담자: 아무것도요. 아무것도 느껴지지 않아요.

치료자: : 좋아요. 이제 '아무것도 없는 상태'를 당신이 연다고 상상해 보세요. '아무것도 없는 상태'아래로 계속 내려가세요. 그러면 아무것도 없는 그 반대편에는 무엇이 있나요?

내담자: 사람들이 보여요. 조금 무섭네요. 그들은 절 보고 있어요. 그들은 제가 무엇인가 말하기를 기대하고 있어요.

치료자: 네. 그리고 그것이 하나님에게 어떤 의미죠?"

내담자: 음, 도망가서 숨어 버리고 싶어요.

치료자: 좋아요. 사람들이 모인 자리에서 말할 때 말을 더듬는 경향이 있는 사람들이 이해가 되네요. 이제 그러한 생각과 느낌을 내려놓으세요. 그 아래에는 무엇이 느껴지나요?

내담자: 음……안전해요. 이제 좀 안전한 기분이에요.

치료자: 아주 잘하고 있어요. 좋아요, 더 좋아질 겁니다. 이제 그 안전한 느낌을 내려놓으세요. 그 아래에서 무엇이 혹은 누군가가 느껴지나요?

내담자: 만족감을 느껴요. 외롭지만 안전해요.

치료자: 이제 만족감과 안전함의 느낌을 내려놓습니다. 그 아래에서 당신은 무엇을 혹은 누군가를 느끼나요?

내담자: 따뜻함이요. 완전한 수용이요! 저는 완전한 수용을 느껴요. 거기에는 어떠한 판단도 없어요. 노란 불빛이 보여요!

치료자: 좋아요. 그 빛이 아주 밝나요?

내담자: 네, 그래요. 매우 밝아요.

치료자: 네, 저도 매우 밝다는 것을 알겠어요. '세상의 빛이다.'라고 말한 사람이 누구지요?

내담자: 예수님이요.

치료자: 맞아요, 그가 거기 있지 않나요?

내담자: 네, 하나님이요. 그분은 밝은 빛이에요.

치료자: 아주 잘하셨어요. 그리고 그 완전한 수용과 따뜻함이 있는 하나님과 함께 거기에 있으세요. 이제 하나님의 임재 안에서 걱정은 어떻게 되었나요?

내담자: 사라졌어요.

치료자: 하나님의 임재 안에서 도망가고 싶고, 숨고 싶은 느낌은 어

떻게 되었나요?

내담자: 사라졌어요.

치료자: 네. 이제 사라졌어요. 그렇죠?

내담자: 네. 그래요.

치료자: 그리고 하나님의 임재 안에서 말더듬은 어떻게 되었나요?

내담자: 사라졌어요.

치료자: 네, 하나님 안에서 당신이 어떤 것을 보고 듣고 느꼈는지 확인했습니다. 그 상태에 대해 어떤 단어나 문장을 만드세요. 단어와 문장을 떠올릴 때 당신은 바로 하나님의 임재 안에 들어가게 될 것입니다. 그리고 당신이 말더듬을 할 것 같은 어떤 순간에도 당신은 하나님의 임재를 느끼세요. 그러면 말더듬을 완전히 통제하게 될 거에요.

밥은 '부정적인 생각을 하나님 앞에 가져다 놓는 것'으로 예수님에 대한 나의 믿음을 활용하였다. 즉, 부정적인 생각이 자리 잡을 수 없는 전능한 하나님을 믿고 신뢰하게 하였다. 이 기술을 다 끝낸 후에 밥은 트랜스 유도 탐색(The Trans-derivational Search) 기법을 사용하여 말더듬에 관해 내가 처음으로 느꼈던 불안을 떠올리게 했다. 불안에 대한 나의 첫 번째 기억은 어머니와 관련이 있었다. 내 경험으로부터 판단해 볼 때 어머니는 내가 말을 더듬는 것을 속상해했고 어린 시절의 나는 그녀가 나의 말하기 능력을 불만족스러워한다는 것을 쉽게 알 수 있었다. 밥은 이러한 과거 인지의 영향을 효과적으로 지우고 기억을 재구성하였다.

결과

그래서 질문은 "밥과 통화하는 날 45분 동안 치료가 어떻게 이루어졌는가?"다. 나는 순서를 따랐다. 월요일과 화요일에 직장에서 걱정이 시작되는 아홉 가지 경우에 직면했다. 아홉 번 중에 여덟 번은 밥이 우리의 상담에서 사용했던 기술을 사용했고, 단어는 버터처럼 자연스럽게 나왔다. 그러나 내가 말이 막혔던 한번은 갑자기 튀어나왔다. 아무런 경고도 없이, 쿵!

진전은 놀라웠지만 나는 이제 갑작스러운 말막힘이 더 이상 일어나지 않길 원했다. 그래서 나는 돌아오는 수요일 저녁에 다시 한 번 상담을 예약했다. 우리는 한 시간 동안 통화했고 그날 밤은 내가 모르고 있는 말더듬에 대한 근본적인 뿌리가 된 주제에 대해 다루었다. 말더듬 그 자체에 대해서 할 것은 없지만 말더듬 뒤에 있는 걱정을 다루어야 했다. 그 주제는 내가 말문이 막힐 때 특별히 한 행동이 있는지를 탐색하는 동안 수면 위로 떠올랐다. 나의 가장 큰 도전은 일대일 대화보다 많은 사람들 앞에서 말하는 것임을 이야기했다.

우리는 사람들이 집단 앞에서 말하기 전에 조절할 수 없다거나, 연약하거나, 발가벗겨진 것 같다고 느끼는 수많은 여러 다양한 감정들에 관해서 이야기했다. 그러한 감정들을 완전히 의식하게 되자 불편함이 많이 줄어들었다. 하지만 그러한 감정들을 다루는 것은 쉽지 않았다. 밥과 나는 '다른' 생각들이 드러나도록 작업했으며, 그것은 결국 나의 내면에서 아우성치기 시작했다. 나의 내면에서는 곧바로 '말하기' 혹은 '말하지 않기'의 내적 전쟁이 시작되었다. 밥의 질문에 적절하지 않은 대답을 여러 번 얼버무리고 난 후 나는 내가 말더듬으로부터 100퍼센트 자유로워지길 원한다면 두려움에서 벗어나 내가 어린 시절 이후로 이야기하지 않았던 그것을 드러내야 한다는 것을 알았다.

말더듬을 강화시킨 아동기의 그것은 무엇이었을까? 다른 많은

아이처럼 나는 성장하면서 몇 가지 트라우마들을 경험했다. 나는 내가 이 콤플렉스에 대해 정면으로 마주하는 것을 피하고 싶어 한다는 것을 알았고, 말하기 문제의 특정 수준을 유지하거나 정면으로 말더듬을 극복하려고 하는 것을 알았다. 이러한 두 가지 주제가 뒤얽혀 트라우마는 말더듬을 강화시켰다.

NS의 가장 좋은 점 중 하나는 주어진 상황에 대해 구체적으로 논의할 필요가 없다는 것이 가장 중요했다(왜냐하면 우리의 마음은 내용보다는 구조적으로 작용하며 NS자들은 대개 환자들의 문제를 해결하기 위해 도움을 줄 때 매우 작은 내용만을 필요로 한다. 구조적 변화에 대한 더 많은 정보는 나의 저서인 『성격을 바꾸는 일곱 가지 열쇠(*Seven keys to personal change*)』 그리고 마이클의 저서 『왜 모델링을 하는데 메타-레벨을 소개하는가(*Why Introduce Meta-Levels' to Modeling*)』를 참조하라). 나는 이 트라우마를 일정 수준 이상으로는 절대 드러내지 않았다. 그러나 나는 내 마음 속에 있는 생각을 다룰 준비를 해야 했다. 그것은 언제나 쉽지 않았다. 그러나 존 해리슨의 말더듬 육각형의 모든 점들을 긍정적인 방향으로 만들기 위해서는 이것을 효과적으로 '재구성'해야 했다. 갑작스럽게 튀어나오던 그 막힘은 아마 걱정과 두려움 뒤에 있는 모든 문제들을 효과적으로 다루지 않고서는 절대 사라지지 않을 것이다.

상담의 나머지 부분에서 밥은 아동기의 문제와 관련된 기억들을 탈감각화(desensitization)하기 위해 특별한 NS 기술을 사용하였다. 상담이 끝날 무렵 아동기의 사건과 관련된 분노는 분명해졌지만 좀 더 중요한 것은 어린 나 자신에게 느낀 분노임을 발견했다. 본질적으로 나는 과거 사건에 대해 내 자신을 비난했다. 회기가 끝나고 우리는 그 다음 주에 다른 회기를 예약했다.

가장 흥미로운 것은 이번 회기가 끝나고 나의 말막힘이 완전히 사라졌다는 점이다. 문제가 완전히 해결되진 않았지만 막힘이 사라진 원인을 다루기에는 충분했다. 나는 여전히 말을 더듬는 것에 대한 '생각'을 갖고 있었고, 말더듬과 말막힘이 없는데도 불구하고 종종 신체적 감각으로 느껴졌다. 본질적으로 생리적 증상은 여전히 나타났으며 밥은 근육들이 신경적으로 프로그램화 되었기 때문이라고 설명했다(말더듬 육각형의 또 다른 점). 나는 확신하지는 않지만 내가 어린 나 자신에 대한 분노를 다루지 않는다면 다시 말더듬이 돌아올 것이라고 조심스럽게 말하고 싶다.

세 번째와 마지막 회기로 넘어가기 전, 3주 동안 나는 밥과 전화상담을 했으며 밥와 마이클의 저서인 『두려움을 극복하는 게임들(*Games for Mastering Fear*)』도 읽었다. 그 책을 읽으면서 나는 '당신이 변화한다면 혹은 변화하지 않는다면 무슨 일이 일어날지 혹은 일어나지 않을지'를 고려한 네 가지 논리적 결과의 가능성을 보장한 데카르트의 논리모형(Cartesian Logic model)을 떠올렸다. 나는 처음 세 가지 질문에는 비교적 쉽게 대답했지만 "당신이 말을 더듬지 않으면 무슨 일이 일어나지 않겠는가?"라는 마지막 질문에서 무엇을 물어보는지 이해하는 데 시간이 걸렸고 대답하기가 어려웠다. 그러고 나서 갑자기 '사람들이 날 피할 수 없게 해.'라는 생각이 마음속에 떠올랐다. 나는 그 생각이 어디서 나왔는지 이해하려고 애썼다. 나는 항상 사람들에게 둘러싸여 즐거워했기 때문에 거의 웃음을 터뜨릴 뻔했다. 그러나 그 문장은 빠르게 다가왔고 그래서 나는 그것이 의미하는 바를 정확히 깨달았다.

사람들이 내 삶에서 매우 중요한 역할을 했음에도 불구하고, 나는 일찍이 나의 가장 깊은 생각과 느낌을 혼자서 간직하는 것을 배웠다. 이제 나는 매순간 만나왔던 사람들과 개인적인 생각과 느낌을 공유하면서 어떻게 '사적인' 참견을 하는지 기억했다. 말더듬

은 나의 삶에서 내가 사랑하는 사람들을 지키기 위한 방법이었지만 안전한 거리이기도 했다. 나는 그들에게 감정적으로 관심을 갖는 것이 행복했지만 그들이 감정적으로 나에게 관심을 가질 수는 없게 했다. 이것은 내가 예상했듯이 나의 아동기에서 배운 행동이었다. 이것을 다시 반영해 보았을 때 나는 이것이 방어 기제 방식이었다는 것을 알았다. 친구나 가족들이 내가 위협이라고 인지하는 질문을 하기 시작하면 나는 곧바로 말을 더듬거나 말이 막히기 시작했다. 이것은 내가 그들과 거기에 가고 싶지 않다는 의도를 알려주는 방식이었고, 그것은 꽤 잘 작동했다. 어느 누구도 내가 말더듬하며 애쓰는 것을 보고 싶어 하지 않았고, 내가 그렇게 말하면 그들은 더 이상 그 주제에 대해 이야기하지 않았다. 그래서 나는 말더듬에서 비롯되는 혜택을 받아왔다[이 부분에 대한 자세한 논의는 이 책의 제3장의 저항 극복하기—손실의 개념을 받아들이기(두 번째 획득)—에 수록되어 있다].

거기서부터 나는 다시 뒤로 돌아가 내가 왜 이렇게 지나치게 사생활을 유지해야 한다고 느꼈는지 그리고 만약 그렇다면 오늘까지 그 행동이 여전히 유효한지에 대한 이유를 평가할 수 있었다. 성인으로서 나는 더 이상 말더듬으로 날 보호할 필요가 없었다. 또한 나는 무엇이 공유되어야 하고 무엇이 사적으로 유지해야 하는지를 다르게 구분하는 능력도 있었다. 내 아동기의 규칙은 이제 더 이상 유효하지 않다.

마지막 회기

이제 마지막 회기다. 이 회기에서 밥과 나는 극심한 증오에 대해 직접적으로 다루었다. 이 회기는 3개의 회기 중 가장 힘들었다. 밥은 나를 과거로 돌아가게 했고 일곱 살짜리 여자아이를 만나게 해 주었다. 그는 그녀를 하나님에게 데려올 것을 요청했다['상처를 예수님에게 데려가는 법(How to Take a Hurt(Bitter Root) to Jesus)' 참조 www.neurosemantics.com/Christian/BitterRoot.htm]. 그러나 처음에는 그녀가 하나님과 함께 있을 이유가 없다고 느껴져서 잘 할 수 없었다. 사실 나는 하나님이 그녀와 거기에 함께 하기를 원하지 않는다고 느꼈다. 나는 내 생각이 얼마나 우스꽝스러운지 알았지만 내 감정은 그 작은 소녀를 싫어하고 경멸하는 것으로 가득 차 있었다. 결국 밥은 내가 하나님에게 작은 소녀를 데려가게끔 하는 방법을 찾았지만 자연스럽지는 않았고 나는 나와 하나님의 관계를 침범한 그녀를 경멸했다. 그리고 우리는 방향을 바꾸었다. 이제 일곱 살짜리 여자아이가 어떻게 느꼈는지에 초점을 두었다. 나는 밥에게 그녀가 "불처럼 화가 났다."고 했다. 밥이 무엇이 혹은 누가 그녀를 그렇게 화나게 했느냐고 물었을 때, 과거의 사건이 분명하게 언급되었고 그녀가 느낀 진짜 분노는 나를 성장시켰다. 그녀의 분노는 내가 그녀를 비난하고 내 인생에서 거부한 것이었다. 그녀는 과거의 사건에 지나치게 치중하는 것을 그만 두고 단지 성인으로 시작하기를 원했다. 와우.

30분 후에 밥이 회기를 중단하고 무슨 일이 일어났는지를 볼 수 있는 시간을 주었다. 그것은 정말 중요한 전환점이었다. 다음날 나는 밥에게 다음과 같은 이메일을 보냈다.

"전화를 끊고 저는 운동을 하러 갔어요(어떤 일을 생각해 보고 진행하기에 좋은 시간이었죠). 제 마음속에서 많은 생각이 나왔지요. 그중 몇 가지를 알려드릴게요."

나는 나의 일곱 살짜리 조카(좋은 나이죠?)를 생각했다. 그녀가

태어난 날부터 나는 그녀에게 온통 마음을 빼앗겼다. 나는 그녀를 지독하게 사랑했고 그녀가 트라우마의 아동기를 절대로 경험하지 않게끔 나의 모든 것을 걸고 맹세했다. 그러고 나서 나에겐 그녀를 완전히 보호할 수 있는 힘이 없다는 것을 깨달았다. 심지어 나의 누이와 남편도 그들의 딸을 보호할 완전한 힘을 가지고 있지 않았다. 나는 하나님이 나에게 그녀를 완전히 보호할 수 있는 힘을 주지 않았다는 것을 깨달았다. 그는 그 부모에게 그들의 딸을 보호할 수 있는 완전한 힘을 주지 않았다. 그래서 나는 그가 나에게 준 힘으로 그녀를 무조건적으로 사랑하고, 어떤 일이 일어나든 그녀의 삶을 지지하고 격려하며, 그녀에게 어떻게 하나님과 다른 사람을 사랑하는지 가르쳐 주겠다고 결심했다. 그러고 나서 나는 어째서 무슨 일이 일어나든지 간에 조카를 사랑할 수 있는지를 생각해 보기 시작했다. 그녀에게 어떤 일이 일어난다 하더라도 나는 그녀가 고통에서 벗어날 때까지 꼭 안아주고 싶었다. 내가 보기에 나의 일곱 살짜리 조카와 일곱 살이었던 나는 다를 것이 없어 보였다.

나는 서른한 살에서 일곱 살짜리 여자아이로 내 자신을 돌이켜 보았다. 그리고 소리쳤다. "당장 짐을 싸서 내 삶에서 나가!" 일곱 살짜리 여자아이는 서른한 살 성인을 마주보며 소리쳤다. "성장해라. 너는 어른이야! 여기에는 그 답이 없어!" 그녀가 옳은 것이 분명해졌다. 내가 수없이 과거로 돌아간다 하더라도 일곱 살의 나에게서는 대답을 찾을 수 없을 것이다. 일곱 살짜리 소녀는 자신이 갖고 있는 자원으로 할 수 있는 것은 모두 했다. 그녀의 마음에는 어떠한 대답도 없었다. 그녀는 오직 일곱 살일 뿐이다. 그래서 나는 그녀에게 다시 소리쳤다. "잠깐만, 나는 그곳으로 돌아가고 있어." 그러자 작은 소녀가 웃었다. 서른여덟 살이며 강한 신념을 가지고 있는 나는 그녀에게 다시 되돌아가기 시작했다. 그녀를 만났을 때 나는 조카에게 그랬던 것처럼 두 팔을 벌려 그녀를 환영했다. 흥미로운 점은 우리 둘 다 개인적으로 과거의 어떤 사건에 책임이 있고 (영혼 속 빈 공간에서) 새로운 어떤 것을 바라본다는 점이었다. 나는 어린 소녀에게 속삭였다. "너에 관한 것은 절대 아니야." 그러고 나서 나는 앞을 향해 나아갔고 그녀가 성장하는 동안 각각의 트라우마 단계에서 작은 소녀를 만났으며 동일한 과정을 반복했다.

그러자 다른 생각이 떠올랐다. 트라우마를 가진 일곱 살짜리 소녀의 마음을 가지고 살아가는 것은 성인인 내가 가진 모든 가치나 신념과는 맞지 않다. 예수님은 날 자유롭게 하며 나는 상담 작업이 아니라 은총으로 구원받았고, 하나님 안에서 새로운 피조물이다. 또 나의 육신을 짓밟는 자들을 두려워하지 않으며 내 영혼을 파괴할 힘을 가지고 있지 않고, 경이로운 성경의 진리만이 내 삶을 이끈다고 믿는다. 그러고 나자 당신이 폴에게 "어렸을 때 나는 어린 아이처럼 생각했지만 이제 나는 어린 아이 같은 생각을 내 뒤에 둔다."라고 한 말이 귓가에 맴돌았다.

이제 나는 일곱 살 소녀에 대해 좀 더 기분이 나아졌다. 내일 무슨 일이 있을지는 모르지만, 오늘 나는 성인처럼 보일 뿐만 아니라 그렇다고 생각한다.

밥과의 첫 번째 전화 상담은 2002년 1월 18일에 이루어졌고, 즉각적인 결과는 놀라웠다. 두 번째 전화 상담은 2002년 1월 23일에 했다. 그 때부터 나는 말을 더듬지 않았다. 세 번째 전화 상담은 2002년 1월 30일이었다. 그 이후로 나는 일곱 살짜리 작은 소녀를 사랑하게 되었다.

그래서 나는 질문했다. "지난 32년 동안 하나님은 정말로 나의 언어 문제에 대해 무관심했을까?" 나는 그가 나의 말더듬에 대해

걱정했다고 생각한다. 사실 나는 말더듬을 넘어 나에 대해 염려한 그만의 방식을 믿는다. 나는 그가 단지 말더듬 증상만이 아니라 나의 모든 것을 치유하는 데 많은 관심을 가지고 있었다고 확신한다.

마지막으로 NS는 나에게 육각형의 점을 긍정적으로 유지하는 데 매우 효과적인 도구였다고 말하고 싶다. NS이 말을 더듬는 많은 사람을 도와줄 수 있다고 믿음에도 불구하고 나는 이렇게 빠른 결과가 가능했던 것은 수년 동안 육각형의 점을 긍정적인 방향으로 맞춘 것만큼 내가(나도 모르게) 해 왔던 작업들 때문이라고 생각한다. 개인마다 문제의 근원은 다르겠지만 증상(걱정, 두려움, 목이나 복부의 근육 긴장 등)과 결과(말더듬)는 동일하게 나타난다고 배웠다. 만약 말더듬을 뒤로한 채 두려움과 걱정의 감정이 거짓말을 한다면, NS는 이러한 무의식적인 부정적 감정들을 완화시키는 데 도움을 줄 것이다. 그리고 이러한 부정적 감정들을 완화시킴으로써 우리는 말더듬을 완화할 수 있다.

두 달 후 추후 상담이 장기간 동안 이루어졌는가

밥과 상담을 종결한 후, 치료가 얼마나 효과적이었는가를 측정하는 것이 중요한 단계가 된다는 것을 알았다. 이러한 단계는 말더듬을 초래하는 '높은 수준'의 스트레스 상황도 포함되어 있었다. 몇 가지 예시는 불편한 주제를 다루는 진지한 일대일 대화 상황이었으며 경영 회의, 회사 회의 그리고 내가 이전에 '위협적'이라고 생각했던 여러 가지 말하기 상황들이었다. 지난 두 달이 지나고 나는 각각의 이런 '위협적'인 상황들에 노출되었으며, 각 단계마다 유창하게 말했다. 마지막 단계는 2002년 3월 21일 내가 일하는 회사의 이사회에서 발표하는 것으로 계획되었다. 밥과 상담하기 전이었다면 이러한 상황에서의 말더듬은 100퍼센트 확실했다. 그러나 나는 그 회의에서조차 말을 더듬지 않았다. 나는 말을 더듬었던 모든 상황에서 나의 유창함을 시험했다! 그리고 나는 장기적으로도 성공적이었다는 것을 기쁘게 적고 싶다.

말을 더듬는 것과 유창하게 말하는 것의 가장 큰 차이는 유창하게 말하는 사람들은 말더듬에 대해 생각하지 않는다는 것이다.

린다와 치료를 해 온지도 벌써 2년이 넘었다. 몇 달 전 나는 그녀의 안부를 물었다. 그녀는 "더 이상 말더듬에 대한 생각은 나지 않아요."라고 말했다. 린다와 친구는 애완동물 사료에 관한 새로운 사업을 시작했다. 그녀는 언론과 방송의 주목을 받았다. 그리고 이것을 기록할 무렵 그녀는 "저의 말솜씨는 매우 놀라워요. 2년 전만 해도 저는 기자들과 이러한 인터뷰를 절대 할 수 없었어요. 여전히 전 자유를 느끼고 있어요."라고 했다. 놀랍게도 PWS가 말더듬에 대해 의식적으로나 무의식적으로 생각하지 않을 때, 말더듬은 크게 줄어든다. 사람들이 유창하게 말할 땐 말더듬의 두려움이 없다. 두려움이 단지 그 자리에 없는 것이다. 그들이 말문이 막히고 말더듬을 할 때, 두려움과 생각은 항상 거기에 있다. 그래서 PWS와의 치료 목적은 그들이 어떻게 말하는지에 대해 완전히 다르게 생각하도록 돕는 것이다.

참고문헌

American Psychiatric Association Diagnostic Criteria, from DSM-IV, 1994, American Psychiatric Association, Washington DC.

Atkinson, Marilyn, 1997, *The Grammar of God*, Unpublished Manuscript, Vancouver, BC.

Bodenhamer, Bob G. and Hall, L. Michael, 1999, *The User's Manual for the Brain: The Complete Manual for Neuro-Linguistic Programming Practitioner Certification, Volume I,* Crown House Publishing Ltd, Carmarthen, UK.

Burns, David D., 1989, *The Feeling Good Handbook,* William Morrow and Company, Inc., New York.

Elman, Dave, 1964, *Hypnotherapy*, Westwood Publishing Co., Glendale, CA.

Ellis, Albert and Harper, Robert A., 1976, *A New Guide to Rational Living,* Prentice-Hall, Inc., Englewood Cliffs, NJ.

Hall, L., Michael, 1996, 2000, *Accessing Personal Genius Training Manual,* Neuro-Semantics Publications, Grand Junction, CO.

Hall, L. Michael, 2001-2002, The Neuro-Semantics of a Meta-Narrative Frame, in *The Meta-NLP Master Practitioner Training Manual,* Neuro-Semantics Publications, Grand Junction, CO.

Hall, L. Michael and Bodenhamer, Bog G., 2001, *Games for Mastering Fear: How to Play the Game of Life with a Calm Confidence,* Institute of Neuro-Semantics Publications, Grand Junction, CO.

Hall, L. Michael and Bodenhamer, Bob G., 2001, *Mind Lines: Lines for Changing Minds,* Crown House Publishing Ltd, Carmarthen, UK.

Harrison, John C., 1989, 2004, "Anatomy of a block", part of a larger

article entitled "The Power of Observation". In *How to Conquer Your Fears of Speaking Before People,* 10th Edition, National Stuttering Association, New York. The URL for the article is www.mnsu,edu/dept/comdis/kuster/Infostuttering/Harrison/observation.html

www.stutternomore.com/Articles%20Primary/Anatomy_of_Block.htm

www.yeoyeogwan.org/english/board/stutter_pds/

James, Tad, 1987-1994, Course Notes for Master Time Line Therapy Practitioner Training, Advanced Neuro Dynamics Inc.

Korzybski, Alfred, 1941, 1994, *Science and Sanity: An Introduction to Non-Aristotelian Systems and General Semantics*. (4th Ed & 5th Ed), Lakeville, CN: International Non-Aristotelian Library Publishing CO.

Lederer, Debra with Hall, L. Michael, 1999, *Instant Relaxation: How to Reduce Stress At Work, at Home And In Your Daily Life,* Crown House Publishing Ltd, Carmarthen, UK.

McGuire, Dave, 2002, *Beyoud Stammering: The McGuire Programme for Getting Good at the Sport of Speaking,* Souvenir Press, Ltd., London.

Robbins, Anthony, 1992, 2001, *Awaken the Giant Within: How to Take Immediate Control of Your Mental, Emotional, Physical and Financial Life,* Simon & Schuster, Pocket Books, New York.

Scott, Carl H., October 1997, The mind-body-spirit therapeutic model for people who stutter. In *Letting Go* the Newsletter of the National Stuttering Association, Anaheim Hills, CA.

Seligman, Martin P., 1975, *Learned Helplessness: On Depression, Development, and Death,* Freeman, San Francisco.

Seligman, Martin P., 1990, *Learned Optimism,* Alfred A. Knopf, New York.

Young, Peter, 2004, *Understanding NLP: Principles and Practice,* Crown House Publishing Ltd, Carmarthen, UK.

찾아보기

| 인 명 |

| 내 용 |

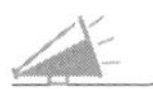

저자 소개

Bob G. Bodenhamer

애팔래치안 주립대학교 철학과(종교학 학사)

사우스이스턴 침례신학교 신학과(신학 석사 및 박사)

국제 공인 NLP 전문가

현 기독친목공동체교회 목사

신경언어학협회 공동 설립자

역자 소개

이찬종

한국외국어대학교 대학원 언어인지과학과(언어학 박사)

언어재활사 1급(보건복지부)

전 강원대학교 인문과학연구소 HK교수

현 한국NLP상담학회 학술분과위원장 및 부회장

톡톡톡연세언어치료지원센터 대표

주요 저서 및 논문

『인문산책』(공저, 강원대학교출판부, 2009)

『인문치료』(공저, 강원대학교출판부, 2009)

『인문치료, 어떻게 할 것인가』(공저, 강원대학교출판부, 2009)

「공감(Empathy)이 자기존중감과 주관적 안녕감에 미치는 영향」(2010)

최미옥
강원대학교 대학원 영어영문학과(영어학 박사)
전 강원대학교 영어영문학과 및 춘천교육대학교 영어교육과 강사
현 상지대학교 특성화기초학부 조교수

주요 논문

「공감지수와 토익 향상점수 간의 상관성」(2014)

「한국인 영어학습자의 시제, 상 이해력과 표현력」(2013)

허재홍
연세대학교 대학원 심리학과(철학 박사)
상담심리사 1급(한국상담심리학회 247호)
전 꽃동네대학교 심리학과 교수
현 경북대학교 심리학과 교수

주요 역서 및 논문

『정신역동 상담』(공역, 학지사, 2014)

『아동상담(제7판)』(공역, 시그마프레스, 2008)

「사회불안 발생과정에 자기효능감과 체험회피가 미치는 영향: 대학생 집단을 대상으로」(2008)

말더듬 극복하기

-NLP를 통한 말더듬 치료-

I Have a Voice: How to Stop Stuttering

2015년 6월 10일 1판 1쇄 인쇄
2015년 6월 25일 1판 1쇄 발행

지은이 • Bob G. Bodenhamer
옮긴이 • 이찬종 · 최미옥 · 허재홍
펴낸이 • 김진환
펴낸곳 • (주) 학지사
121-838 서울특별시 마포구 양화로 15길 20 마인드월드빌딩
대표전화 • 02)330-5114 팩스 • 02)324-2345
등록번호 • 제313-2006-000265호

홈페이지 • http://www.hakjisa.co.kr
커뮤니티 • http://cafe.naver.com/hakjisa

ISBN 978-89-997-0675-2 93180

정가 14,000원

이 도서의 국립중앙도서관 출판시도서목록(CIP)은 서지정보유통지원시스템 홈페이지(http://seoji.nl.go.kr)와 국가자료공동목록시스템(http://www.nl.go.kr/kolisnet)에서 이용하실 수 있습니다.
(CIP 제어번호: CIP2015010496)